人防目标伪装防护

古道西风　王家营　杨大峰　编著

中国宇航出版社
·北 京·

图书在版编目（CIP）数据

人防目标伪装防护 / 古道西风，王家营，杨大峰编著. —北京：中国宇航出版社，2016.11

ISBN 978-7-5159-1224-0

Ⅰ.①人… Ⅱ.①古… ②王… ③杨… Ⅲ.①人民防空—目标伪装—防护措施—研究—中国 Ⅳ.①E256

中国版本图书馆 CIP 数据核字（2016）第 278698 号

责任编辑 彭晨光
责任编辑 祝延萍 **装帧设计** 宇星文化

出版发行 中国宇航出版社

社 址 北京市阜成路 8 号 **邮 编** 100830
（010）60286808 （010）68768548

网 址 www.caphbook.com

经 销 新华书店

发行部 （010）60286888 （010）68371900
（010）68286887 （010）60286804（传真）

零售店 读者服务部
（010）68371105

承 印 三河市君旺印务有限公司

版 次 2016 年 11 月第 1 版
2016 年 11 月第 1 次印刷

规 格 710×1000

开 本 1/16

印 张 15.25

字 数 290 千字

书 号 ISBN 978-7-5159-1224-0

定 价 98.00 元

前言

一

在信息化战争时代，空袭已发展为多空间、多平台、多弹种的综合打击体系，无论投入多少财力和人力，重要目标防护也不可能研究出一种“包治百病”的防护体系，任何单打独斗式的防护都无济于事。即使花巨资打造的防空反导体系，从实际效果看也并非令人满意。只有构建多系统组成的综合防护体系，形成高中低、远中近加末端的多道防线，才能保护重要目标的安全，因此现代防空大都实施联合防空的作战体制。在我国，按照任务的不同，将防空分为三个基本类型，即国土防空、野战防空和人民防空。其中，国土防空的主要任务是保卫国家领土和重要地区、目标的安全，要地防空是其主体部分；野战防空的基本任务是掩护作战部队集团及其作战行动；人民防空是防范和减轻空袭危害而采取的防护措施。

国土防空和野战防空属于积极防空，采取的是以“矛”制“矛”的对抗方式。在信息化战争时代，积极防空已发展为防空反导一体化，直接攻击敌方的发射平台和制导弹药，系统的发展趋势是更高、更远、更快。导弹的突防能力就是针对防空反导系统开发的技术措施。人民防空是在战争环境下，经过统一的组织，动员指导广大民众开展的自防互防和自救互救活动，以最大限度防范和减轻空袭危害，保护自身生命财产的安全。民众防空袭与军队防空袭的区别在于：无论社会单位或家庭，从平时防空袭准备到战时防空袭行动，更多的是依靠自身的力量、常识、技能和条件。

二

人民防空工作的突出特点是围绕具体目标进行，人民防空领域的目标（简称人防目标）有人防工程、广电中心、通信枢纽、能源、电力等生命线工程，重要的工矿企业、科研基地等战争潜力目标。人防目标的类型多、结构复杂，其共同特点是规模庞大、所处背景复杂、自身硬度低、位置固定、暴露明显、保密性差。除人防工程外，人防目标基本为地面目标，其易损性强；同时这些目标大多是为民众的生产生活服务的，可能在整个生命周期内都不会遇到战争，很难引起人们对其防护的重视。由于绝大多数人防目标难以借助坚固地下工事实施防护，伪装便成了最有效和最容易实现的防护手段。

可利用伪装对付敌人的侦察是众所周知的道理，但鉴于伪装是为了隐蔽军事行动、军事装备而发展起来的谋略和技术，“能不能用于重要经济目标防护?”“如果能，如何应用?”等问题缺乏针对性的研究和论述。事实上，人防目标与军事装备有很大的区别：第一，所处的背景不同，人防目标大都是以城镇为背景，而军事装备大多是以旷野为背景；第二，目标的规模不同，军事伪装器材、技术基本上是用于人员、装备等小型目标的，而人防目标是大型或巨型的建筑物、构筑物；第三，军事装备的伪装主要是隐蔽，而人防目标很多是难以隐蔽的；第四，军事装备是可移动目标，而人防目标是固定目标；第五，军事装备一般不进行被毁的仿型伪装，而仿造目标被毁是人防目标伪装的重要任务。正是因为人防目标与军事目标有很大的不同，人防领域又没有进行专门的研发，导致对人防目标进行伪装时既没有技术也没有器材。类似于重要经济目标的防护提了十多年，但真正能用的技术并不多。如果给一个交通枢纽或给一个炼油厂进行伪装，需如何做、用什么东西做、做出来效果怎么样？这些都是未知的。以上就是编写本书的主要动因。

三

本书的题目是“人防目标伪装防护”，为什么不叫“人防目标伪装”、而是在“伪装”之后加了一个“防护”？因为我们在编写过程中发现，人防目标的伪装与军事目标的伪装有很大的不同。

伪装是指为隐蔽己方，欺骗、迷惑敌方所采取的各种隐真、示假措施。它是通过防止敌侦察探测设备发现我方目标而采取的信息欺骗措施。为什么人防目标伪装无法做到不被发现呢？这是由目标的规模、不可移动性和卫星侦察不受国界、时间限制决定的。因为不管怎么做坐标是无法改变的，而且假的就是假的，不论采取何种伪装手段都只能保证在某些方面或某些时段内欺骗侦察：可能白天与背景是融合的，晚上与背景的差距就会显现出来；早上与背景是融合的，中午与背景的差距就会显现出来。敌人很容易借助不受国界和时间限制的卫星，通过各种手段相互比对，揭露伪装、甄别出目标。也就是说，对于绝大多数人防目标，它的位置坐标和特征已经被敌方发现，甚至已经存放于其重要目标数据库，任何试图防止敌人侦察发现的伪装都是徒劳的。

既然目标已被发现为什么还要进行伪装呢？这是因为发现是精确打击的必要条件，但不是充分条件，发现不等于摧毁。已经被精确制导武器发现的目标，除惯性制导外，导弹发射时射手还必须捕获目标。同时，精确制导武器离开发射平台时只给了其一个大致方向，精确的瞄准贯穿于弹头的整个飞行过程中，尤其是飞行过程的末段，必须实时地获取和处理自身及目标的状态信息，如果飞行过程中任何原因引起信息链中断，那么弹头都会因失去导引而丢失目标。因此，人防目标实施的伪装，其目的是欺骗和迷惑精确打击，通过真假的结合增加射手捕获目标的难度，扰乱和中断制导信息链。因为这种措施是对抗打击而不是对抗侦察发现的，所以应该称为防护（目标对于外来打击的抗拒，具体是指为使人、畜、装备和物资免受或减轻核武器、化学武器、生物武器的杀伤破坏而采取的预防和保护措施）。但因为使用的技术是伪装技术，所以称为“伪装防护”。

在此也特别提醒读者，书中的“伪装防护”是一个词，不能理解成伪装和防护。而且要牢记，对于人防目标来说，存在“所有的目标都可以被发现”的问题，但发现不等于摧毁。“伪装防护”措施可以增加敌人精确打击时目标捕获过程的难度，使敌人难以投弹；也可以破坏敌人精确制导武器的制导信息链，使敌人的制导飞弹成为无的之矢，以此实现提高人防目标战场生存能力的目的。

作者

2016 年 6 月 20 日

目 录

第 1 章　人防目标伪装防护概述

1.1　人防目标伪装防护的概念

1.1.1　伪装的概念

《伪装教范》指出："伪装是为隐蔽自己和欺骗、迷惑敌人所采取的各种措施；包括隐真和示假。"并指出："在现代战争中，伪装是作战保障的重要内容。"《中国军事百科全书》(战役分册) 伪装条目中论述为："隐蔽自己和欺骗、迷惑敌人的各种措施。"从它的外延看，是各种"隐真"、"示假"措施在平时和战时的具体运用，是直接在自己的目标上和行动上所采取的惑敌诱敌手段。

美军伪装定义："伪装是指为尽量减少敌人对我方部队、武器、装备及设施的发现和识别，而采用的隐真和示假手段。"此种手段包括：利用当时当地的环境，以及利用天然的和人工的材料。

俄罗斯国防部军事出版局出版的《军事百科词典》指出："伪装是为使敌人对我方军队（兵力）和各种军事目标的存在、配置、状况、战备程度、行动及指挥部的计划产生错觉而采取的整套措施；战役保障的一种类型。"伪装有助于军队达成行动突然性，保持其战备状态和提高其生命力。按照运用的规模和完成任务的性质，伪装分为战略伪装、战役伪装和战术伪装（军队伪装）。按照所对付的侦察器材，伪装可分为水声伪装、音响伪装、磁力测定伪装、光电伪装、辐射伪装、雷达伪装、无线电和无线电技术伪装、热伪装等，同时采取几种对付敌人各种侦察器材的伪装措施效果更好。要对军队各种军事行动进行不间断的伪装，伪装的方法是：隐蔽、佯动模拟和虚假情报。

伪装可以在不同的范围内组织实施。战略伪装和战役伪装是在战略或战役范围内，对于战略全局和战役的企图、行动及其他重要目标进行的伪装。战术伪装是对战术兵团、部队、分队的人员，兵器、车辆、工程设施，以及兵力部署、行动、作战企图等所采取的综合伪装措施。

伪装措施包括三个方面：隐真、示假和干扰。

伪装可以是技术措施，即以各种技术手段来隐蔽真目标、设置假目标，以降低敌人各种侦察和攻击手段对真目标的发现、识别和毁伤概率；并把敌人注意力吸引到假目标方向上，以保证作战意图的实现。它是直接面对敌人各种侦察手段的一种被动式的对抗措施。

伪装也可以是作战行动措施——战术的、战役的以至战略的行动，包括假调动、假集中、假展开、假空降等，其目的也在于隐蔽真正的作战企图、造成敌人的错觉和不意。声东击西、以攻为守、以少示众等都是这类行动措施。

伪装是侦察的一种对抗手段，但对抗侦察还有其他一些措施，如电子对抗和隐形技术。它们和伪装有密切联系，但又有不同分工。

1.1.2 人防目标伪装防护的概念

人民防空简称人防，其是国家根据国防需要，动员和组织人民群众采取防护措施，以防范和减轻空袭危害的活动。

人防工程是为保障人民防空指挥、通信，以及民众、物资、生产设施等掩蔽需要而修建的工程建筑和设施的统称。其包括各种人防指挥、通信设施，掩蔽工事，储存生产、生活资料的地下仓库和油库，工业企业的地下生产车间，地下交通设施，地下医院等。

重要经济目标是指关系国家经济命脉、严重影响国计民生和国防潜力的经济设施，包括重要的工矿企业、科研基地、交通枢纽、通信枢纽、桥梁、水库、仓库、电站等。对重要经济目标进行防护，是为了减轻战争破坏程度，保护关键的生产能力。

民防是民众防护的简称，其是国家组织人民群众对空袭危害、自然灾害和灾害性事故的防护，包括对大规模杀伤性武器和其他兵器袭击的防护、在杀伤破坏区或灾区进行救生和紧急抢险修复等。民防包括了对战争灾害、自然灾害和灾害性事故的防护等广泛内容。首先，民防系统是国家防空系统的组成部分。自从第一次世界大战后期出现空袭，包括民防在内的防空系统的建立、发展和完善一直被各国重视。战后几十年来，在各国之间的军备竞赛中，空袭兵器发展占有突出地位，防空系统在整个国家防御系统中的地位也越来越重要。民防一直也是世界各国防空系统中的一项重要的、不可缺少的组成部分。其次，民防是国家抗灾救灾体系的组成部分。民防不仅包括在战时要动员和组织民众防护和减轻战争灾害，而且还包含了平时应付各种自然灾害和灾害性事故等非战争灾害的职能。民防具备的这些功能决定了民防在国家安全战略和发展战略中的地位和作用。再次，民防是军事行动与军事行为相融的社会活动。民防的首要功能是在战时组织民众防空袭，保存战争潜力，进而支持战争，最后夺取战争的胜利。它是为战争服务的，是战时军事行动的组成部分，因此就应付战争灾害来说，民防具有军事行动的性质。

在明确了“伪装”和“人防”的概念之后，我们就可以给“人防目标伪装防护”下一个简单的定义：为了避免或减轻精确制导武器对人防目标的毁伤，对其所实施的隐真、示假和破袭措施。人防目标伪装是伪装的重要组成部分。对于人防目标伪装的理解我们应重点把握以下几点。

1）人防目标伪装的重要性，根据对人防目标的阐述我们知道，人防目标具有四个突出特点：

a）数量多，分布广，暴露特征明显；

b）技术性要求高，结构复杂，抗毁伤能力弱；

c）人防目标相互关联，容易造成连带影响和产生次生灾害；

d）对战争潜力影响巨大，是争取战争全面胜利的基础。

因此，研究人防目标伪装具有重要意义，特别是对战争全局的胜利具有更加重要的意义。

2）人防目标伪装是研究如何对人防目标实施伪装的理论，它既要研究人防目标伪装的一般规律，还要指导人防目标伪装平时训练和战时实践活动。

3）人防目标伪装是一门具有科学化、系统化的应用性学科。它具有完整的理论体系，同时也涉及众多学科，如民防学、物理学、物理心理学、化学、计算机学、仿生学、遥感学、电磁理论等。

1.2 人防目标伪装防护措施

本书所说的人防目标主要指人防工程和重要经济目标。

1.2.1 人防工程的种类和伪装要求

（1）人防工程的种类

①人防指挥工程

人防指挥工程是战时人防指挥机构掩蔽和工作的场所，在人防工程体系中占据核心地位。

在所有人防工程中，指挥工程的防护标准和使用要求最高。它不仅要有较高的防核武器、防常规炸弹的抗毁能力，还要能防震、隔震、防电磁脉冲；工程内除要配置生活设施外，还要配置通信指挥器材。

②公用的人员掩蔽工程和疏散干道

公用的人员掩蔽工程和疏散干道是城市公共场所和人口稠密地区人员掩蔽疏散的公共防护设施。

公用的人员掩蔽工程，要根据城市人口分布情况和就地就近掩蔽的要求划区分片进行建设。疏散干道要经过城市人口稠密区域，市一级设置疏散干道，区一级设置疏散支干道。

③医疗救护、物资储备等专用工程

医疗救护、物资储备等专用工程是指地下医院、救护站（所），各类为战时储备物资的仓库、车库，以及人民防空专业队伍集结掩蔽部等。

这类建设可结合地下建筑物建设一并进行，根据地下建筑物的具体情况和战时防空袭斗争的需要，预留改造、加固位置，以便临战进行技术改造和加固。

④民用建筑地下室

民用建筑地下室是指住宅、旅馆、商店、教学楼、实验楼、办公楼、门诊病房楼等附属的地下建筑。结合城市新建民用建筑修建战时可用于防空的地下室，是战时保障城市居民就近就地掩蔽、减少伤亡损失的重要措施。防空地下室便于进入和防护，设计抗力不高，但投资效费比高。注重防空地下室建设成为世界各国普遍的做法。

目前国家规定：新建 10 层以上或基础埋置深度达 3 m 以上（含 3 m）的 9 层以下的民用建筑，应建与地面建筑底层相同面积的防空地下室；城市规划确定修建的居住区、小区和统建住宅，按地面新建总建筑面积的 2%统一规划修建防空地下室。

⑤城市的地下交通干线及其他地下工程的人防配套建设

地下交通干线是指隧道、地下铁路、地下公路等，其他地下工程是指地下管网和供水、供电、供气、供热、通信等公用基础设施。这些地下设施都要根据人民防空的需要，修建人防配套工程。

（2）伪装要求

①人防目标伪装的基本要求

1）适应现代高新技术发展。

从 1957 年第一颗人造卫星成功上天之后，空间侦察技术得到迅猛发展，伪装受到一次严峻挑战。当今时代，空间侦察已占据主要地位，以发达国家为例，其所得到的绝大部分情报都是来自侦察卫星。在离地面几百千米高空飞行的各种侦察卫星，每天都在世界各地上空搜寻着各方面的军事活动信息，从无线电波的海洋中拣取信息。奇异的雷达能探测到距离 200 km 处篮球大小的物体。水中的声呐能把海洋深处航行的潜艇行踪显示在跟踪者的荧光屏上。夜视仪在茫茫的夜里，能侦察一定距离内隐藏的车辆和人员。暗藏的窃听器能窃听到人们认为在非常保密的地方的谈话。所有这一切，都是技术发展的结果。当今条件下，为了搞好伪装，真正实现与侦察和制导威胁相对抗，也必须重视对伪装技术发展和应用的研究，做到与高新技术发展相适应。近期内，实现伪装适应高新技术发展需要做的工作很多。在该过程中需要抓住的一个核心问题就是，在高新技术条件下，要求目标伪装的技术与侦察技术发展相适应，尽可能地满足未来战争需求。根据人防目标实际需要有针对性地进行伪装设计，确保人防目标具有较强的伪装能力，以提高未来战场上人防目标的生存能力。

2）实施综合伪装的要求。

实施综合伪装的要求是由现代侦察技术手段的综合性和集成性决定的。从空间侦察手段角度讲，现在已有照相侦察卫星、预警卫星、电子侦察卫星。从空中侦察手段角度讲，有人驾驶侦察飞机、无人驾驶遥控侦察飞机等都得到了广泛应用。从地面（水面）侦察讲，有装甲侦察车、侦察雷达、战场侦察传感器、地面监听站、侦察船、窃听器等。从所用的遥感设备角度讲，有可见光遥感设备、微光夜视仪、红外遥感设备、多光谱遥感设备、微波遥感设备、电子侦察设备、炮兵声测仪器、水声探测设备等。今后的侦察，几乎在所有情况下都是将以上多种手段综合运用。面对这种现实实施伪装，要想提高效果，也必须采用多种综合措施，并做到伪装手段的灵活多样，达到因地制宜、因时制宜和自然逼真的目标。

3）经济实用。

实践证明，任何一项高新技术的应用，几乎都是一项高额经费的投入，特别是在隐形技术的发展方面，这一特征表现得越来越明显。例如，美国每架B-2隐身轰炸机在早期定单中的费用平均约为22亿美元，每架隐身无人机约为1 000～2 000万美元，每艘隐身潜艇约为16～30亿美元。在技术基础研究方面经费投入也高得惊人，美国仅在雷达隐身技术基础研究上就已投资300亿美元。因此，降低隐身兵器的研制费用是发展隐身技术不可忽略的因素。印度研制隐身作战飞机需投资23亿美元。另外，在使用过程中，飞机专门的额外维护也会增加全寿命周期费用。为了降低费用，人防目标的伪装要密切结合当时当地目标的背景条件，充分利用各种有利条件和就便器材，确保伪装效果。

4）突出重点目标兼顾一般目标的伪装要求。

人防目标数量类型众多，要全部实施伪装需要大量人力、物力、财力，伪装装备、器材保障难度大。应该采用突出重点、兼顾一般的原则，对重点目标，如人防指挥工程、人员掩蔽工程和疏散干道等实施重点伪装。一般目标可以采取适当伪装，对于暴露特征不是很突出的人防目标，如有些人防目标本身与一般民用目标没有大的区别，可以实施综合示假伪装。这样，既可取得好的伪装效果，又能节省材料、器材和时间。

伪装范围是指被伪装的人防目标及与其配套使用或直接相关的各个部分，包括主要人防目标、各种保障性目标及其相关的工程设施等，以上都在伪装范围之内。确定范围之后，还要把具体名称和配套数量列出来，以便统一规划设计。

伪装的使用期应与被伪装的人防目标和工程设施的使用期相同。特别是重点人防目标，在建设时就要考虑其伪装，只有这样才能取得好的伪装效果。

6）伪装器材、材料选择要求。

伪装所用的器材、材料，应与被伪装的人防目标一样，做到结构紧凑、质量小、操作使用方便和价格便宜，并能适应人防目标在不同环境条件下和不同季节的使用需要。同时还要考虑不同伪装措施或技术之间的兼容性，以及实现目标与背景之间的融合性问题。

7）人防目标伪装协调性与适应性要求。

对人防目标实施外加式伪装措施时，应详细分析目标与背景的特点，对伪装提出适应性和协调性要求，保证人防目标能够被伪装且便于伪装。

伪装作为一种保障要素，必须保证自身的可靠性和良好的自保障性。不然的话，就失去了保障的意义，也达不到伪装的目的。提高自保障能力考虑的主要问题如下：一是要具有较好的自身机动能力或便于机动；二是要具有快速设置和排除故障能力，能适时地完成伪装；三是要使伪装器材具有综合伪装性能，对地面背景具有广泛的适应性。所有这些，都要求伪装自身要简单、使用方便，战时避免或减少维修项目。对易损耗的备附件应保障备份充分且容易更换。

②防侦察伪装要求

1）防光学侦察伪装要求。

在所有侦察技术中，光学侦察应用最为普遍，措施比较多，技术也比较成熟，应针对其提出比较详细的伪装要求。结合前文的分析，防光学侦察伪装要求应考虑以下方面：防光学侦察波段要求，伪装项目与背景的可见光和近红外的亮度对比要求，伪装项目表面特性要求，如颜色色差、纹理的相似性、表面粗糙度、光泽度以及轮廓质感等与其背景的匹配要求等，变形伪装要求，实施迷彩伪装要求，防紫外伪装要求。

2）防红外侦察伪装要求。

防红外侦察伪装要求的主要内容包括：防红外侦察波段要求，防辐射温差要求，热红外发射率和温度与背景的匹配要求，热变形要求，表面材料的红外反射特性要求，对热斑点的分割要求。

当上述措施难以满足要求时，还应提出其他方面的伪装措施要求，如红外假目标设置要求等。

3）防雷达侦察伪装要求。

防雷达侦察伪装要求的主要内容包括：伪装性能要求，如雷达截面大小、假目标模拟逼真度及诱饵干扰要求等；通过目标的外观设计来减小雷达截面积；武器装备的表面材料对雷达波的反射特性要求；对雷达波实施积极干扰的要求。

当上述措施难以满足要求时，还应提出其他补充措施，如施放防雷达烟幕、减小雷达作用距离等。

4）防声测伪装要求。

防声测伪装要求的主要内容包括声音控制要求和声音模拟要求。

5）防夜间光电侦察伪装要求。

防夜间光电侦察伪装要求的主要内容包括：减少可探测性要求，如用降温措施抑制红外辐射；战术及保密措施要求；灯火伪装要求等。

6）防激光伪装要求。

防激光伪装要求的主要内容包括：激光有源欺骗式干扰要求，激光有源致盲干扰要求，激光无源干扰要求等。

③防制导武器伪装要求

1）防激光制导武器伪装要求。

防激光制导武器伪装要求的主要内容包括：防激光波段要求，对抗制导武器类型的要求，目标的遮蔽性要求，目标融合性要求等。

2）防红外制导武器伪装要求。

防红外制导武器伪装要求的主要内容包括：防红外波段要求，对抗制导武器类型的要求，目标的遮蔽性要求，目标融合性要求，红外干扰要求等。

3）防雷达制导武器伪装要求。

防雷达制导武器伪装要求的主要内容包括：防雷达波段要求，对抗制导武器类型的要求，目标的遮蔽性要求，目标的融合性要求，雷达干扰要求，预警时间和距离要求等。

4）防电视制导武器伪装要求。

防电视制导武器伪装要求的主要内容包括：对抗制导武器类型要求，遮蔽技术运用要求，烟幕掩护要求等。

5）防复合制导武器伪装要求。

防复合制导武器伪装要求的主要内容包括：对抗制导武器类型要求目标的遮

蔽性要求，目标融合性要求等。

④隐身措施要求

隐身技术是一种有前途的伪装技术。在论证中应根据不同隐身对象，如隐身飞机、隐身导弹、隐身坦克、隐身舰船等构成特点与使用要求，分析可采用的隐身技术途径和措施，如采用雷达、红外、可见光、声和其他信号特征技术，对结构和形状技术、电子对抗技术等提出不同的要求。

⑤伪装快速反应要求

伪装快速反应要求的主要内容包括：伪装展开时间要求，伪装撤收时间要求，伪装自动化程度要求。

⑥伪装策略综合运用要求

伪装策略综合运用主要考虑两个方面：伪装技术综合运用，伪装手段和措施综合运用。

伪装技术综合运用主要是对所有可利用的技术与所有的侦察威胁综合在一起统筹考虑，并提出要求。伪装手段和措施综合运用是将技术伪装、天然伪装、战术伪装与谋略伪装等综合在一起统筹考虑，并提出要求。

技术伪装措施主要是利用技术手段，以对防光学、防雷达、防红外等侦察与制导手段进行统盘考虑，对各种技术进行综合运用，以提高总体上的伪装要求。

1.2.2 重要经济目标的伪装防护措施

相对于政治、军事目标，重要经济目标数量多、单位面积大，情况千差万别；自身防护力薄弱，敌空袭这类目标成功率最高。海湾战争和科索沃战争表明，空袭经济目标、摧毁国防潜力对战争的进程和结局具有决定性影响。虽然我国重要经济目标防护建设有一定基础，但远远不能适应高新技术条件下防空袭作战的需要。主要问题是：重要经济目标布局不合理，过分集中于沿海开放城市和一些特大城市；重要经济目标防护标准和法规不完善，缺乏严格的监督和管理机制。加强重要经济目标防护建设是一项紧迫的任务。

重要经济目标防护难度大、不利因素多，处于被动地位，需要采取综合的伪装防护措施。

（1）合理布局，结合现有条件因地制宜分散配置

为提高重要经济目标的整体防护能力，在平时建设中应将这类设施相对分散配置，形成合理的工业布局，做到打不垮、炸不乱。

要搞好重要经济目标的配置和布局，从全国范围来讲，需要制订好重要经济项目建设规划。国家计划发展部门在安排大型项目建设和调整产业结构时，应充

分考虑重要经济目标的防护要求，在国家经济发展中、长期规划统领下，搞好重要经济项目的选址和工业体系结构的宏观论证，在平时建设过程中实现重要经济目标相对分散配置、合理布局。从某个城市范围来讲，关键是结合城市改造和新建各类设施，对不利于战时防护的重要经济设施及时进行调整。

目前，国家实行“西部大开发”战略，以加快中西部地区的资源开发和工业发展，这有利于国家工业体系的分散配置、合理布局，既是国家发展的重大战略步骤，也是国防建设的战略性措施。

(2) 隐蔽加固，重要目标配置到洞库或地下

重要的工厂企业应依山而建，在战时转入洞库。没有条件进洞的，应将重要的车间建在地下，重要的生产设备设在地下；或预建防空地下室，以备战时将设备转入地下。重要的物资器材应在地下储备，厂区的水、电、煤气、燃油的管线应埋设在地下。不易转入地下的设施，应采取加固措施，增强抗毁能力。通过这些措施保存关键的生产设施，以备战时遭敌破坏后能尽快恢复生产。

(3) 伪装欺骗，隐真、示假和干扰相结合，降低目标被发现的概率

近期局部战争的经验证明，伪装是对付敌高新技术侦察和空中打击的有效措施。在未来的城市人民防空袭斗争中，除采用植物、迷彩、烟幕、灯火、音响等传统的伪装方法以外，还要特别重视技术伪装和设置假目标，以欺骗敌人。例如：使用合成材料制作的伪装网对重要目标进行遮盖；在重要设施的表面喷刷隔热涂料，增大敌侦察、识别的难度；在重要目标周围设置充气楼房、角反射器等，干扰敌目视和雷达侦察。

对重要目标进行伪装，要采取人防专业队伍与人民群众相结合、预先伪装与临时伪装相结合、制式器材与就便器材相结合的办法，因地制宜，就地取材，力求达到严密性、适应性、多样性、群众性的要求。伪装效果不仅要能蒙蔽敌人的耳目，而且要能欺骗敌人的电子、红外等高新技术侦察。

(4) 设置空中障碍，多方主动拦截敌人的精确毁伤弹药

实践证明，拦阻气球、空中飘雷、空中钢索等空中障碍物，对低空、超低空突防的飞机特别是巡航导弹有一定的拦截作用。第二次世界大战中，英国就曾用空飘气球成功地拦阻过德军的轰炸飞机。第四次中东战争中，埃及曾在机场附近上空设置伞系钢缆，使两架超低空突防的以色列飞机撞毁。在未来的城市人民防空袭斗争中，设置空中障碍物，对于拦阻敌低空袭击和巡航导弹突击仍然是有所作为的。设障地域通常在重要目标附近和敌空袭兵器低空、超低空进袭的航路上的。进行空中设障，应预先筹备空中设障器材，战时根据城市人民防空指挥员的命令施放空中障碍物，以配合其他手段保护重要经济目标的安全。

(5) 加强领导，制定有效的应急抢险抢修预案

重要经济目标所属单位应建立专门的防护指挥机构，企业主要领导、总工程师、各部门领导应是该指挥机构的成员。该指挥机构平时负责落实目标防护建设要求，掌握本单位关键设备、防护技术与物资储备、专业队伍建设等情况，战时负责对重要经济目标防护进行组织指挥。

各级人民防空主管部门和重要经济目标所属单位，应依据人民防空法规定，从我国经济实力出发，制定适用有效的应急抢险抢修方案，其主要内容包括：情况设想，任务决心，应急疏散、抢险抢修措施，专业队伍的行动和组织指挥等。必要时应进行演练，对方案进行充实调整，提高方案的科学性、合理性。

第 2 章 人防目标伪装防护的目的与原则

信息化时代，人类文明的进步、世界格局的变化和武器装备的发展对作战思想、作战理论、作战样式、作战保障等方面产生了深刻的影响。与机械化战争相比，瘫痪战取代了歼灭战和消耗战，区域轰炸让位于目标打击，战争追求打重心、打关节、瘫痪对方。指挥中枢、能源、电力、交通设施等人防目标成为信息化战争必打的“重心”。如科索沃战争中，北约并未掠夺资源、抢占国土，甚至保留了南联盟的政体和军力（保存了 90%的军事实力），但摧毁了南联盟大部分人防目标。生命线工程、通信枢纽、交通枢纽等目标被毁，2 000 亿美元的经济损失使其战争潜力丧失殆尽，民心士气严重受挫，被迫投降。由此可见，人防目标在坚持斗争和赢得战争胜利的地位明显上升，运用多种手段打击对方的人防目标，削弱其支持战争的能力和意志，已成为信息化战争的重要特点。

人防目标是指关系国计民生和支持战争的系统资源。人防目标在国民经济和社会生活中占有举足轻重的地位，是支持战争和保障人民生产生活的重要战争潜力。由于人防目标绝大多数不可能借助坚固地下工事实施防护，伪装便成了其最有效和最容易实现的防护手段。

伪装是从军事行动、军事装备的防护移植到工程防护领域的，其能不能用于人防目标防护呢？如果能，“如何应用”、“需要什么样的器材和装备”、“应用的原则”、“方法和时机如何确定”等基本问题需要研究和明确。同时，要想获得在提高人防目标生存能力方面管用且实用的伪装防护措施，首先需要弄清楚现代空袭的特点和现代空袭武器的秉性。

2.1 现代空袭的特点

空袭是指从空中用炸弹、导弹、火炮、火箭等对敌地面、水面目标进行的袭击。它是工业化社会的产物，是随着飞行器用于战争而产生和发展的。使用气球进行空袭始于 1849 年奥意战争，使用飞机进行空袭始于 1911 年的意土战争。现代战争通常从空袭开始，包括战略空袭和战役、战术空袭。虽然当下空袭兵器与第一次世界大战相比有了质的不同，但目的仍然是摧毁、破坏敌纵深重要目标，削弱其军事实力和战争潜力，消灭、压制敌战场上的兵力，支援己方军队作战。

现代空袭的特点是突然性大、破坏力强、范围广泛。现代空袭虽然只经历了短短的百年时间，但发展迅猛，已经发展到第三代，且第四代已初露端倪。

2.1.1 当代空袭模式——防区外陆海空三位一体精确打击

20世纪90年代开始，新一代防空导弹、预警机和先进制空战斗机等武器装备的出现使信息主导作用更加凸显，二战时期的空袭模式已不能满足作战需求，当代空袭模式——视距外陆海空三位一体精确式打击发展壮大。空袭体系以预警机为核心，以天基侦察、监视、导航、通信和数据链网络为支撑。轰炸机、攻击机、多用途战斗机、弹道导弹、巡航导弹等陆海空作战单元在C^4ISR系统支持下协同作战，采用防区外打击和突防攻击相结合的方式，广泛运用精确制导武器对各类战略战术目标实施一体化联合打击。其本质特征是：信息化程度高，形成了基于信息系统的体系作战能力。主要表现为：信火一体，察打一体，防区外精确打击，追求速战速决。典型战例是海湾战争和科索沃战争。

沙漠风暴行动中，伊拉克重要经济目标遭到了来自空中的毁灭性打击，发电设施被摧毁25%，使电力供应减少50%。炼油设施被摧毁80%，军火库、给养库、油料库被摧毁近200个，军工厂和化工厂100%被毁；幼发拉低河与底格里斯河上的36座桥梁被切断33座。海湾战争共进行42天，而空袭作战就持续了38天。

科索沃战争的联盟力量行动中，空袭成为独立的作战模式。1999年3月24日19时50分，第一枚战斧巡航导弹从冈萨雷斯号驱逐舰上发射升空，美国主导下的北约以制止南联盟实行种族清洗为借口，拉开了联盟力量空袭行动的序幕。北约沿袭沙漠风暴空袭模式，将巡航导弹和隐身飞机作为撕开对方防空体系的重拳。打击重点由战争初期的军事目标转为战争潜力目标，包括公路、铁路、桥梁、炼油厂、热电厂、供水厂、电台、电视台、电视转播塔等民用生产生活设施及媒体设施。同时，采取将预定打击目标、时间、强度、方法及可能造成的后果公之于众制造恐惧，运用石墨炸弹攻击城市电力设施制造黑暗，打压传媒控制、制造舆论等手段，震慑民众心理，以炸迫降。空袭摧毁了南联盟70%的桥梁、50%的燃料储备、100%的炼油设施、80%以上的电力和供水设施，使南联盟的战争潜力丧失殆尽。科索沃战争历时78天，北约出动飞机共计3 600架次，其中攻击达10 000架次，是完全依靠空中打击赢得战争胜利的典型战例。空袭作战体系对抗特点突出：

1）天机信息资源得到广泛应用，北约动用了80多颗卫星遂行战场侦察监视和通信导航等任务，使战场趋于单向透明；

2）动用 E－3、S－3C 等预警机 23 架，各型侦察机 46 架，全面监视空地态势；

3）B－2、F－117 等隐身飞机投入使用，其低探测性使对方难以发现；

4）多种新型精确制导武器投入使用，包括远程空射巡航导弹、中程空地导弹和联合直接攻击弹药等，可全天候、全天时攻击固定和移动目标，并且精准可控；

5）投入大批电子战飞机和信息战武器，不间断地对南联盟的侦察探测、通信网络、指挥控制系统实施压制、欺骗和软杀伤，并运用反辐射导弹、电磁脉冲炸弹和石墨炸弹实施攻击，使南联盟的雷达系统、信息网络和电网几乎瘫痪；

6）北约首次启用联合空战中心、北约综合数据传输、海上指挥控制三大信息系统，融合处理分布于陆海空天的信息数据，建立起统一的信息网络和指挥控制系统，构成了基于 C^4ISR 的信息火力一体化空袭体系，基本实现了“发现即摧毁”的目标。

阿富汗战争的持久自由行动中，美军首次使用察打一体的无人机，试验了远程遥控作战的新型作战模式。伊拉克战争的自由伊拉克行动中，美军使用新型数据链打造全球信息栅格以提升空袭效果。利比亚战争的奥德赛黎明行动中，多国联军在网络中心战理论指导下提高了作战效能。

2.1.2　空袭模式的发展趋势——防区外陆海空天四位一体全球快速精确打击

当代空袭模式虽然在一系列战争中得到了检验和完善，但对战略纵深较大和具备先进防空体系的大国，其打击效果大打折扣。特别是不断发展的远程拒止、体系破击、反隐身作战、网电攻击和机动防护等多种应对防御手段，再加上对空军基地和航母编队打击能力的发展，使这种空袭模式可能丧失优势。因此，空袭模式有进一步发展的趋势。主要是发展以天基为核心、可覆盖全球的信息网体系，从邻近空间和太空投送打击力量，飞行马赫数可达 5～20，从而使得传统防空体系因反应时间不足失效。

空袭模式从产生直至发展到今天，尽管作战样式、武器装备发生了巨变，但技术的传承性非常明显。虽然各个时期都有所不同，但要想清晰地划出界线并不容易，只能粗线条地做如下小结。

1）第一代空袭：投射弹药的平台是飞机，使用的弹药主要是普通炸弹和燃烧弹，发现和瞄准目标基本依靠飞行员的眼睛，飞机需要临空低空飞行、平行或俯冲投弹。

2）第二代空袭：与第一代相比，平台仍然是飞机，但由于普遍采用了喷气式发动机，飞行速度大幅度提高；使用的武器除集束炸弹和普通炸弹外，开始使用空对地精确制导武器；可见光照相器材和电子侦察器材用于空中侦察；电子战飞机和空中加油机显现出巨大的优越性。

3）第三代空袭：与第二代相比，武器的投射平台发展为陆海空三位一体，几乎全部采用制导武器，专门用于摧毁防空雷达的反辐射武器发展成熟；人造卫星成为侦察监视的主要手段，卫星定位系统普遍用于制导和定位；空袭追求单向透明，制导武器、预警机、电子战飞机和空中加油机成为空袭的主战装备。

4）第四代空袭：与第三代相比，第四代空袭初露端倪，武器的投射平台发展为陆海空天四位一体，显著特点是增加了从邻近空间和太空投送精确制导武器的攻击平台，制导武器的突防能力和飞行速度大幅度提高。

2.2　现代空袭兵器的特点

对于兵器，我国古代有句俗语："一寸长一份强，一寸短一份险"。所以，自战争出现至今，武器系统不断地从为近战服务向为远距离服务的方向进化，由粗放式打击向精确打击进化。枪炮的出现曾使从前以白刃战为中心的战斗变成相距数百米、甚至数万米的远距离战斗；飞机与现代火箭的出现与发展，彻底解决了打击武器的射程问题，相距数千千米的大陆之间的直接打击成为可能；太空技术的日趋发展和成熟，开辟了可以自由攻击任何地方的太空武器的道路，如现今美国已经解决了 1 h 内全球到达的快速远程打击问题。在武器投射距离飞速发展的同时，弹头的命中精度和破坏威力也在飞速发展。精密陀螺和卫星导航定位精度的提高，加上末段多模制导，使命中精度彻底解决。炸药的更新换代，使常规弹头的杀伤威力有了长足的进步。

在未来战争中，面对不断发展完善的防护体系，进攻方为了毁伤敌方的节点目标、打击武器，首先是突防，其次是命中并毁伤目标。因此，信息化战争时代的远程打击武器围绕突得破、打得准、打得狠的方向发展。

2.2.1　导弹突防技术的发展

导弹是一种载有战斗部系统、依靠自身动力装置推进、由制导系统引导并控制其飞行轨迹（弹道）而导向目标的飞行器。随着导弹防御系统的发展和防御能力的提升，突防技术已成为导弹武器系统完成作战使命的一项关键技术。目前进攻性导弹的突防方式归纳起来有以下几类。

（1）隐身技术突防

通过采用隐身技术措施降低弹头被反导系统探测发现的概率，使敌方难以发现或推迟发现飞行中的导弹，缩短敌反导系统的作战反应时间。精确制导武器隐身所采取的主要手段有：选用 RCS 小的气动外形，壳体涂覆吸波材料和降温材料，利用高速飞行产生的等离子体流场进行隐身。

（2）弹道机动突防

导弹防御系统对导弹弹道的预测是将弹道限定在一个管形区内，逐渐缩小预测弹道管形区的半径，当其足够小时就可以发射拦截器进行拦截。弹道跳跃的幅度越大，管形区的面积就会越大，从而给防御系统的管形区预测带来更大的困难。因此，加大弹道跳跃的幅度是提高突防能力的一个重要手段。

（3）改进弹头技术突防

为了提高导弹的突防能力，广泛采用弹头技术包括假弹头和多弹头等突防技术。

1）假弹头突防。采用与真弹头有相似的雷达和红外特性的轻型诱饵假弹头和重型假弹头可使反导探测装置难以识别和跟踪真弹头。而当假弹头与真弹头数量超过反导系统所能防御的弹头数量时，即反导系统的能力达到饱和状态，就更能确保有部分弹头突防。

2）多弹头突防。采用集束式多弹头技术，特别是分导式多弹头技术可提高弹头突防能力。一次性集中释放多个子弹头的集束式多弹头技术使反导系统难以确定来袭弹头同时成功拦截。由于反导系统无法预测末助推级的真实弹道，因此也难以预测子弹头要攻击的目标，缩短了保卫某个目标的反导系统作战反应时间。

（4）依靠高速飞行突防

国外研究表明，飞行速度对导弹突防效能和作战效能的影响非常显著。一方面，导弹飞行速度的提高对防御系统的反应能力提出了更高挑战；另一方面，飞行速度的提高可导致防御方防空导弹的制导误差增大，从而降低拦截武器的单发杀伤概率。研究表明，$Ma=7$ 是确保高超声速飞行器在现有的威胁环境下能够生存的最小速度，且随着速度的增加生存能力不断提高；$Ma=15$ 的高超声速飞行器能够规避任何敌方的防御系统。

（5）电子干扰突防

导弹系统装备的电子战系统能够通过噪声和假目标，对敌防空和反导防御系统的各种探测和火控雷达进行有源和无源干扰，在飞行末段保护导弹不被拦截。俄军认为，电子战系统虽不能完全压制敌方的防空和反导防御系统，但压制时间足以令伊斯坎德尔导弹系统摧毁目标。

（6）低空飞行突防

一方面，地球的曲率严重地限制了地面雷达对贴近地表物体的探测距离，地基或舰载雷达无法探测到贴近地球表面飞行的导弹或飞机，直到它们靠近雷达的部署位置。另一方面，低空飞行时，雷达很难从地表杂波中探测到低空飞行的物体。这是因为地表物体产生的回波信号中包含着许多地表杂波，雷达计算机很难从中识别出与巡航导弹相关的微弱特征信号。低空飞行突防主要用于巡航导弹。

2.2.2 战斗部技术的发展

信息化战争具有许多新的鲜明的特点，但战争的本质仍然是暴力对抗。无论信息化程度多高，战争都不可能演变成电子游戏，因此，打击武器仍然是战争的“重器”，军事强国都非常重视高效能武器战斗部和新概念武器的研制。

（1）高效能毁伤弹药

打得准、打得狠是打击一方追求的目标，弹药命中目标后能否毁伤目标决定于弹头的毁伤效能。为提高弹头的毁伤效能，近年来，发达国家围绕弹体材料、弹体结构、爆炸引信、装药性能等方面对常规武器的毁伤效能进行了深入研究。

随着弹体材料、弹体结构、爆炸引信等方面关键技术的突破，美国研制了打击坚固地下目标的激光制导 GBU 系列炸弹和深钻地武器，将弹头对混凝土的侵彻深度由小于 1 m 提高到 20 m，钻土由 2 m 提高到 200 m。2011 年 9 月，美国空军装备了 8 枚重达 13.6 t 的巨型钻地炸弹，装药量为 2.4 t，可打击 60 m 深的钢筋混凝土目标，能摧毁绝大多数地下工事、指挥所、武器装备库和核生化设施，号称“炸弹之祖”。

为提高命中目标弹药的毁伤效能，针对高性能炸药的研究如火如荼：第四代炸药已研制成功，第五代炸药也有很大进展，其爆炸威力有了质的提升。全氮材料是第四代炸药的典型代表，能量为 TNT 的 2～10 倍，美国、瑞典等国都在开展全氮材料的合成技术研究。金属氢材料为第五代炸药，能量为 30～50 倍 TNT 当量，军事发达国家正积极开展相关理论与实验研究。

为打击洞穴中的敌人，美国和俄罗斯都研究了温压弹。美国研究的“炸弹之母”（型号定为 GBU 43/B）的爆炸当量相当于 11 t TNT，爆炸半径为 150 m，杀伤面积 $7.07\times10^4\ m^2$（相当于 10 个足球场），爆炸中心温度达 2 500 ℃。俄罗斯研制的“炸弹之父”爆炸当量相当于 44 t TNT，爆炸半径为 300 m，杀伤面积 $28.3\times10^4\ m^2$（相当于 40 个足球场），爆炸中心温度达 5 000 ℃。因为大当量温压弹爆炸前炸药云雾可以通过孔洞进入工程内部再行爆炸，对地下工程和地面建筑物内部的目标具有其他武器无法比拟的毁伤效能。

（2）电磁脉冲炸弹

美国一份权威杂志对未来的信息化战争做过一次预测："战争打响后，看不到蘑菇云，只是一声巨响和一道闪电，所有的计算机系统、信息化武器装备都将瞬间被"烧焦"，所有电气化引擎都无法发动，电网全部瘫痪，整个世界会瞬间倒退 200 年。这种可怕的武器就是电磁脉冲炸弹。"

电磁脉冲炸弹被认为是 21 世纪杀伤规模最大的破坏性武器，可以对电子信息系统、指挥控制系统和网络信息系统产生巨大威胁，号称信息时代的"第二原子弹"。世界各军事强国的电磁脉冲打击武器正在走向实用化。电磁脉冲炸弹的巨大杀伤性源自对电器破坏，1 kg 的电磁脉冲炸弹就足以摧毁几十吨烈性炸药才能损毁的电器设备。

电磁脉冲炸弹可用火炮、战术导弹运载或空投等方式投掷到目标附近爆炸。电磁脉冲炸弹根据产生的电磁脉冲频段可分为两类：一类是微波炸弹，辐射的电磁波在微波频段；一类是电磁脉冲弹，频谱较宽，主频在 1 MHz 以下。电磁脉冲炸弹利用炸药爆炸所产生的化学能作为能源，再由特殊的装置将化学能转化为电磁能量并通过天线辐射出去。

电磁脉冲炸弹的攻击目标主要有三类：一是军用和民用的电子通信和指挥中心，如指挥部、通信大楼等；二是雷达和防空预警系统；三是各类导弹和导弹防御系统。

2.3　人防目标面临的威胁与伪装防护的目的

毫无疑问，人防目标面临的最大、最现实威胁是精确打击，而侦察定位是实施精确打击的先决条件。从已经发生的几场高技术局部战争看，信息化战争中，人防目标面临的主要侦察威胁是范围广、速度快、效率高且不受国界和天气条件限制的卫星侦察，对于特别重要的目标，敌人会派出特工亲临现场实地通过目视和照相进行核实。由于我国海、空力量的发展壮大，区域拒止能力的提高，敌人临空轰炸的可能性极小，人防目标面临的打击威胁主要是超视距、远距离的精确打击。考虑到人防目标所处城市地区稠密的物理结构会产生大量的杂波。因此，红外和雷达制导方式效果很差，对人防目标打击武器的主要制导方式是激光制导、GPS 制导和电视制导。

人防目标伪装的目的是什么？若不深入思索会想当然地认为是防敌侦察发现。实际上这种认识不完全对，甚至是错误的。防敌侦察发现，是信息化战争以前目标伪装的目的，也是信息化战争时代小型和机动目标伪装的主要目的，但不是信息化战争时代大型固定目标伪装的主要目的，原因如下。

信息化战争时代对于规模很大、位置固定的人防目标来说，其面临的主要侦察威胁是卫星侦察的常态化、侦察手段的多样化和侦察技术的精细化。从互联网上的大量照片可以看出，人防目标的特征已被敌人掌握，位置坐标已存入敌人的目标数据库，想通过伪装不使敌人发现无异于痴人说梦。

当今世界，大型固定目标要想不被敌人发现比较可行的办法就是：先伪装后施工，不伪装不施工。这样的要求只适应于重要军事目标，人防目标的建设不可能这样做。人防目标已被发现是不是意味着伪装就无能为力、只能等死呢？不是的，被发现的人防目标照样具有生存能力。因为攻击系统要造成目标的毁伤，必须经过侦察、攻击命中、毁伤等三个层次。实战中目标的生存能力可用下式表示

$$P_s = 1 - P_f P_{m,f} P_{h,m}$$

式中 P_s——目标的生存概率；

P_f——目标被探测的概率，包括目标被搜索、发现和识别的概率；以搜索、发现条件下的识别概率衡量；

$P_{m,f}$——目标在被发现条件下被精确制导武器捕获命中的概率；

$P_{h,m}$——目标在被命中条件下的毁伤概率。

从上式中可以看出，对于人防目标来说，其被探测的概率 P_f 可以认为等于1，伪装只能降低目标在被发现条件下的捕获命中概率 $P_{m,f}$ 和目标在被命中条件下的毁伤概率 $P_{h,m}$。考虑到现代常规武器的巨大毁伤能力，后者的可降低度也不是很大。因此，人防目标伪装求生存的主要做法是降低目标在被发现条件下的捕获命中概率 $P_{m,f}$。下面我们通过分析精确制导武器的打击过程来说明这种方法的有效性。

以下是几种典型制导模式下，发现人防目标后精确打击的过程。

1）制导跟踪攻击。导弹发射后，导弹的飞行控制系统控制导弹沿预定航线到达末制导作用距离内的某个预定点，末制导导引头开机并在一定范围内扫描，发现目标信息后将信息显示在射手的综合显示器上。射手根据先前的侦查资料甄别后，在综合显示器上锁定预期的瞄准点，直到导弹击中目标。例如，使用AGM65A 小牛导弹对地面目标攻击时，飞机在一定高度上于 8 s 内捕获目标，射手从荧光屏上选定目标，导弹导引头锁定目标，此时即可进行发射。

2）发射后自行攻击。制导跟踪攻击载机暴露在敌火力范围内的时间较长，为避免载机被击落，可采用“发射后不用管”的自行攻击。在这种攻击模式下，目标信息被提前输入导弹导引头中，导引头将自行完成制导跟踪攻击中射手甄别目标的工作。

3）巡航攻击。巡航导弹发射后，导弹助推器点火。当主发动机达到全推力时，导弹在雷达高度表的控制下保持在巡航高度，转入巡航飞行状态，只靠高度表和惯导系统按程序飞行，用地形匹配系统或 GPS 系统进行航线修正，使巡航导弹在预定航线上飞行。当飞到预定目标攻击区时，弹上景象匹配系统与目标区景象进行最后识别比对，若没有超过允许误差，导弹就进入攻击程序，命中目标。

综上可以看出，不论哪种精确打击模式，临近目标时都要将目标的信息与事先获得的信息比对，如果能快速改变目标信息，则导弹很难做到精确打击。因此，重要人防目标伪装的目的应以防精确打击为主，防侦察监视为辅，核心问题是采取恰当的伪装挫败或削弱攻击方的目标捕获能力。

2.4　人防目标伪装防护的任务与原则

我国实行联合防空的作战体制。按照任务的不同，防空分为三个基本类型，即国土防空、野战防空和人民防空。人民防空是指为防范和减轻空袭危害而采取的防护措施。

从任务划分看，空军防空兵实施拦截的主要任务区域在高空，主要防护对象包括政治经济中心、首脑指挥机关、重要军事设施、工业基地和交通枢纽等。陆军防空兵实施拦截的主要任务区域在中低空领域，主要防护对象包括作战部署范围内的军事目标。

人防目标的防护主要依靠空军和人民防空，特别重要的目标可能会配属陆军防空兵，但兵力非常有限。空军防空和陆军防空兵的防空都是利用武器击毁敌人的导弹或发射平台，对国土、要地的防护采取的是以攻为守，属于主动防空。人民防空是被动防空，作战任务区域在超低空领域，主要手段是通过采取管理和技术措施减小目标被命中的概率和毁伤的程度。因此，人防目标伪装的任务是根据威胁武器采取相应措施，以提高目标的生存概率。伪装的效果不能用防护工事和防护装甲的抗力概念来表述，即通常大家说的“能不能防住”。

根据信息化战争中人防目标面临的侦察威胁和精确打击的流程，平时大型固定目标的伪装是没有显著用途的，不论采取何种伪装手段都只能保证在某些方面或某些时段内欺骗侦察，在常态化的卫星侦察下，伪装很快就会被揭露。所以，人防目标的伪装从时间上说，应以战时伪装为主，平时伪装为辅；从手段上来说，应以临时伪装为主，永久伪装为辅。考虑到人防目标主要分布在城市，而城市地区稠密的物理结构会产生大量的杂波，从而提高了识别具体目标的难度。城市杂波能较大程度地降低敌方监视传感器的有效性，尤其是在红外和雷达波段。城市地带固有的杂波使可见光伪装成为重要的考虑因素。因此，伪装器材的研究重点放在如何在可见光范围与背景融合的技术突破上，防红外和防雷达的性能作为次要因素，即伪装的效果以可见光伪装为主，红外和雷达伪装为辅。

2.5 人防目标伪装分类与器材装备要求

人防目标包括人防工程和重要经济目标。重要经济目标如工矿企业、科研基地、生命线工程、交通枢纽、通信枢纽、桥梁、电站等。它们的功能千差万别，一般可分为四类：能源及次生灾害源类、战争潜力类、交通设施类、生命线工程类。各重要经济目标的基本构成如下：

1）能源及次生灾害源类。这类目标主要包括核电站、油田、气田、大型水库、电厂、炼油厂、化工厂等。

2）战争潜力类。这类目标主要包括钢铁、电子、机械及其他与战争进程有关的重要工业基地、重要科研单位、各类大型物资仓库等。

3）交通设施类。这类目标主要包括铁路枢纽、公路干线、重要桥梁、隧道、港口、机场等。

4）生命线工程类。这类目标主要包括城市内水、电、气供给系统（城市内变压站、输电线路、储气站、输气管线、水净化设施及输水管线等）。

从工程的角度看，其可归纳为两类：建筑物（车间、厂房、办公楼、实验室、桥梁）及构筑物（大坝、储油罐、塔架等）。

从伪装的角度可以分为可遮蔽目标（厂房、多层办公楼等）和不可遮蔽目标（高层办公大楼、大型桥梁、电视发射塔等）。

伪装就是在可见光、近红外、热红外和微波方面消除、减小或模拟目标与背景的差别，通常的方法是隐真、示假。根据“战时伪装为主，平时伪装为辅；临时伪装为主，永久伪装为辅”的原则，伪装技术应体现在“快”上，即能在接到空袭预警后迅速发挥作用改变目标区域的地貌特征、施放干扰信息。研究的机具应体现在“综合”上，做到一机多用。

2.6 信息化战争时代人防目标伪装防护基本问题小结

1）人防目标面临的威胁：侦察威胁主要是不受国界影响、无时不在的人造卫星侦察和地面特种侦察；打击威胁主要是地对地、舰对地和空对地远程精确制导武器；

2）人防目标伪装的目的：主要是防精确打击，兼顾防侦察监视，核心问题是采取恰当的伪装挫败或削弱攻击方的目标捕获能力；

3）人防目标伪装的原则：战时伪装为主，平时伪装为辅；临时伪装为主，永久伪装为辅；可见光伪装为主，雷达、红外伪装为辅；

4）人防目标伪装分类：可遮蔽目标和不可遮蔽目标；

5）人防目标伪装防护任务：作战区域在超低空领域，主要手段是通过采取管理和技术措施减小目标被命中的概率，降低毁伤的程度。

第3章　伪装的基本原理与方法

3.1　伪装原理

3.1.1　光学伪装原理

目标与背景反射光的差别，是目视、照相等光学侦察发现和识别目标的基本依据。光学伪装的隐真及示假，实质上就是以各种措施消除、降低和模仿目标与背景反射光的差别。

由于目标与背景反射光的差别表现为颜色差别，因此，光学伪装中对反射光差别的处理一段都表现为对颜色差别的处理。

颜色是人眼对可见光的直接反应（感觉）。能引起颜色感觉的可见光是一种电磁波，其波长范围在 380～760 nm 之间，因为人能直接看到并能感觉为红、橙、黄、绿、青、蓝、紫等各种颜色，所以被称为可见光，又被称为色光。波长大于 760 nm 的电磁波被称为红外线，小于 380 nm 的电磁波被称为紫外线。这两种光线通称为非可见光。虽然人眼不能直接看到它们，但可以通过照相或特种观察器材转换成可见光，间接用颜色显示出来。

3.1.1.1　影响颜色差别的因素

在正常人眼和一定光源的条件下，目标与背景的颜色决定于它们的表面材料对光的反射特性、表面的粗糙状态和表面的受光方向。

（1）表面材料对光的反射特性

任何材料对光源发出的入射光都会产生不同程度的反射和吸收。一点不反射也不吸收的材料，在自然界是不存在的。各种材料对光的反射特性各不相同：有的对某些波长的光反射较强，对另外一些波长的光则反射较弱；有的则对不同波长的光具有大致相同的反射能力。材料对光的反射特性不同，表面颜色的色彩和亮度就不一样。自然界的物体之所以呈现出多种颜色，就是因为物体的表面材料对入射光具有不同反射特性。

自然界所有的颜色可以归纳为彩色和消色两大类颜色。彩色的颜色，就是 380～760 nm 的可见光谱所对应的紫、蓝、青、绿、黄、橙、红等各种颜色和紫～红之间的各种紫红色。消色的颜色，就是黑色、白色及黑白之间各种不同亮暗的灰色。

①彩色材料的反射

这类材料对不同波长的入射光的反射具有明显的选择性，即对不同波长的入射光具有不同的反射能力：对某些波长的光反射较强，而对另外一些波长的光则反射较弱。例如，红色颜料反射波长 690 nm 左右的光，就要比反射其他波长的光强得多；普通绿色颜料反射波长 530 nm 左右的光，就要比反射其他波长的光强。红色颜料呈红色或绿色颜料呈绿色，是它们选择反射红色光或选择反射绿色光的结果；红色颜料的红色比绿色颜料的绿色亮，是因为红色颜料选择反射的红光比绿色颜料反射的绿光强的原故。所以，各种彩色的颜色之间既有色彩（色别及其鲜艳程度）差别，又有亮度（亮暗程度）差别。

在彩色材料中特别要引起重视的是绿色植物选择反射的特性。绿色植物除了在可见光范围内可较强地反射绿光外，还在 760 nm 以外的近红外线区强烈地反射红外线。图 3－1 就是根据绿色植物的这种反射特性描绘的光谱反射曲线，横坐标表示波长，纵坐标表示反射能力。从图 3－1 中可以看出，绿色植物反射红外线的能力比反射绿光的能力强得多。

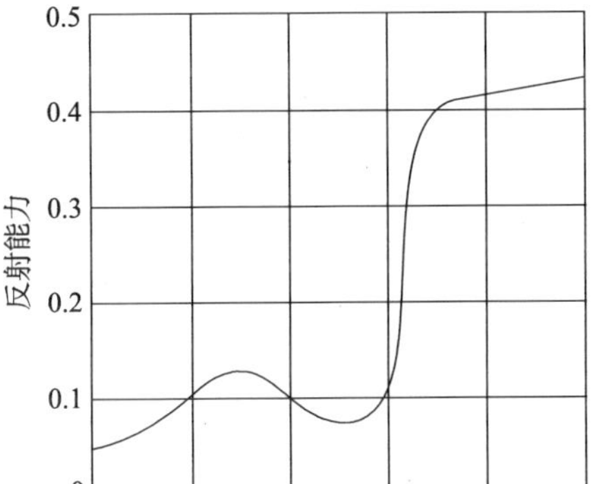

图 3－1　绿色植物的光谱反射曲线

因此，在绿色植物上伪装目标时，必须重视伪装涂料和材料的选择。根据绿色植物的反射特性，应使所选择的涂料或材料，不仅与植物背景有近似一致的颜色感觉，而且要有相近似的反射红外线的能力，使其与植物背景的光谱反射曲线尽可能一致。

②消色材料的反射

这类材料对不同波长的入射光没有明显的选择反射特性，即对不同波长的入射光具有近似相同的反射能力。例如，白色颜料对各种波长的光（不含紫外线）都有近似相同的、较强的反射能力，黑色颜料对各种波长的光都有近似相同的、较弱的反射能力，灰色颜料的反射能力则介于黑白颜料之间。

由于消色材料对不同波长光的反射没有明显的选择性，只有反射强弱的不同，所以消色的颜色就只有亮度差别，不存在色彩差别。黑、白、灰等消色的颜色之间只能以颜色的亮度来区分。图 3－2 是根据消色材料的反射特性描绘的光谱反射曲线。从图 3－2 中可以看出，消色材料的光谱反射曲线近似为直线。

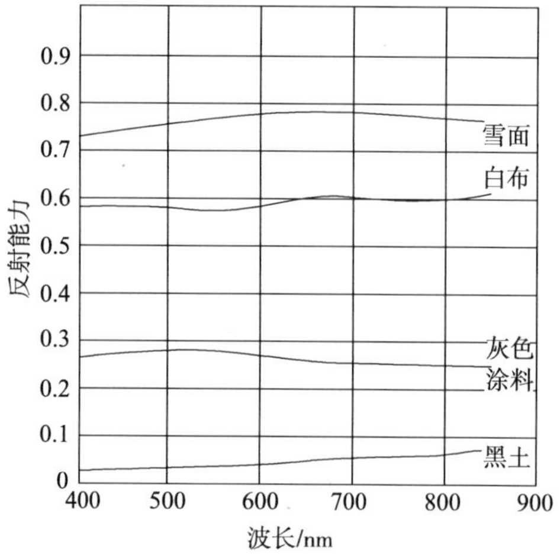

图 3－2　消色材料的光谱反射曲线

（2）表面的粗糙状态

表面的粗糙状态就是表面的光滑和粗糙程度。当表面材料的反射特性相同时，表面的粗糙状态仅影响反射光的强弱及其在各个方向的分布，因而在颜色的感觉上也只影响颜色的亮度而不影响颜色的色彩。例如，松土的黄色比压实土的黄色暗，践踏过的草地的绿色比未触动的草地的绿色亮，涂在光滑金属面上的绿色涂料比涂在粗糙金属面上的绿色涂料亮等。

自然界的表面，按其粗糙状态可以分为光泽面、无光泽面、粗糙面和植被面四种（图 3－3）。

1）光泽面：如水、冰、玻璃、磨光的金属和光亮的油漆表面等。当光入射到这类表面时，产生镜面反射（入射线、反射线和表面垂线同在一个平面，且入射角等于反射角），即绝大部分光沿着反射线的方向反射，少部分光向其他方向反射。因而表面的亮度有很明显的方向性：对着光源的方向观察这类表面时，表面闪光，亮度最大，以至达到眩目的程度；其他方向观察，亮度很低，表面呈浅黑色。

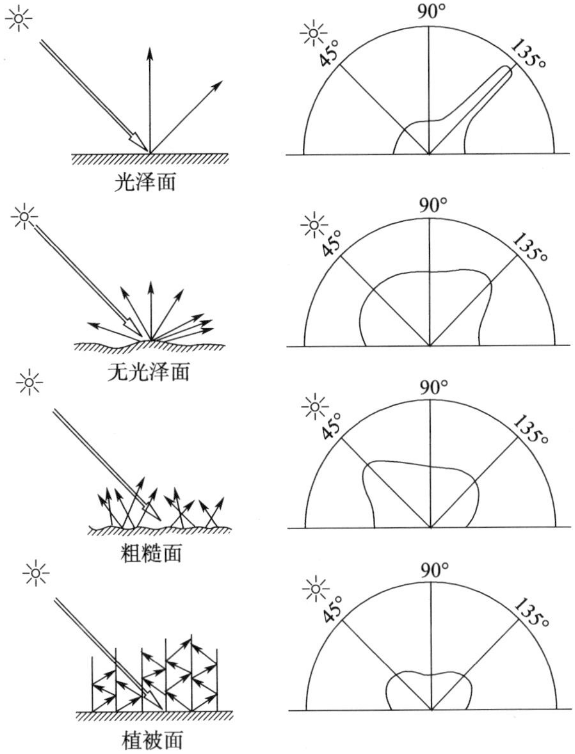

图 3－3　各种表面的亮度曲线

2）无光泽面：如胶合板、混凝土、道路、压实土壤、积雪表面等。这类表面向各个方向反射入射光，且各个方向的亮度大致相等。虽然对着光源的方向观察这类表面时亮度较大，但也不像光滑面那样闪光眩目。

3）粗糙面：如翻耕的土地、松散的土壤、岩石、煤堆等。这类表面各个方向的亮度也大致相等，只是在光源的入射方向上亮度较大。

4）植被面：如草地、庄稼、灌木丛、树林等。这类表面由许多植物叶面（树叶、青草、庄稼叶）构成。植物叶面与无光泽面类似，整个植被面各个方向的亮度也近似相等。只是由于植物叶面之间存在着暗色空隙和所产生的阴影，因此在垂直于表面的方向观察时亮度较小。

从表中的数据可以看出：雪和白纸的亮度系数最大，颜色最亮；草地、黑土的亮度系数较小，颜色较暗。同时，相同的表面材料和粗糙状态，由于干湿的程度不同，其亮度系数也不一样。湿的表面材料因含水较多，而水能吸收光线，所以亮度系数较小、颜色较暗。

（3）表面的受光方向

当不同表面材料的反射特性与粗糙状态相同时，表面的受光方向不同，也会影响颜色差别。表面的受光方向也只影响颜色的亮度，而不影响颜色的色彩。因为在光源一定的条件下，表面的受光方向仅影响表面的照度。表面的照度就是表面被光源照明的程度，即表面接受入射光亮的多少。照度越大，表面反射的光就越多，颜色就越亮；反之，颜色就越暗。

图 3－4 所示为一填土路基的受照情况。图中 1、3、5 面受光方向相同，照度相同，颜色的亮度一致；2 面照度最小，颜色最暗；4 面照度最大，颜色最亮。

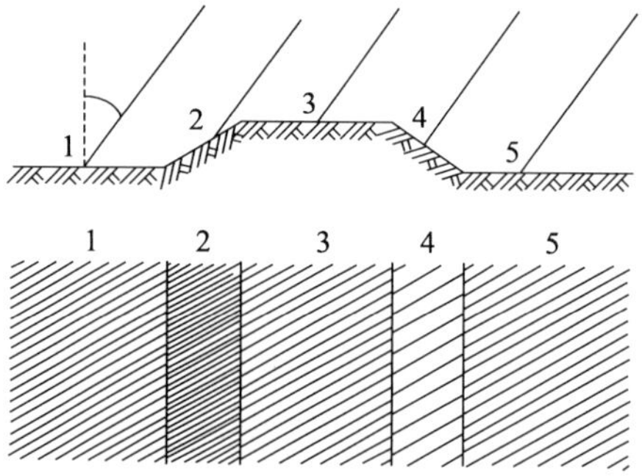

图 3－4　表面的受光方向对颜色亮度的影响

颜色的亮度随表面受光方向而变化的这种情况，还可用于判断目标表面的形状。图 3－5 所示为四种不同表面的亮度特点，根据这些特点可以判断出表面原来的形状。

因此，对表面受光方向引起的亮度差别必须引起应有的重视，在伪装中应采取措施消除或减小目标与背景表面受光方向的差别。由于表面的受光方向直接与目标的外形有关，消除或减小这种差别往往要采取改变目标外形的措施。

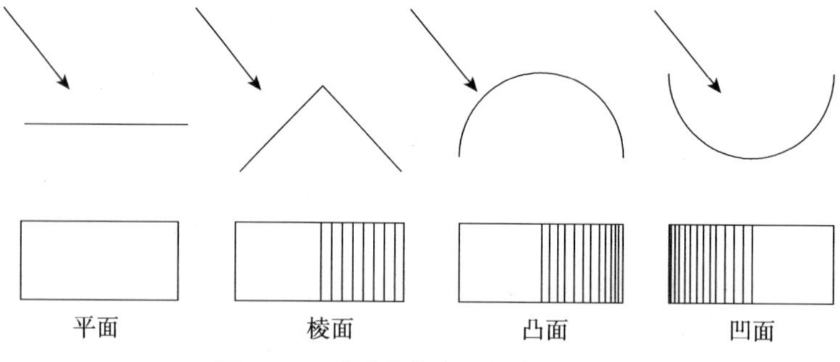

平面　　棱面　　凸面　　凹面

图 3－5　不同形状表面的亮度特点

3.1.1.2　色度学基础知识

色，又叫颜色，它是一切物体在日光下所固有的特征，对发现与识别目标起重要的作用，是可见光侦察的重要暴露征候。

(1) 色的概念

波长在 380～760 nm 之间的电磁波称为可见光，只有可见光才能引起颜色感觉。自然界五彩缤纷的颜色，实际上都是物体辐射或反射、透射的可见光作用于人眼时所引起的一种生理感觉；或者说，颜色感觉都是由可见光对人眼的刺激而引起的。外界射入人眼的可见光波长不同，对人眼的刺激也不同，所引起的颜色感觉也不一样。人眼对于太阳光谱的颜色感觉，一般可粗略地划分为红、橙、黄、绿、青、蓝、紫七种。

(2) 色的分类及其基本特性

①色的分类

我们所见到的一切颜色，可分为彩色和消色两大类。所谓彩色，就是红、橙、黄、绿、青、蓝、紫七种彩色，故称这七种彩色为光的谱色；而光谱组成中不包含红紫之间的中间色，其被称为非光谱色。所谓消色，就是白色、黑色及白黑之间的各种灰色。

②色的基本特性

每种彩色均具有色调（或彩色别）、饱和度（或称纯度）和亮度三种基本特性。这三种特性是描述彩色的三个基本要素，故又称为彩色三要素，而其中色调和饱和度又统称为彩色。

1）色调：色调就是某种彩色颜色的基本色感，它标志着彩色颜色之间“质”的差别。如红、橙、绿、青、蓝、紫等就是基本色感不同，也就是色调不同。又如，红与暗红虽不完全相同，但基本色感相同，我们就说这两种红色有相同的色调。

2）饱和度：饱和度就是某种彩色颜色与同色的光谱色的接近程度。它标志着彩色颜色之间消色含量的差别，彩色颜色中消色的含量愈少，其颜色就愈接近同色调的光谱色，其饱和度就愈大。

3）亮度：亮度就是颜色明亮的程度。对消色颜色来说，白色亮度最大，中间各灰色的亮度依次减小，黑色亮度则最小。因此，消色颜色的亮度可以由大到小（即由白到黑）排成一个消色序列。对彩色颜色来说，由于任一彩色颜色都可在亮度上找到一个相应的消色颜色，因此，彩色颜色的亮度也可以用对应的消色颜色来表示，也就是可在消色序列中从亮度上找到相应的位置。

（3）人眼的视觉特性

颜色感觉是由可见光对人眼刺激而引起的。可见光对人眼的照射只是一个外因，人眼本身才是内因，颜色感觉正是外因通过内因起作用的结果。人眼所起的内因就是人本身的物质构造所具有的特性——人眼的视觉特性。

①人眼的构造

把人眼的构造与照相机比较，眼球的前部就像照相机的镜头，眼球的后部就像照相机的暗箱，而视网膜就像照相底片。从物体反射的光，通过角膜、瞳孔、晶状体和玻璃体的作用聚焦成像于视网膜上。晶状体和玻璃体对短波的紫外线产生强烈吸收，使其无法到达视网膜上，所以视网膜只能得到比紫外线波长更长的可见光，这就是人眼不能看见紫外线的原因。对红外线，晶状体和玻璃体也能吸收一部分红外线，以免红外线的强烈作用使视网膜受伤。

②两种细胞的视觉性

如上所述，视网膜上的两种感光细胞都具有感光的能力，但圆锥细胞的感光能力与圆柱细胞的感光能力又是不相同的。圆锥细胞要在白天强光条件下，才能感受光的强弱（明暗），并区别光的色彩；而圆柱细胞要在弱光（黑夜）条件下，才能感受光的强弱，但不能区别光的色彩。

圆柱细胞和圆锥细胞的外层部分，都是由强烈吸光的物质（称为感光物质）组成的。光的作用使这种感光物质发生光化学变化（即光解作用），同时产生脉冲电流（即所谓的生理电流）。这种电流经过与视网膜连接的视神经纤维传至大脑，便形成光的感觉。

图 3－6（a）表示了圆锥细胞三种感光元素感受不同波长的光的刺激量曲线（点划线代表红；虚线代表绿；实线代表蓝）。该曲线也叫作人眼圆锥细胞的三种光谱灵敏度曲线。根据三原色原理的混合规律，利用上述曲线就可以解释各种波长光所引起的颜色感觉。从图 3－6（a）可以看出：波长为 400 nm 左右的光仅刺激蓝色和红色感光元素，从而，引起蓝色和红色之间的平均色觉，即紫色感觉。当波长从 400 nm 左右开始增加时，对蓝色感光元素的刺激值大于对红色元素的刺激值，而对绿色感光元素的刺激甚小，因此颜色感觉即偏向蓝色；当波长增至 440 nm左右时，对红、绿两种感光元素的刺激相等且较小，而对蓝色感光元素的刺激较大，可从中分出与红、绿等量的蓝色以组成消色，因此颜色感觉偏纯蓝色；当波长增至 495 nm 左右时，由于对红、蓝两种感光元素刺激相等且较小，对绿色感光元素刺激较大，因此颜色感觉为绿色，当波长增至 570 nm 左右时，仅对红、绿感光元素产生刺激，并且相等且较大，因此颜色感觉为红绿之间的黄色。

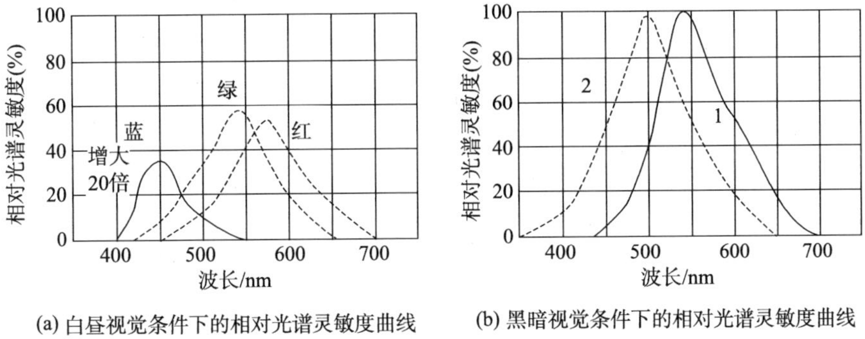

图 3－6　人眼视觉特性曲线

当外界光的能量由强变弱时，圆锥细胞将逐步失去作用而由圆柱细胞所代替，使人眼的视觉由白昼视觉逐步向黑夜视觉转换，这个过程称为暗适应。人们由明亮的地方突然进入暗室时，一开始什么也看不见，之后才逐渐地看到一些物体的轮廓，这种过程就是一种暗适应过程。暗适应需要的时间较长，通常需要在黑暗中停留 30 分钟才能使人眼对光的灵敏度大为提高，经过 60～80 分钟才能达到最大值。相反，当外界光的能量由弱变强时，人眼视觉又会由黑夜视觉向白昼视觉转换，这个过程称为亮适应。亮适应时间较短，1 分钟即可适应，6～8 分钟可完全适应。

在完全暗适应后，圆锥细胞和圆柱细胞的灵敏度（感光能力）发生了相差悬殊的变化。圆锥细胞的灵敏度，只比白昼视觉的灵敏度增加几十倍，而圆柱细胞的灵敏度却能增加几十万倍，所以这时人眼起感光作用的是圆柱细胞。圆柱细胞在黑夜视觉条件下的相对光谱灵敏度曲线［图 3－6（b）中曲线 2］，与圆锥细胞在白昼视觉条件下的相对光谱灵敏度曲线 1 相比，其最大值向短波方向移动，在波长为 510 nm 外的蓝绿色，相对光谱灵敏度具有最大值，而波长较长的红光几乎是不可见的。这种现象又称为布尔金尼效应。

以上所述两种感光细胞的灵敏度曲线代表了这两种细胞的视觉特性，是决定物体本身对光的反射、透射或辐射的性质，即物体本身的物理因素。在伪装问题中所遇到的物体颜色问题，主要是物体反射的问题。因此，我们将着重讨论物体颜色与物体反射光的关系。

（4）物体的颜色

世界上的一切物体都可根据其发光与否分两大类，即发光体和非发光体。无论发光体还是非发光体，在一定的条件下总呈现出一定的颜色。物体的颜色，对正常人眼观察而言，只决定于物体发射光或反射（透射）光的光谱成分：光谱成分不同，物体颜色也不同。

对发光体而言，其发射光的光谱成分取决于它本身的发光性质。不同的发光体，如太阳、电灯、日光灯和蜡烛等，其发光性质不同，相应的发光光谱成分也不一样，因此呈现出不同的颜色。

对非发光体而言，其本身不能发光，而是靠反射、透射光的光谱成分来决定其颜色的。它反射、透射光的光谱成分取决于物体本身的吸收特性和光源的光谱成分。

在伪装问题中遇到的物体，都是不透光的物体，对这种物体的反射率与吸收率之和等于1。所以也可以说，这种物体的发射光的光谱成分是取决于本身的反射特性和光源的光谱成分的。

根据非发光体的反射（或吸收）特性，又可以把它分为非选择性反射（或吸收）和选择性反射（或吸收）两种。

具有非选择性反射（或吸收）的物体，对各种波长的光都具有同样程度的反射（或吸收），图3－7是非选择性反射（或吸收）物体的示意图。这种物体反射光的光谱成分，与光源的光谱成分完全相同，如光源为白光，则反射光也是白光。不同的非选择性反射（或吸收）的物体，对白光的反射（或吸收）强弱程度是不同的，反射最强的（反射率为80%以上）为白色，反射最弱的（反射率为5%以下）为黑色，反射强弱在黑白之间的（5%～80%）为各种灰色。对于理想的非选择性反射（或吸收）的物体，其光谱反射率与波长是完全无关的，所以光谱反射曲线是平行于反射轴的直线，如图3－8所示；而实际的非选择性反射（或吸收）的物体（即实际的各种灰色物体），其光谱反射率与波长是近似无关的，所以光谱反射曲线是近似直线。在分析影响颜色差别的因素时，还要具体介绍。

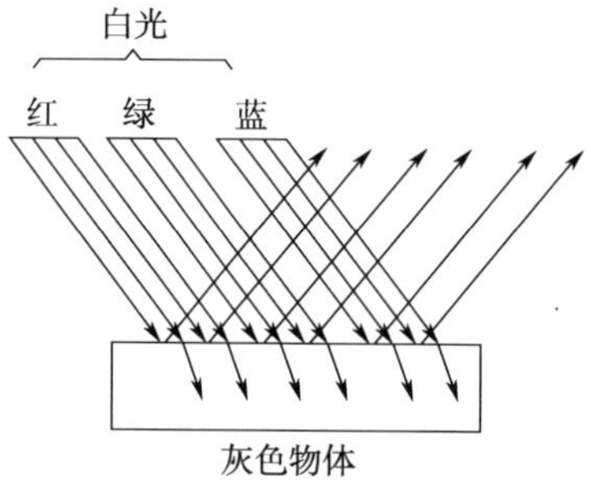

图3－7　非选择性反射物体反射、吸收示意图

具有选择性反射（或吸收）的物体，对不同波长光的反射（或吸收）具有选择性，即对某些波长的光反射多，对另外一些波长的光反射少。这种物体即使在白光照射下，因其对波长的选择性反射而使反射光的光谱成分与白光相比发生了

变化，从而呈现各种颜色。图 3－9 是选择性反射物体的示意图。选择性反射（或吸收）的物体，其光谱反射率是随波长变化的，所以光谱反射曲线是弯曲的。图 3－10 表示了三种选择性的物体（即彩色物体）的光谱反射曲线。

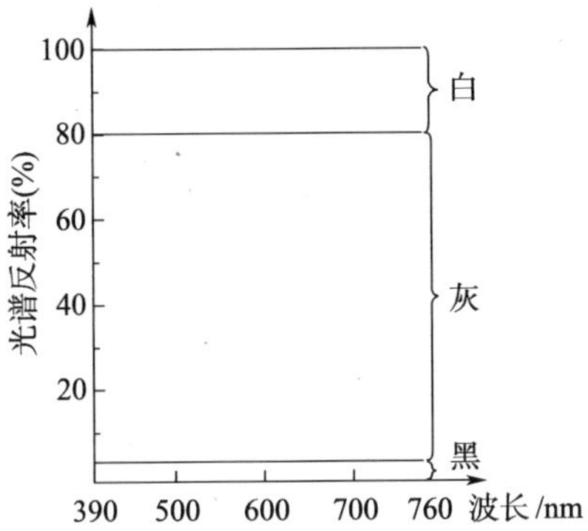

图 3－8　非选择性反射物体光谱反射曲线

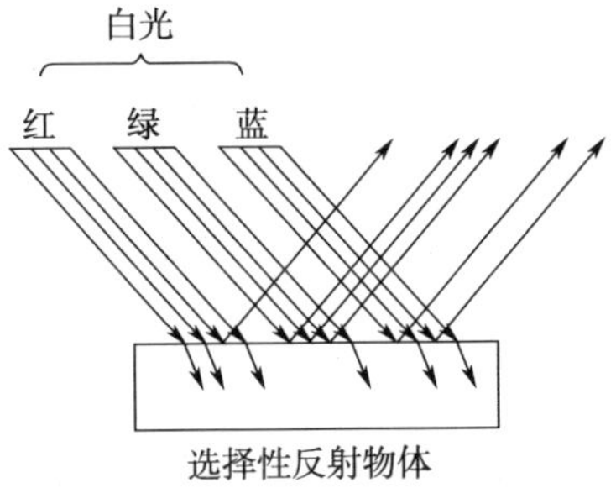

图 3－9　选择性反射物体的反射、吸收示意图

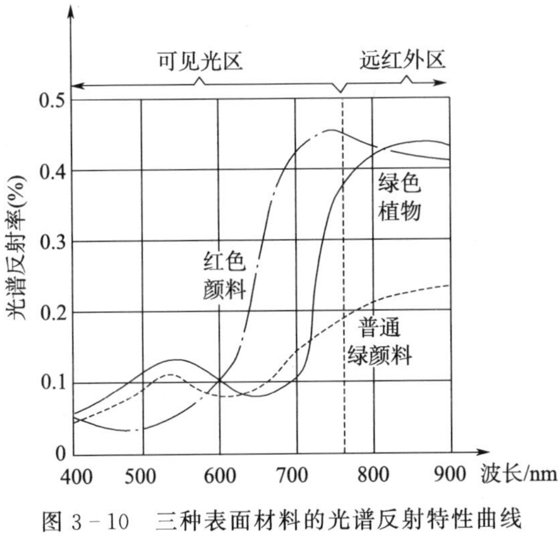

图 3－10　三种表面材料的光谱反射特性曲线

这里顺便解释一下所谓光谱反射率（也称光谱反射系数）：当某种波长的单色光照射物体时，物体所反射的这种波长的反射光通量（以 $E_{反}$ 表示）与入射（即照射）光通量（以 $E_{入}$ 表示）之比即为光谱反射率，其值为 0～1（或以 0～100%表示均可）。若以 ρ_λ 表示物体的光谱反射率，则可得

$$\rho_\lambda = \frac{E_{反}}{E_{入}}$$

光谱反射率的大小代表了物体对不同的光的反射能力，说明了物体的反射特性。

显然，照射光的光谱成分改变后，非发光体的反射光的光谱成分也必然要改变，因为它不能反射照射光中所没有的光谱成分。例如，鲜红的花在蓝光照射下呈黑色，就是因为蓝光被红花吸收而又无红光反射。古话说："灯下不观色"，就是因为灯光与日光的光谱成分不同，使物体呈现的颜色也不同。所以从这个角度讲，任何选择性反射物体都没有固定的颜色。我们日常所讲物体的谱色都是指在日光照射下所呈现的颜色。这种颜色只取决于物体对日光的反射（或吸收）特性，即物体的光谱反射率（或吸收率）。

总之，物体对正常人眼所呈现的颜色只决定于物体发射、反射（或透射）光的光谱成分。对非发光体而言，这种反射（或透射）光的光谱成分，又取决于该物体对照射光的反射（或透射）特性和照射光的光谱成分；对发光体而言，物体发射光的光谱成分，只决定于物体本身辐射光的特性。

光谱分布曲线（或称光谱特性曲线），对发光物体来说，为其发射光的相对能量随波长改变的分布曲线；对非发光体的反射来说，就是指前面我们说到物体的光谱反射曲线。

色温度（又称色温）是照相侦察和伪装技术中会遇到的概念。用它表示物体发射、反射（或透射）光的光谱成分最简便。根据红外辐射介绍可知，当绝对黑体温度一定时，它的发射光谱成分也是一定的，而且随温度的增加，最大辐射所对应的波长（λ_m）向短波方向移动，且 $\lambda_m T = b$。把绝对黑体最大辐射波长的（λ_m）代入上式，就可以求得用绝对温度（K）表示的绝对黑体的温度（T）。所以可以用这一温度 T（单位，K）来表示绝对黑体在这一温度的辐射光谱成分。对于其他物体，无论发光体还是非发光体，也可借用这样的概念来表示其光谱成分。某一物体的光谱成分与绝对黑体在某一绝对温度时的光谱成分相似，这时绝对黑体的温度就称为该物体的色温度。例如，日光灯发出光线的光谱成分，与绝对黑体在 7 000 K 时所发出光线的光谱成分相似，给予人眼的感觉也一样，则 7 000 K就称为日光灯的色温度。必须注意，物体的色温度（除黑体而外）都不

是其本身的实际温度，它只是用来表示光谱成分的。有的物体（如钠光灯、红漆桌子等），其光谱成分和绝对黑体的光谱成分毫无相似之处，则其光谱成分就不能用色温度来表示。

（5）色光混合规律

在日常生活中，引起人眼颜色感觉的大多不是一种波长的单色光，而是由各种单色光混合而成的复合光。复合光和单色光一样，也只能引起一种颜色感觉。例如，涂有红色和绿色各半的色盘旋转时，我们会觉得色盘是黄色的；混合青、黄两种色光便可以得到绿光等。不同波长的单色光混合后会得到什么颜色也有其内部规律，这种规律称为色光混合规律。以下分色光相加和色光相减两种情况来研究色光混合规律。

①色光相加

色光相加的规律，可用幻灯实验来说明。

使用三具幻灯机，使其分别射出等量红、绿、蓝三种色光，并使在白幕上有部分重叠。由实验结果可看出，三种色光相加可得到白光，两种色光相加可得到中间色光，即

红光＋绿光＋蓝光＝白光

红光＋绿光＝黄光

红光＋蓝光＝品红光

绿光＋蓝光＝青光

当红、绿、蓝三种色光按不同比例相加时，可得到各种不同的色光。所以红、绿、蓝三种色光又叫作三原光。

综上所述可以得出色光相加的规律：三原色光等量相加可得白光；两原色光等量相加可得两者的中间色光，以不同的比例将三原色光相加则可得各种各样的色光。

②色光相减

从白光中分别减去若干单色光也能获到各种各样的颜色，现以黄、品红、青三种色片相叠的情况来说明色光相减的规律。

由色光相加的规律可知，黄光与蓝光是互补色，也就是说，黄光是从白光中减去蓝光后，由红光和绿光相加而成的一种色光，即

黄光＝白光－蓝光＝红光＋绿光

品红光＝白光－绿光＝红光＋蓝光

青光＝白光－红光＝绿光＋蓝光

因此，黄色片吸收白光中的蓝光而透过红光和绿光，品红色片吸收白光中的

绿光而透过红光和蓝光，青色片吸收白光中的红光而透过绿光和蓝光，像这种能够吸收某种原色光，而使另外两种原色光透过的色片，称为补原色片。

如果将这三个补原色片部分相叠，在白光照射下，两个补原色片相叠部分得一原色，三个补原色片相叠部分得黑色，即

黄色片＋品红色片＝红色

黄色片＋青色片＝绿色

品红色片＋青色片＝蓝色

黄色片＋品红色片＋青色片＝黑色

两个补原色片相叠之所以能够得到某一种原色，是因为它们分别吸收了白光中的另外两种原色光，而只让所显示的原色光透过。三个补原色片相叠时，因为它们分别吸收了白光中的三原色光，没有原色光透过，所以看起来便是黑色。

叠合不同明亮度和饱和度的三补原色片，或者是按不同的比例混合黄、品红、青三种染料时，都可以得到各种各样的颜色。因此，黄、品红、青色被称为三补原色，或色料三原色。

综上所述可以得出色光相减的规律：三补原色等量相加可得黑色，两补原色等量相加可得一原色，三补原色按不同的比例相加则可得各种不同的颜色。

色光相减规律的应用非常广泛。目前彩色航空胶卷、彩色套版印刷及绘画时配颜料等，都是它的具体应用。迷彩伪装的配色也是按这一规律进行的。

3.1.1.3 大气对光传播的影响

包围着地球的空气层叫做大气，它主要是由氮气、氧气和少量的二氧化碳、氢气、臭氧等气体组成的。此外，还含有悬浮着的水汽和灰尘等杂质。大气分布范围极广，大约在 0～1 000 km 的高度范围内，但主要是分布在高度约为 30 km 的范围内。大气的密度分布是不均匀的，高度越高，密度越小。

由于一切侦察活动都要在大气中或经过大气来进行，因此研究大气对光（或无线电波）的传播的影响，对研究侦察和伪装都是很重要的。

大气对光的影响是指，大气对光的折射、吸收和散射所引起的光能消弱和传播方向的改变。

（1）大气对光的折射

在前面章节中我们已讲到：只要传播电磁波的介质是非均匀的，就会使电磁波产生折射。大气中的空气密度的分布是不均匀的，因此，光在大气中传播时也会发生折射，使其光在大气层中传播的路线由直线变成曲线，即产生大气对光的折射。

由于大气对光的折射，在空中照相侦察时会使影像产生位移和变形。如果大

气的电荷粒子分布不均匀的话，还会引起雷达电波折射，致使雷达探测的目标位置发生偏移。因此，有意识地造成大气局部区域的密度和电荷分布的不均匀，可以影响敌人侦察的准确性，也是作为伪装欺骗与迷惑敌人的辅助手段。

（2）大气对光的吸收

大气对光会产生吸收。大气的吸收作用是由光强迫气体分子和杂质分子内的电子发生振动而使光能转变为热能所引起的。

大气中的主要气体对光的吸收作用很小，但在大气中含量不多的水汽、臭氧、二氧化碳等却能有选择地吸收一部分光，其对太阳光的吸收情况具体说明如下。

水汽对太阳光的吸收起着重要的作用，它能够吸收可见光，但是吸收最多的还是红外线。因水汽的吸收，太阳光大约要损失4%～15%。

臭氧对太阳光也有较强的吸收作用，它主要是吸收波长为0.2～0.32 μm的紫外线。

二氧化碳对太阳光的吸收总地来说是比较弱的，仅对波长为4.3 μm左右的红外线吸收较强。但这一波段的太阳光很微弱，所以对太阳光来说，二氧化碳的吸收是无关紧要的。

此外，悬浮在大气中的灰尘等杂质也能吸收一部分太阳光，但只有当大气中灰尘很多时（如有风沙、烟尘等）吸收才比较显著。

综上所述，大气对太阳光的吸收主要是由大气中水汽的作用所引起的，而且大气对不同波长的太阳光的吸收还随波长的不同而异。

（3）大气对光的散射

大气对光的散射，是大气中的微粒使光的传播方向改变，从而形成光由散射微粒为中心向四面八方传播的现象。它不同于大气对光的吸收：吸收是把光能变为热能的结果，而散射是使光在原来传播方向上减弱的结果（图3-11）。

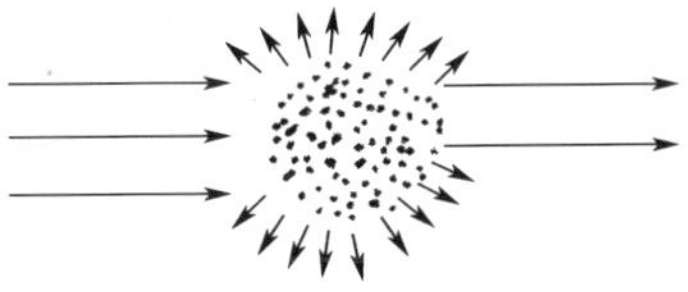

图3-11　大气对光的散射

大气微粒分为杂质（如灰尘、水滴等）微粒和气体分子两部分，所以大气对光的散射包括杂质散射和分子散射。

光通过大气时会迫使大气中杂质和气体分子内的电子振动，电子振动能产生新的光波，使每一个杂质微粒和气体分子都变成微小“光源”，从而向四面八方发射光波。凡由大气中杂质引起的散射，称为杂质散射；凡由气体分子引起的散射，称为分子散射。

由大气散射所产生的散射光，其强弱取决于大气的密度、入射光波长和入射光的方向等。

综上所述，大气对光的散射特性是由杂质散射和分子散射共同决定的。当大气中水汽、灰尘等杂质较多时，杂质散射起着决定的作用；反之，当大气比较清洁时，则分子散射起着决定的作用。

3.1.1.4　防光学侦察伪装原理

防光学侦察伪装原理的任务就是要分析研究目标的可见性及其影响因素，为光学伪装提供理论根据和伪装方法。

在光学侦察条件下，目标的可见性决定于目标与背景间的颜色差别、目标的尺寸形状、光照条件与大气透明度等因素。在研究某一因素时，往往会涉及其他因素。为了研究上的方便，在研究某一因素时，总是视其他因素不变。

(1) 目标与背景的颜色对比

①保证伪装效果所容许的亮度对比

由上述分析已经知道：表面材料对光的反射特性，即影响颜色的色彩，可影响颜色的亮度；表面的粗糙程度和表面的受光方向只影响颜色的亮度，不影响颜色的色彩。概括颜色的三要素的介绍可知：人眼对亮度等级的区分能力要比对色调和饱和度等级的区分能力强。另外，由于大气的影响，随着观察距离的增大，彩色颜色的饱和度降低、色调消失，使彩色变为消色，颜色之间只能以亮度来区分。综合上述三个原因可知，亮度对目标的可见性影响最大，对伪装也很重要。所以，在研究目标与背景的颜色对比度时，除了要考虑它们的色彩对比之外，尤其要考虑它们的亮度对比。为此，我们先叙述亮度系数、亮度对比的概念，而后再讨论保证伪装效果所容许的亮度对比。

(a) 亮度系数的概念

一个表面的亮度是由多种因素决定的，为便于比较不同表面的亮度，人们假设了这样一个表面：正积分反射率 $\rho=1$ 的理想漫射面，该表面也称为绝对表面，以符号 B_M 来表示绝对白面亮度。以该绝对白面为标准，再把要研究的其他表面的亮度与 B_M 作比较。因此，又引入了这样一个新的概念——亮度系数，并规定：某表面的亮度系数就是该表面在某一方向（如 α 角的方向）的亮度（B_α）与同种照明条件下绝对白面的亮度（B_M）的比值，并以符号 r_α 表示

$$r_\alpha=\frac{B_\alpha}{B_M}$$

必须明确这样几个问题：

第一，因为一般表面的亮度在各个观察方向上是不同的，而且不同的表面反射能力也不同，所以表面亮度系数是与表面反射能力（即积分反射率）和观察方向有关的；由于是在同种照明条件下比较，因此它与照明条件是无关的。

第二，由于目标与背景的表面在通常情况下都当作漫射面看待，而漫射面的亮度在各个方向上都近似相等，因此可看作漫射面的目标与背景的表面，其亮度系数是与观察方向无关的，即各方向的亮度系数均相等。它们的亮度系数可表示成

$$r=\frac{B}{B_{\mathrm{M}}}$$

第三，由于镜反射面在一定方向上反射能力特别强，所以它在这一方向的亮度与同种照明条件下的绝对白面亮度相比可能会更亮，因而镜反射面在这一方向的亮度系数 r_{α} 可能会大于 1。但是，对可以看作漫射面的目标与背景的表面而言，由于它们在各方向的反射能力近似一样（也就是各方向的亮度近似相等），而且反射能力（即积分反射率）又总是比绝对白面的反射能力（绝对白面的积分反射率 $\rho=1$）小，所以，可看作漫射面的目标与背景的表面亮度系数总是为小于或等于 1、而又大于零的实数，即 $0<r\leqslant 1$。对于这种漫射面，就可以推证：它们的亮系数（r）就等于它们的积分反射率（ρ）。

(b) 目标与背景的亮度对比

在研究这一问题时，假定目标与背景的色彩相同，而仅存在亮度差别。目标与背景的亮度对比通常用下式表示

$$\begin{cases} K=\dfrac{B_{\mathrm{b}}-B_{0}}{B_{\mathrm{b}}}(B_{\mathrm{b}}>B_{0}\text{ 时}) \\ \\ K=\dfrac{B_{0}-B_{\mathrm{b}}}{B_{0}}(B_{0}>B_{\mathrm{b}}\text{ 时}) \end{cases}$$

式中　K——目标与背景的亮度对比；

B_{b}——背景的亮度；

B_{0}——目标的亮度。

由于亮度是一个随照明条件、观察方向、表面材料的反射能力变化的物理量，因而亮度对比 K 也将随这些条件发生变化。

从式中可以分析出：K 的数值可能在 0 与 1 之间变化。当 $K=1$ 时，目标与背景的亮度中必有一个为零。在这种情况下，目标与背景的亮度对比最大。当 $K=0$ 时，目标与背景的亮度相等，这时目标与背景不存在亮度对比。

如果目标与背景都可以近似地看作漫射面，且表面的受光方向近似相同（如目标与背景的表面近似平行或在同一表面上），则其亮度对比 K 可用目标与背景的亮度系数表示

$$\begin{cases} K=\dfrac{r_b-r_0}{r_b}(r_b>r_0\text{时}) \\ K=\dfrac{r_0-r_b}{r_0}(r_0>r_b\text{时}) \end{cases}$$

式中　r_b——背景的亮度系数；

r_0——目标的亮度系数。

这是由于在上述条件下，目标与背景的照度 E 变化相同，且漫射面的亮度与观察方向无关，仅与表面材料的反射能力有关。所以，只要目标与背景的表面材料一定，则无论照明条件与观察方向如何变化，亮度对比总是一个不变的数值。

（c）人眼的亮度对比阈与容许的亮度对比

由上述内容可知，当亮度对比 K 为零时，目标与背景的亮度相等，人眼完全不能区分背景上的目标（如同不能区分纸上写的同样亮度的白字一样）。人眼观察的实际结果表明，不仅在亮度对比 K 为零时人眼不能区分背景上的目标，而且在亮度对比 K 小于某一数值时，也不能区分背景上的目标。人眼不能区分背景上的目标的最小亮度对比 K，称为看不见的亮度对比阈，并以 ε 表示。当亮度对比 K 小于或等于 ε 时，人眼就可看见背景上的目标。

看不见的亮度对比阈 ε 是一个生理数值，它与人眼视力的好坏、照明条件、观察时的视角大小等因素有关。只有在白天正常照明（照明度在 1 000～100 000 lx 范围内）和视角大于 $0°30'$ 的条件下，正常人眼的 ε 没有明显的变化，才可以近似地看作是一个常数。对于伪装来说，由于天然背景斑点的颜色比较复杂，有利于目标的隐蔽，所以只要求看不清楚目标就够了。伪装的实践证明：人眼看不清楚的亮度对比阈约比看不见的亮度对比阈 ε 大 5～10 倍，即 $\varepsilon'=0.1\sim0.2$；在隐蔽目标时，一般只要求 $\varepsilon'=0.2$ 即可。

此外，还有一个保证能够看清目标的亮度对比阈 ε''，其平均值为 0.4，这个数值也是伪装中经常要用到的。

“$K\leqslant\varepsilon'$，$\varepsilon'=0.2$；$K\geqslant\varepsilon''$，$\varepsilon''=0.4$”的这个要求，就是保证伪装效果的容许亮度对比，也是决定目标可见性的条件之一。

②防紫外线侦察的伪装原理

对付敌人紫外线侦察是在雪地背景上实施伪装的一个突出问题，而且解决好这一问题的关键，是处理好目标与背景的颜色对比（差别）。

紫外线侦察目前是指紫外照相侦察。这种照相侦察所得的紫外线照片是用紫外线滤光镜滤去可见光线而成的照片，它专门用来揭露积雪背景上普通白色涂料或材料伪装的目标。由于它感受的是波长为 380 nm 以下的紫外线，而且积雪对紫外线的反射能力很强、在照片上呈白色，普通白色涂料对紫外线的反射能力弱在照片上呈黑色，所以积雪背景与普通白色涂（染）料反射紫外线的差别就清楚地显示出来了。

(2) 目标的尺寸与形状

目标尺寸的大小与发现目标也有很大关系。一般在彩色差别相同的情况下，目标尺寸越大越容易被发现；尺寸小则不易被发现。

侦察发现目标与侦察距离有关，侦察离目标远则不易发现，近则易发现。卫星侦察一般离目标都较远，卫星轨道近地点在 120～130 km 则甚至更远。卫星侦察发现目标（在未伪装情况下）主要决定于卫星上各种侦察的地面分辨力。通常讲的各种侦察手段的地面分辨力是指，在较好的光照条件（上午 10 时）与较好的大气透明度情况下的分辨力。

地面分辨率是衡量照相侦察卫星技术水平的一个重要指标。地面分辨率为 0.3 m 时，可以分辨出地面带有长阴影的个人，可以观察到宽度只有 2～3 cm 的高压输电网，目前卫星最高分辨率已达到 0.15 m。卫星分辨地面目标也与目标形状有关，线形目标容易被分辨，点状目标较难被分辨。经过综合考虑，目标尺寸大于 2 m 时，如没有伪装目标都可以被发现；但若光照条件，大气透明度不好，颜色差别小，加上伪装等任意条件，则发现目标将会大大降低。

卫星侦察照片更常使用的是地面分辨力这一术语，其定义是与极限分辨力的一条线相当的地面尺寸，涉及到透镜系统性质、胶卷特性与比高等因素。

地面分辨力的高低主要取决于摄影透镜和胶卷的分辨力，摄影透镜系统的分辨力是它能分辨的最小距离，是由无像差的理想透镜反射像的大小决定的，其公式如下

$$d=\frac{\lambda f}{D}$$

式中　d ——透镜焦面上影像尺寸；

λ ——波长；

f ——焦距；

D ——透镜直径。

一般来讲，摄影机定型后，其最小分辨距离 d 也就定了，若需近似计算则可用几何方法求得。如下式：L 代表相机透镜系统，假定其焦距长为 f，单位 m，该系统在高 H km 卫星上。距离地面目标高度以 H 表示，如果 d 为可分辨的最

小尺寸的图像，那么根据定义，S 即为地面分辨力

$$S=\frac{H}{f}d$$

通常使用 d 倒数，称之为系统的极限分辨力 R，以每毫米多少线对表示，若考虑胶卷分辨力，则 R_0变为 R，称综合分辨力。且满足下式中所示关系

$$S=\frac{H}{fR}$$

（3）大气层对目标可见性影响

卫星侦察探测地球表面目标时通过大气层。电磁波在通过大气层时，将会被大气层散射、吸收和折射。

大气层对伪装作用很大，主要是它能散射、吸收和折射电磁波，有利于伪装、不利于侦察，影响光的穿透率，影响目标与背景的亮度对比等。则如，大气中的水蒸气吸收 380～760 nm 的可见光等。

3.1.2 防红外侦察伪装原理

（1）红外线简介

红外线即是红光以外波长介于可见光和微波之间的电磁波，其波长在 760～1 000 nm 之间。

红外线具有不可见性，这是由于人眼只能感受波长为 380～760 nm 的电磁波，红外线的波长大于 760 nm，人眼不能感受。虽然红外线看不见，但能够被人感知，其可引起物体的温度升高及某些质的变化。例如，当热电偶（碲化铟）接收红外线辐射后，首先物体本身加热，然后由于本身温度升高直接把热能转换成电能。

红外线穿透能力较强，它在夜暗及云雾条件下仍能工作。但在大气内含有大量气体，许多气体会强烈吸收电磁波，对某些波长的电磁波甚至完全吸收。如在 300 nm 附近，大气中的水蒸气和 CO_2 强烈吸收电磁波；在 500 nm 处，CO_2 吸收电磁波；在 550～750 nm 处，水蒸气吸收电磁波；在 1 500 nm 附近有一个大气窗口；除此之外，还有一些其他大气窗口。

（2）太阳辐射能分布

太阳是最大的红外辐射源，它的红外辐射情况直接影响地上非热源目标的红外辐射。地球上非热源目标的红外辐射，首先是吸收了太阳红外辐射，然后以自身规律再向外进行红外辐射。因而研究其他目标的红外辐射时，就必须首先知道太阳辐射能分布。

太阳在垂直于地面辐射时，地球表面每平方米平均得到能量为 1 353 W；在

斜射时，地球表面得到能量随着斜射角度的增大而减少。这就是我们生活中出现炎热夏天和寒冷冬天的原因，假若太阳的光辐射能量为 100%，则其在通过大气层时被大气层吸收的能量为 17%，太阳能被大气层、云层和地球反射的能量为 47%，而被地球与其表面物体吸收的能量为 36%。

太阳辐射能在紫外线部分占 25%，在可见光部分占 46%，在红外线部分占 29%，如图 3－12 所示。

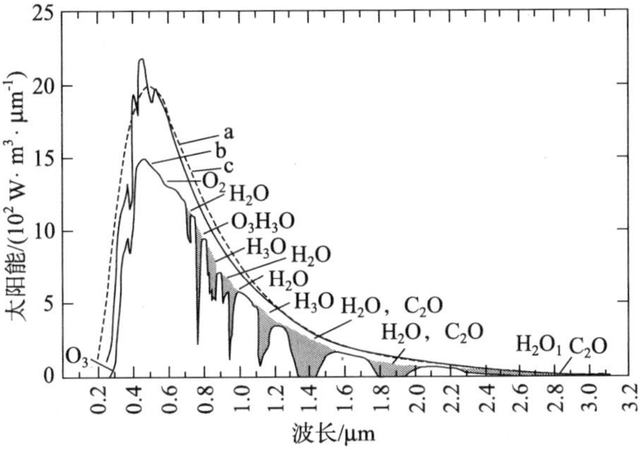

图 3－12　太阳辐射能分布

(3) 大气透明度（红外辐射窗口）

大气即是地球周围的气体层，是多种气体的混合物。大气层具有质量，占有空间。大气的主要成分为氮气（占 78.09%）、氧气（占 20.95%）、氩气（占 0.93%）、二氧化碳（占 0.03%），次要成分：氢气、氪气、氙气、臭氧等（占 0.01%）。在 90 km 以下，大气的这个比例基本上是不变的。

大气的变化使电磁波通过的程度不同。能使电磁波某波段顺利通过的大气是透明的，若不能通过则不透明。而大气中二氧化碳、水汽吸收红外线，故大气中水汽含量大时，对红外线则不透明。

在透射电磁波谱上，透射高的位置通常人们称为大气窗口。在红外波段能让红外线通过的有四个窗口：2 000～2 600 nm、3 000～4 200 nm、4 500～5 300 nm、8 000～14 000 nm。但即使在大气窗口，红外线也未必 100%通过，这主要是悬浮微粒造成。相对来说红外线较可见光衰减小、传播距离远；但大气条件恶劣时，将受到严重衰减。

目前侦察仅能在大气窗口波段进行，其他波段难以透过大气层。所以伪装考虑对抗红外侦察问题也只限定在大气窗口波段之内，使问题更加集中，更好解决。

(4) 红外辐射规律

①红外辐射的基本概念

一个刚烧开的锅炉，靠近它时会觉得烤人，用手摸它会烫人，因锅炉上方冒出的热气还会使整个锅炉房的空气变热。锅炉的热能有三种传递热能的方式：一是传导，如用手摸锅炉，热能经锅炉壁传给人；二是对流，如锅炉冒出的热气，它不断上升排挤其上空的空气，同时四周的冷空气又不断地来填补空位，产生空气的对流，使整个房子里的空气变暖；三是辐射，锅炉不断地以电磁波的方式向四周发射出热能，它和太阳辐射的热能本质上是一样的。这种热物体以电磁波的方式向外发射出热能的现象，称为热辐射。

实验指出：凡温度高于－273 °C（又称绝对零度）的物体，都产生热辐射。而物体热辐射又与其他电磁波辐射不同，基本的区别是：热辐射的能量并非来自外界的激发因素（如电磁场的作用、外加辐射的照射等），而是直接来自发射体本身的分子热运动的动能。因为绝对零度是达不到的（因物体的分子热运动不能停止），所以可以说，一切物体总是不停地自发地向外发出热辐射。热辐射的强弱，直接取决于物体的温度的高低，因此热辐射又称为温度辐射。

物体在不断地热辐射的同时，还不断地吸收周围外界的温度。如该物体发射的能量多、吸收的少，则本身温度逐渐降低；反之，如发射少、吸收多，则温度逐渐升高；如果物体发射的能量等于吸收的能量，则该物体热辐射过程达到平衡，物体本身的温度维持不变。

②红外辐射的一般规律

所谓绝对黑体是指，在任何温度下，对任何波长的辐射都能百分之百吸收的物体，也就是其吸收率等于 1 的物体。但这种物体在自然界实际是不存在的，只是一种理想体而已。在研究问题的时候，实际是用一个非常接近于这种理想化的绝对黑体的物体来代替。这样的物体称为绝对黑体模型，图 3－13 是用绝热壁做成开有一个小口的空腔。

它利用多次反射吸收的原理来增大对入射光的吸收，使其吸收率非常接近于 1。炼钢炉就可以认为是这样一种绝对黑体模型，因为它也是只有一个小孔（炉眼）、用绝热材料砌成的空腔。

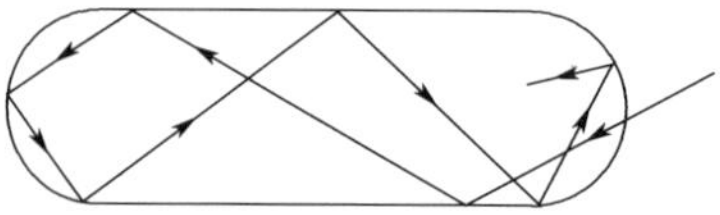

图 3－13　绝对黑体模型示意图

绝对黑体的辐射规律，是研究它的辐射能量（或称辐射本领）的大小随其温度的不同在各个波段上的分布情况。实验结果表明，它具有以下规律性。

1）绝对黑体的辐射能量（以符号 E_0 表示）与它的温度的四次方成正比

$$E_0 = \sigma T^4$$

式中　T——绝对黑体的绝对温度（开氏温度），单位为 K。

σ——辐射常数，又称斯蒂芬-波尔兹曼恒量，$\sigma = 5.67 \times 10^{-8}$ [W/（m^2·K^4）]。

T 与摄氏温度有如下换算关系

$$T = t + 273$$

式中　T——开氏温度；

t——摄氏温度。

2）在不同温度下，辐射能量（E_0）的大小与波长之间具有图 3-14 所示曲线的变化规律。这些曲线就是绝对黑体能量按波长变化的分布曲线，又称为绝对黑体辐射谱。

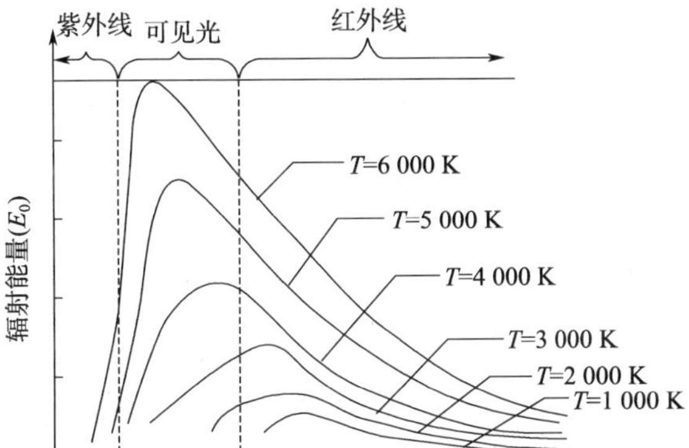

图 3-14　辐射能量（E_0）与波长之间的变化规律

由图 3-14 可知，辐射谱具有这样的特点：每根曲线，都有一个最高点（其值称为最大值），对应于最高点的波长（以“λ_m”表示，如 $T = 4\ 000$ K 的曲线，$\lambda_m \approx 0.72\ \mu m$），是随绝对黑体温度（$T$）的增高而向短波（紫外线）方向移动的。而且，辐射能量最大值所对应的波长（λ_m）与绝对黑体的温度（T）有如下关系

$$\lambda_m T = b$$

其中　$b = 2\ 897.8$（μm·K）

式中　T——绝对温度，单位为 K。

以此求出的 λ_m，单位为 μm。

③一般物体的热辐射规律

这里所说的物体，是指自然界中大多数低温物体（包括各种军事目标）。这类物体不属于灰体。所谓灰体就是对任何波长的辐射能的吸收率均相同且小于1的物体。

根据基尔霍夫定律：不同物体在某一温度下的辐射能量与吸收率之比为一定值，用同温度下绝对黑体的辐射能量。因此，灰体的辐射能量（E）与绝对黑体的辐射能量（E_0）的关系为

$$E_0=\frac{E}{\rho_{吸}}$$

式中　$\rho_{吸}$——灰体的吸收率。

基尔霍夫定律还指出：凡是对辐射能量吸收强的物体，其发射能量也强，在平衡状态下，物体的辐射系数等于其吸收系数（这里的平衡状态就是我们在热辐射基本概念中提到的：物体发射和吸收辐射能相等时，则物体温度维持不变的状态）。如果用符号 ε 来表示物体的辐射系数，在这种平衡状态下，因 $\varepsilon=\rho_{吸}$，公式 $E_0=\frac{E}{\rho_{吸}}$ 可写成

$$E=\rho_{吸} E_0=\varepsilon E_0$$

由此可得

$$E=\varepsilon E_0=\varepsilon\sigma T^4$$

这就是一般物体（灰体）辐射能量与其温度的关系。式中辐射系数 ε 是与物体（或军事目标）表面的粗糙程度及物质性质有关的量。对不同的物体（即材料性质与表面粗糙程度不同的物体），其数值是不一样的。但对材料性质和粗糙状态一定的确定物体（或目标），其 ε 是一个常数，因此它的辐射能量只与温度有关，且满足公式 $E=\varepsilon E_0=\varepsilon\sigma T^4$。所以，一般物体的辐射能量随温度的变化关系与绝对黑体一样，具有辐射能量正比于温度的四次方的关系。

实验证明，一般低温物体（约在27℃或300 K左右的物体），其辐射能量随温度的不同在各波长的分布规律也同绝对黑体一样，如图3－15所示。其辐射能量最大值所对应的波长 λ_m 由图3－15可以看出：一般低温（图中所示为288～573 K即15～300 ℃）物体的辐射能量最大值所对应的波长分布于中红外区域。如果要物体辐射近红外，以至可见光或紫外线，则必须使物体的温度超过300 ℃，且要越来越高以达到6 000 K（5 727 ℃）以上（见图3－16）。但是自然界中一般物体，如一般军事目标，它的温度是不能达到300 ℃以上的，而是通常在50 ℃（323 K）以下。所以一般物体不能辐射近红外，更不能辐射可见光或紫外线。这就是近红外侦察

时必须附带红外光源，而中红外侦察时则不需外加光源的缘故。

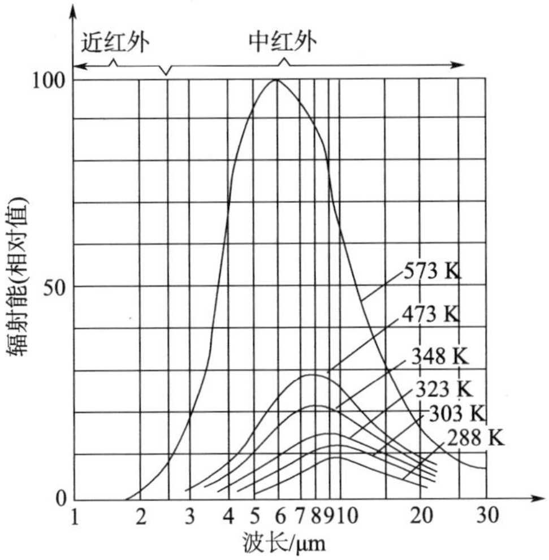

图 3－15　低温物体的辐射能量分布曲线

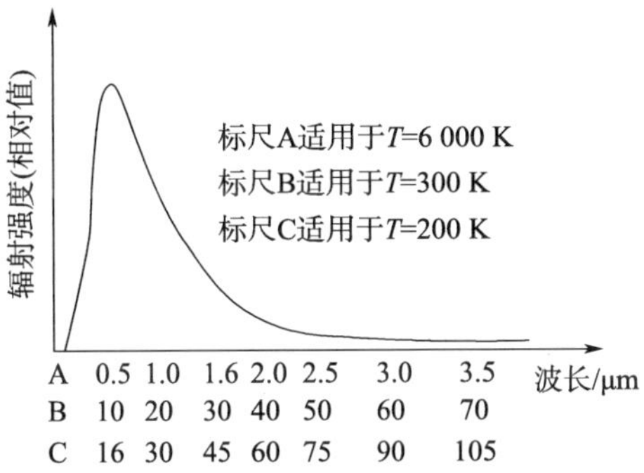

图 3－16　地球与大气的辐射能量分布曲线

由于地球与大气在很多场合下都是作为被侦察的目标的背景，地球和大气通常也被人们当为灰体，具有与黑体相似的辐射规律（如图 3－16 所示）。它们的温度平均在 200～300 K 之间。由图 3－16 的曲线可以看出地球与大气辐射的波长范围：当温度 $T=300$ K 时为 4～80 μm，与最大辐射能量相对应的波长约为 10 μm；当温度 $T=200$ K 时为 7～110 μm，与最大辐射能量相对应的波长约为14 μm。

（5）影响目标与背景红外辐射差别的因素

目标与背景红外辐射差别，主要取决于它们的表面温度、表面材料的种类和表面的粗糙状态。

①表面温度

表面温度对物体红外辐射的影响最大。图 3－16 所示的曲线充分说明物体表面温度不同，红外辐射的能量在各个波段上的分布也不一样。物体红外辐射能量随表面温度变化的规律是：红外辐射能量随物体温度的增大而急剧增大（即辐射能量与物体温度的四次方正比）；物体表面的温度越高，最大辐射能量所对应的波长越短。也就是说，处于低温的物体辐射远红外线，当温度逐渐升高时，物体将辐射出中红外线和近红外以至于红、黄等长波可见光；温度再升高时，还可辐射出青、蓝、紫等短波可见光甚至紫外线。黑色物体在不同温度下的最大辐射能量所对应的波长（λ_m），可通过公式（$\lambda_m T=b$）求出来，其结果如表 3－1 所列。由表 3－1 可充分看出物体红外辐射的波长随其温度的变化关系。

表 3－1　黑色物体在不同温度下最大辐射能量所对应的波长（λ_m）

物体温度 /°C	最大辐射能量对应的波长/μm	物体温度/°C	最大辐射能量对应的波长/μm
－253	142	527	3.6
173	29	627	3.2
73	14.2	727	2.9
27	9.6	1 127	1.42
127	7.2	2 727	0.96
227	5.8	3 727	0.72
327	4.8	4 727	0.58
427	4.1	6 727	0.41

人体的表面温度约为 32 °C，其最大辐射能量对应的波长约为 9.5 μm；汽车发动机面的温度为 60～70 °C，最大辐射能量对应的波长约为 8.5 μm；坦克排气孔的温度约为 200 °C，最大辐射能量对应的波长约为 6 μm，这些热目标的温度与所在背景（自然背景在常温时约 20 °C）的温度有较大差别。即使是本身不发热的各种物体，如水面、土壤面、植物、建筑物等，在太阳光照射下，由于其吸收能力的不同，也会产生一定的温差。这些温差所引起的红外辐射差别，都可能被中红外侦察器材发现。

②表面材料的种类

当温度相同时，表面材料的种类不同也影响其红外辐射能力的强弱。例如，非金属材料红外辐射能力就比金属材料的红外辐射强。一般说来，材料吸收能力越强，辐射红外线的能力也就越强。物体表面材料辐射红外线的能力是用它的辐射系数（ε）来表示的。辐射系数（也称为相对辐射能力）是指，在相同温度的条件下，物体的红外辐射的能量（E）与绝对黑体的红外辐射的能量（E_0）之比值（E/E_0）。物体表面材料的辐射系数越大，表示它辐射红外线的能力就越强；反之则越弱。物体表面材料的种类（即性质）不同，其红外辐射的能力也不同（见表 3－2）。

表 3－2　常见表面材料的辐射率

表面材料	温度/°C	辐射系数 ε
铝板：精抛光的 阳极氧化的	100 100	0.05 0.55
铜：精抛光的 严重氧化的	100 20	0.05 0.78
铁：精抛光的 氧化的	40 100	0.21 0.69
铜：精抛光的 氧化的	100 200	0.07 0.79
砖（一般红砖）	20	0.93
水泥面	20	0.92
玻璃（抛光板）	20	0.94
石墨（表面粗糙）	20	0.98
腊克：白的 无光泽的黑色	100 100	0.92 0.97
油漆（16 色平均）	100	0.94
沙	20	0.90
土壤：干燥的 水份饱和的	20 20	0.92 0.95
水：蒸馏水 光滑湖冰 雪	20 －10 －10	0.96 0.96 0.85
人的皮肤	32	0.98

③表面的粗糙状态

物体表面材料的辐射系数不仅与材料的种类（性质）有关，还与表面的粗糙状态有关。

在物体表面温度和材料相同时，粗糙表面比光滑表面的辐射系数大、辐射的能力强（表 3－3）。

表 3－3　不同粗糙状态表面的相对辐射能力

表面材料	相对辐射能力	
	粗　糙	光　滑
铅	0.06	0.04
铜	0.8	0.25
黄铜	0.2	0.06
铁	0.73	0.12～0.38

（6）防红外侦察伪装方法

由影响中红外辐射的主要因素可知，要降低目标与背景的辐射差别，就需采取降低温差和改变表面材料的辐射能力等措施。这是设计的红外伪装基本思路和方法。

1）采取隔热、降温方法将热源目标与背景差降到最小（0.5 °C）；伪装采用的方法有：利用天然伪装，红外线在空气中是直线传播的，充分利用地形地物将目标配置在天然遮障中或死角内，使目标的红外辐射被天然遮障所隔绝；利用不良天候和特种烟幕伪装目标，阴雨天大气中的水分子和雾粒子对红外线有吸收散射作用，使红外侦察受到限制，则可利用不良气候隐蔽目标和机动部队；采用石棉瓦等绝热材料实行隔热隐蔽目标；采用一定厚度就便器材制成的隔绝遮障遮蔽热目标。试验表明，稻草、高粱杆、树枝等对中红外线有较好的散射和吸收能力。如果用这些就便材料制成的人工遮障厚度设置为 1 cm 左右时且距目标有一定的距离，就能有效地防止中红外侦察探测。

2）对无热源目标，如建筑物、各种器材装备、冷却的汽车等其他兵器伪装时采取措施改变其表面材料的辐射能力，使之与背景接近一致。可以在目标表面喷涂辐射率与背景辐射率接近的涂料。在汽车车头内喷硬泡沫塑料隔热层，或把排气管改装在车底盘下面，可使目标表面温度与背景仅差 10 °C；用伪装网覆盖，对发动的汽车伪装时，需在发动机部加钙塑板再覆盖一层伪装网；还可改变辐射空间，使目标不易辨认。

3）仿造辐射差别，保证假目标与背景的温差接近于真目标与背景的温差。

3.1.3　防雷达侦察伪装原理

雷达，是利用无线电技术发现目标并测定目标位置的一种主动探测设备。这种设备具有搜索范围广、探测距离远和不受昼夜时间及一般气象条件限制等优点，可以广泛应用于测量、导航、警戒、防空和战场侦察等各个方面。

目标与背景反射雷达波的差别，是雷达侦察发现和识别目标的基本依据。雷达发出的无线电波也是一种电磁波，它的波长比红外线的波长要长，比其他无线电波的波长要短，其范围在 1 mm～10 m（这段波称为超短波，侦察雷达常用厘米波和毫米波）之间。雷达波在空间近似直线传播，遇到不同物体后，能产生不同程度的反射和吸收，并有一定的穿透能力。雷达就是利用物体对雷达波的不同反射能力来探测目标的。

(1) 影响雷达波反射差别的因素

目标与背景对雷达波的反射，只有反射回雷达的那部分才能被雷达所接收，这部分雷达波称为回波。在雷达的工作波长和探测距离一定时，目标与背景回波的差别与它们表面材料的种类、表面的粗糙状态、表面的受波方向和目标的活动有关。

①表面材料的种类

各种材料反射雷达波的能力各不相同，金属材料反射较强，非金属材料则较弱。图 3－17 所示为雷达发出的电磁波垂直入射在几种不同材料的表面上时，回波强弱的比较。

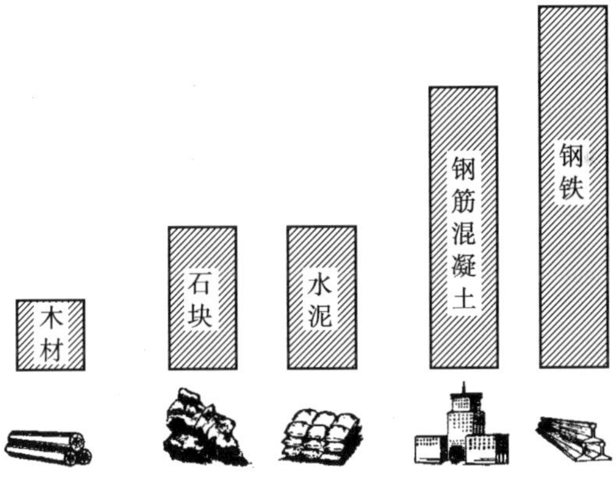

图 3－17　几种材料表面的回波强弱比较

从图 3－17 可以看出，钢铁的回波最强，钢筋混凝土的回波较强，木材的回波最弱，而石块与水泥的回波则基本相同。由于不同材料的回波强弱不一样，因此就在雷达荧光屏上反映出亮暗不同的信号差别。

②表面的粗糙状态

当表面材料的种类相同时，表面的粗糙状态也影响回波的强弱。对于电磁波来说，表面粗糙状态的划分决定于电磁波的波长。当表面的平整度（凸起或凹下的高度或深度）小于电磁波波长的1/8（严格的标准为1/16）时，表面可以看作平滑面；当表面的平整度在电磁波波长的1/8以上时，都只能看作为粗糙面。

光滑面对入射的电磁波产生镜面反射，该镜面反射的规律与光学中所说的镜面反射相同，即绝大部分电磁波被沿反射线方向反射，很少部分向其他方向反射（图3-18）。所以对于镜面反射，除了与镜面垂直入射的方向收到最强的回波外，其他所有的方向都只能收到非常微弱的回波。例如，平静的水面是光滑的镜反射面，其在雷达上一般只能反映出暗信号，只有在雷达发出的电磁波垂直入射时才能反映出亮信号。

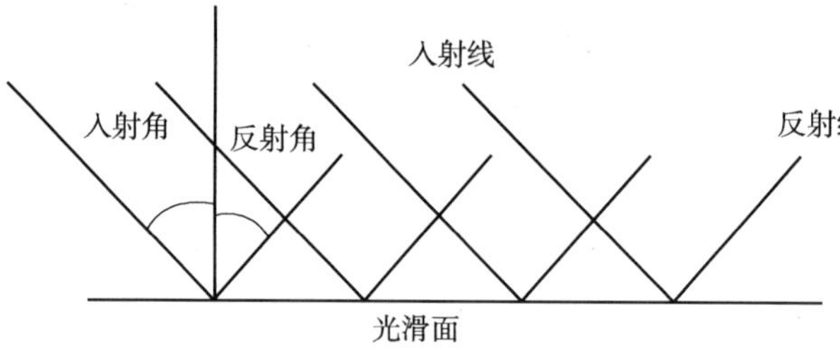

图3-18　光滑面的镜面反射

粗糙面对入射的电磁波产生漫反射。漫反射的规律也与光学中的漫反射相同，即将入射的电磁波向四面八方反射出去（图3-19）。其中入射方向的回波能为雷达所接收，所以其在雷达上反映的信号一般要比不滑面亮。当雷达发射的电磁波垂直入射粗糙面时，其回波（入射角反射角相等且为0）比其他所有方向入射时的回波都要强，而且随着表面粗糙程度的减小（光滑程度增大）而增大。

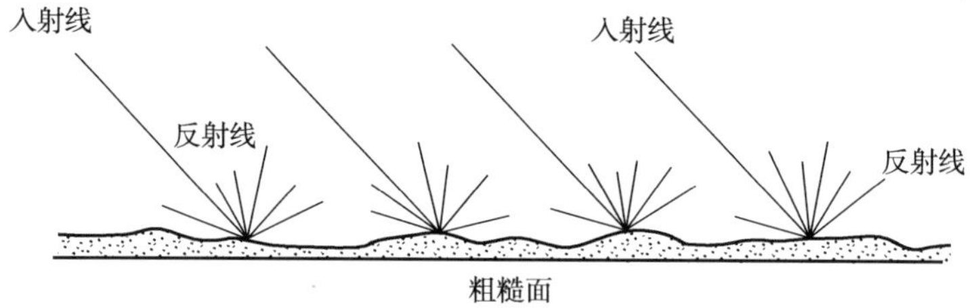

图3-19　粗糙面的漫反射

③表面的受波方向

表面的受波方向影响电磁波入射角的大小，因而也影响回波的强弱。当表面材料的种类和表面的粗糙状态相同时，电磁波的入射角越大回波越弱，入射角越小则回波越强，如图3-20所示。图3-20中电磁波入射到水面时，入射角较大，回波较弱［图3-20（a）］；入射至倾斜表面时，入射角较小，回波较强

［图 3－20（b）］。

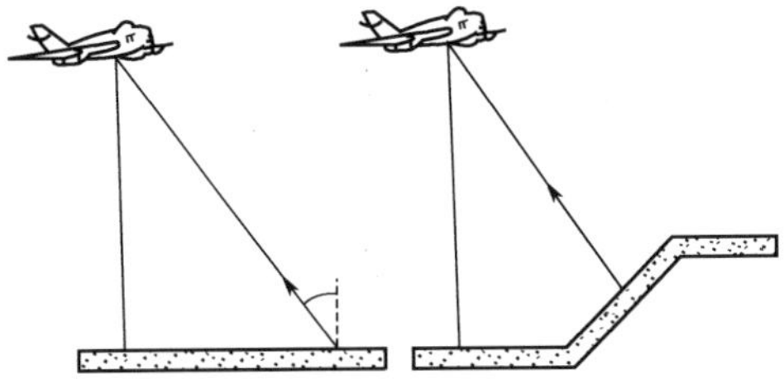

图 3－20　表面的受波方向与回波的关系

④目标的活动

除以上三个因素外，目标的活动对回波差别也有很大影响。当目标对着雷达探测的方向运动时，回波的频率有一定的增高；当目标背着雷达探测方向运动时，回波的频率则有一定的降低；当目标固定不动时，回波的频率不变。这种由目标的运动而产生的回波频率变化的现象，使活动目标侦察雷达很容易从固定不动的背景中分辨出运动的目标来。

（2）雷达侦察发现目标的能力

用于战场侦察的雷达，与光学侦察相比，虽然具有一定的优点，但它所显示的回波差别只是粗略的光标信号，并不能给人以形象的感觉，因而在发现目标和获得侦察资料方面，都不如光学侦察生动、准确、全面和细致。

①雷达的组成部分及其简要工作过程

大部分侦察雷达都采用脉冲（电磁波发射是间歇的，像人的脉搏跳动一样）的工作方式。它们通常由定时器、发射机、天线、收发开关、接收机、显示器和电源等七部分组成。图 3－21 所示为脉冲雷达的组成部分及其相互联系的示意图。

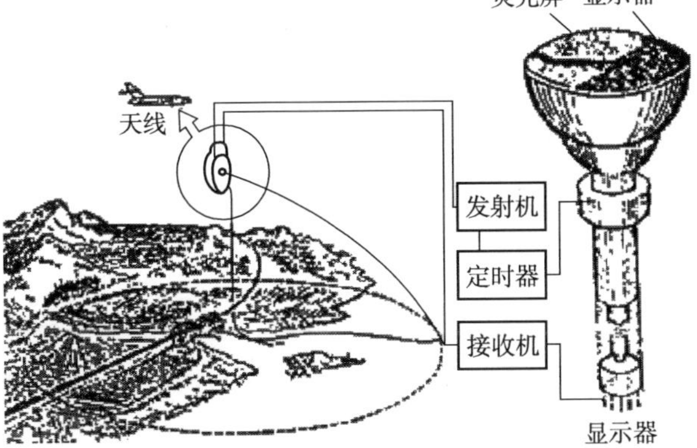

图 3－21　脉冲雷达示意图

定时器是在雷达中控制、协调各组成部分工作的指挥机构。在定时器的操纵下，各组成部分的作用及其简要工作过程如下：发射机产生的高频脉冲，经收发开关传至天线，天线将其转换成无线电波向空间传播出去；电磁波在传播途中碰到目标与背景就会产生反射，反射的回波又经同样路径返回为天线所接收，并经收发开关传至接收机；接收机将回波处理放大，最后送至显示器，在荧光屏上显示出目标与背景的光标信号。

显示器的荧光屏能显示出目标的距离、方位和性质。图 3－22 所示为几种常用显示器的示意图。图 3－22（a）和图 3－22（b）为距离显示器的荧光屏面，其中主波表示雷达的位置，回波表示目标的位置，其下有距离刻度，可直接读出目标至雷达的距离；至于目标的方位，还需要用方位显示器显示。图 3－22（c）为方位距离显示器的荧光屏面，其中纵横刻度的交点表示雷达的位置，纵向表示距离，横向表示方位。以上三种显示器通常用于地面雷达。图 3－22（d）为平面位置显示器的荧光屏面，屏面中心表示雷达位置，沿半径表示距离，沿圆周表示方位，类似地形图能显示目标与背景和其他地物的关系位置及粗略轮廓。这种显示器又称为景象显示器，通常用于空中雷达，并可拍成雷达照片。

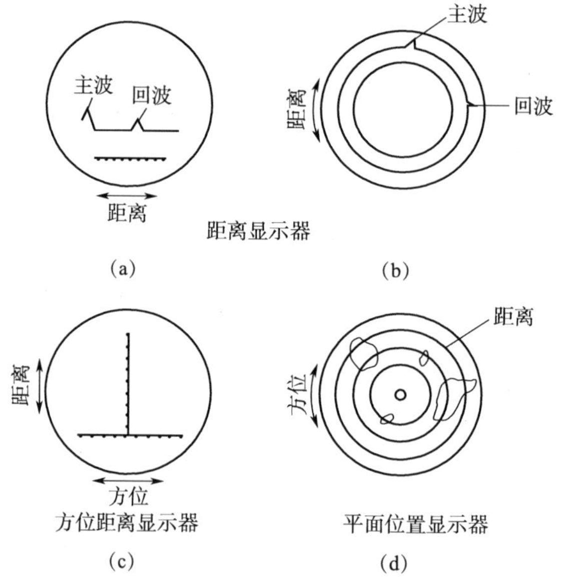

图 3－22　几种形式的显示器

当目标与背景的回波反射差别比较明显时，在荧光屏上显示光标信号的准确程度还与雷达本身的分辨力有关。分辨力有距离分辨力和方位分辨力两种：在荧光屏上能区分同一方向上两个目标的最小距离，称为距离分辨力［图 3－23（a）］；能区分同一距离上两个目标的最小间隔，称为方位分辨力［图 3－23（b）］。从图 3－23 可看出，方位分辨力的大小与雷达天线发出电磁波的波束角和目标至雷达的距离有关：波束角越小，距离越小，方位可分辨的数值越小，即分辨能力越高。一般的侦察雷达，距离分辨力可达 10 m，波束角可达 6 mil。mil 是测量角度的单位，把圆周分成 6 000 等份，这一等份就是 1 mil，因此，1 mil＝0.6°。

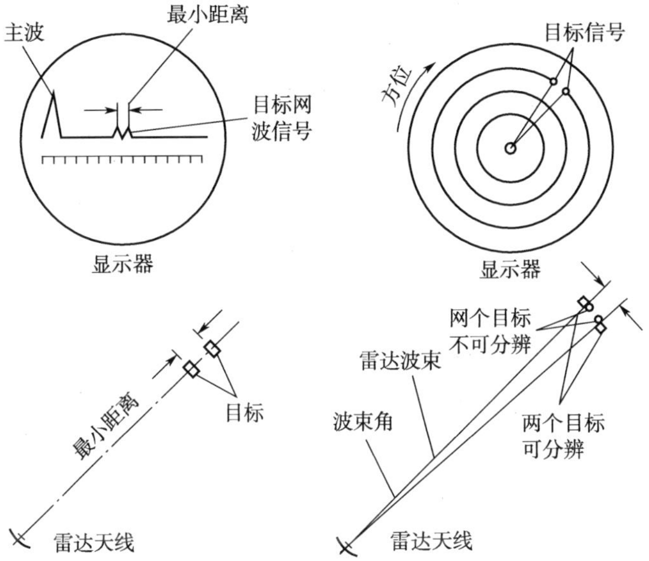

（a）距离分辨力　（b）方位分辨力

图 3－23　雷达的分辨力

②雷达侦察发现地面目标的能力

战场侦察常用的雷达，主要是地面活动目标侦察雷达、前沿侦察雷达和空中景象雷达四种。由于雷达所显示的光标信号不能反映目标的形象，加之地面的地形地物种类繁多、雷达分辨力受限，雷达侦察发现地面上电磁波反射差别的能力要比光学侦察发现颜色差别的能力低得多。

各种雷达在侦察地面目标时，都要受到地面背景和多种地物干扰的影响。只有在平坦开阔的地段上，地面活动目标侦察雷达才能在 20 km 以内发现以下目标：

1）掩体和掩蔽所外集中的技术兵器，车辆；

2）徒步行进中的单个人员及分队；

3）河川上的桥梁和正在使用的登陆渡口和门桥渡口；

4）居民地、独立建筑物、大土堆、林缘和独立树。

在平坦开阔地段上，空中景象雷达能发现以下目标：

1）掩体和掩蔽所外集中的技术兵器、车辆；

2）行军纵队、汽车、车队的运动；

3）宽度在 100 m 以上的河流及其上的桥梁和船只；

4）居民地、大型工业目标和城市；

5）水库、河湾、海湾和宽度在 100 m 以上的水池。

雷达侦察有不少缺点，利用这些缺点可以实施反雷达伪装。这些缺点是：

1）雷达荧光屏上只能显示目标的光标信号，因此很难确定所显示的目标的性质（目标的大小、形状和类型）；

2）在森林地和起伏显著的地形上及在有大量地物的地形和居民地内，由于目标信号易消失在地貌、地物形成的多种信号之中，雷达的侦察能力受到很大的限制；

3）雷达侦察易受无线电波和其他人工反射器材的干扰；

4）雷达本身难以伪装，利用无线电探测器材可以在雷达探测距离以外很远的地方，测定出正在工作的雷达的位置。

（3）防雷达侦察伪装的途径

根据雷达波近似直线传播的特点，利用地形、地物形成的雷达侦察的不通视区域使雷达探测不到目标，这是反雷达伪装的较为可靠的途径。因此，在各种情况下都应尽可能地用敌人雷达侦察的不通视区来伪装目标（尤其是活动目标）。对于雷达不通视区域以外的目标，其防雷达侦察伪装途径则可根据雷达侦察的缺点伪装实施的可能分为消除和模仿雷达波的反射差别。

①消除雷达波的反射差别

消除目标与背景的雷达波反射差别，实际上是消除它们之间的回波差别，使雷达荧光屏上显示不出目标的光标信号，或使目标的光标信号与地物的光标信号相混淆。消除可从目标、背景和雷达分辨力三个方面考虑。

1）减弱目标的回波。

雷达所能发现的目标，例如技术兵器、车辆及水背景上的桥梁、船只等，其回波通常比背景的回波要强，所以减弱目标的回波就能使目标与背景的回波反射相接近。其方法如下：

a）将目标配置在天然遮障中，使目标的回波反射被遮蔽物隔断或消弱；

b）将目标配置在掩体或掩蔽所内，减少或消除目标的外露体积；

c）在目标近旁设置人工隔绝遮障，使目标与遮障的光标信号都不在雷达荧光屏上显露出来；

d）在目标表面涂刷电磁波吸收涂料或覆盖电磁波吸收材料，减弱目标的回波；

e）施放特种烟幕遮蔽目标，干扰雷达波，减小雷达的作用距离。

2）增强背景的回波。

增强背景的回波，使背景的回波接近于目标的回波，也是消除回波差别的一个重要方面。其方法是：

a）在能暴露目标配置和活动的背景上（范围较大），设置金属角反射器组成干扰遮障，增强背景的回波，使目标的光标信号为干扰遮障的光标信号所淹没；

b）在水背景或平坦开阔的背景上设置金属角反射器，使其光标信号的亮度与目标（或周围地形）的光标信号亮度相一致。

3）利用雷达分辨力的限制，将目标配置在地物的近旁，使目标的光标信号与地物的光标信号融合在一起。

②模仿雷达波的反射差别

模仿雷达波反射差别的方法是：

1）设置各种金属角反射器，模拟地物与背景的回波差别，使雷达荧光屏上出现大量光标信号；

2）用单个金属角反射器或反射器组，模仿所显示的真目标与背景的回波差别，使雷达荧光屏上出现真目标所特有的光标信号。

此外，还可以根据雷达发出电磁波容易暴露和易受干扰的弱点，用特制的干扰机发出电磁波进行积极干扰，或抛射、投掷干扰片妨碍雷达的正常工作。

3.2　伪装的基本技术途径

伪装的基本技术途径主要有以下几个方面：消除（或降低）目标与背景间各种差别，使目标不可见；当使目标不可见难以做到时，可改变、歪曲目标识别特征，使目标难识别；设置假目标，以假乱真。

3.2.1　消除（或降低）目标与背景间的各种差别

目标与背景间的差别主要包括颜色差别、红外辐射差别和雷达散射特性差别。通过技术手段消除这些差别，使目标不可见。

（1）消除或降低目标与背景间的颜色差别

根据影响颜色差别的因素、光学侦察发现颜色差别的程度及实施伪装的可能，防光学侦察伪装主要从以下三个方面着手：消除或降低颜色差别、模仿颜色差别和施放烟幕。

①消除或降低颜色差别

影响目标与背景颜色差别的因素主要有表面材料的光谱反射特性、物体表面的粗糙程度、表面的光照情况，以及光源的光谱功率分布和感光元件的光谱功率响应特性。前三种因素是属于内因，而最后一种因素是外因，外因是通过内因起作用的。如果前三种因素都一致，则无论光源和感光元件如何变化，也不会造成它们有颜色差别。

消除目标与背景的颜色差别就能隐蔽目标。其方法有以下几种：

1）利用天然遮障，将目标遮蔽起来。

2）设置人工遮障，并使遮障表面的反射特性、粗糙程度和空间位置与背景一致：或直接在目标表面上涂刷伪装涂料或覆盖伪装材料，使目标表面的反射特性和粗糙程度与背景一致。

如果在实际伪装中能够做到上述三个因素与背景一致，则目标与背景间的颜色差别就基本消除，目标就可以不被发现，从而达到隐蔽的效果。如果实际伪装中只能做到三个因素中两个或一个与背景一致，则只能减小目标与背景间的颜色差别，达到降低目标显著性的效果。

实际伪装中消除颜色差别的可能性主要取决于目标的类型和目标所在背景的状况。对于天空、水面等不可仿造的特殊背景，任何类型的目标都不可能做到三个因素与之一致；对于陆地背景上的高大目标，要做到三个因素与背景一致也非常困难；只有对于陆地背景上的平面目标和高出地面不大的目标，才可以做到三个因素与背景接近一致，达到隐蔽的目的。

色调、亮度、饱和度这三个颜色特征在区分颜色差别时，其影响是不一样的，其中亮度影响最大，色调次之，饱和度最小。这是因为人眼对这三者的分辨能力不同，以及大气的消色作用。

人眼对饱和度的分辨能力分为4～25个等级，对色调的分辨能力约为100余个等级，而对亮度的分辨能力能达600个等级。大气对目标颜色特征的影响也是很大的，大气对不同波长光线的不同的衰减作用及大气气幕亮度的共同作用，不仅使目标与背景的亮度对比随距离的增加而降低，而且随距离的增加，首先是饱和度的降低，然后是色调的转变（趋于消色），最后只剩下亮度的差异。鉴于亮度对分辨颜色差别的重要作用，在光学伪装中，都把降低目标亮度与背景的亮度对比，以满足作为最重要的技术指标的伪装容许的阈值。

在日光照明条件下，光学伪装阈值如下：

1）当目标（非线状的）的视角大于$30'$时，正常人眼的亮度对比阈为$\varepsilon=0.02$。考虑到野战条件下观察因素的影响，一般在光学伪装中取$\varepsilon=0.05$作为目标不可见的对比阈值。

2）当目标视角小于 30′时，ε 值会随视角减小而增大。伪装实践证明，根据目标所处的背景的斑驳程度不同，ε 值可取为 0.1～0.2。对于斑驳背景，取为 $\varepsilon=0.2$；对于单调背景，则取 $\varepsilon=0.1$。

3）如果是要求目标在背景上明显可见，即要求目标的发现概率为 100%时，则亮度对比阈应大于 0.4。在光学伪装中，该数值是使目标明显可见和颜色斑点间对比明显的亮度对比阈要求。

对于目标与背景之间包括色调、亮度、饱和度在内的、更为全面的颜色差别要求，牵涉到色度学的有关理论，这里就不叙述了。总之，在考虑颜色差别时，并不是仅考虑亮度，还应考虑色调、饱和度。

降低颜色差别的方法有以下几种：

1）将目标配置在与其颜色相近似的背景上或地物的阴影中；

2）在目标上涂刷与背景颜色相适应的迷彩；

3）在单调背景上布置人工斑点，以适应配置目标或实施迷彩伪装的需要。

②模仿颜色差别

模仿颜色差别主要利用迷彩伪装的方法进行示假，也是减小目标与背景间颜色差别的一种有效的方法。即利用迷彩模仿已被破坏的目标或背景的颜色；或在假目标上（如工程设施、地物等）实施迷彩，模仿目标与背景的颜色差别。

③施放烟幕

施放烟幕是通过局部改变目标与观察者之间的大气状况，达到临时遮蔽目标的目的。由于大气消光指数的显著增大，目标与背景的颜色差别随着烟幕厚度的增加迅速消失，目标也就不可见了。

（2）消除或降低目标与背景间红外辐射差别

所有目标均有温度，均能产生红外辐射，这是红外侦察器材可识别的特征，尤其是热目标更易被探测、识别，人们发现原来在可见光伪装中一些行之有效的伪装器材都不能有效地对付红外侦察。例如，在可见光伪装中广泛使用的伪装网，由于它具有一定的通视度，目标自身所发射出的红外辐射就可以通过这些网孔泄漏出去，因此各种热成像系统仍可以清晰地发现这种伪装网下的目标。又如，在可见光伪装中，人们可以利用涂料构成迷彩图案，以分割、歪曲目标外形而达到隐蔽目标的目的；但是这些涂料不管它们在可见光区域的性质是怎样千差万别的，到了中远红外区却都接近于黑体，因此不再能起到迷彩伪装的效果。烟幕也是可见光伪装中一项有效的手段，但由于中远红外辐射的波长要比可见光大几倍、几十倍，因此虽然烟幕对可见光来说是有效的，但对中远红外来说却无效。

热红外伪装与光学伪装一样，都是采用掩盖或歪曲敌方所要观察的目标、征候、信号或其他痕迹的方法，以混淆目标的数量和位置，降低敌方的探测能力。由于当前红外成像系统的温度分辨率已达到 0.1 K，空间分辨率也很高，因此理论上讲，只要目标与背景的辐射温度有微小的差别，目标就有可能被发现、识别。

目标和背景辐射是由其表面温度和发射率决定的，温度随时随刻在变化之中。要想在一个周日中两者的辐射温度做到完全一致，使目标完全融合在背景之中是非常困难的，即使允许有 1 K 的温差也是难以做到的。红外侦察器材对地面目标的探测是在温度自然起伏的背景中进行的。在太阳的作用下，自然背景并不处在同一均匀的温度之中，而是有的地物温度变化快、有的慢，有的变化大、有的小，结果形成错综复杂的温度分布。所以，处在这样的背景中的目标，只要其表面辐射温度的变化控制在背景温度变化范围之内，就不会显得特别突出，红外伪装对目标的温度要求也可以由此提出。显然，这样提出的要求不是根据红外系统性能分析得出的，而是根据对背景的热特性分析得出的。

衡量温度变化的基准温度应是背景平均温度，不同纬度地区、不同季节、不同时刻的温度分布范围是不相同的。因此要想给出一个适合一切情况的允许温差值是很困难的，只能推荐适合某些情况的经验值。根据实际的测试，背景之间的平均温差在 1～7 ℃ 的范围内。美国一些文献中提出，只要把被伪装目标的温度降低到环境温度的±4 ℃ 以内，即可得到良好的伪装效果，这可能是考虑了各个地区、各个季节、各种气象条件的普适性。但实际红外伪装温差要求的提出，应建立在对目标所在地区的背景温度分布测量的基础上。

由于红外伪装是利用背景温度分布的多样性来实现的，因此除了对目标温度要求外，还必须消除那些能够引起目标识别的外形特征，使目标具有背景中那些温度和它相近的物体的外形，这样才具有伪装的自然性，从而达到伪装的预期效果。同时，红外伪装不能降低原有可见光、近红外区的伪装效果，还要兼顾反雷达的伪装效果，即应是从可见光到近红外、中、远红外及雷达波整个波谱范围的多谱伪装。

消除目标与背景的热红外差别的途径主要有红外遮蔽、红外融合、红外变形。

①红外遮蔽

遮蔽就是采取一些屏蔽手段使传感器无法觉察军事目标存在和活动情况，也就是把目标的红外辐射屏蔽起来，使传感器接收不到目标信号，或使收到的目标信号大为减小。为了达到该目的，常采用红外遮障和红外烟幕。

1）将发热目标配置在天然遮障的不通视区域内，使发热目标与背景的红外辐射差别被天然遮蔽物隔断。由于遮障要遮断的是目标的红外辐射，因此遮障必须具有一定的隔热能力。例如，在灌木丛中隐蔽士兵，由于树叶阻挡了他的身影而达到了光学伪装的目的；但由于人体和灌木存在明显的温差，士兵还是可以被红外侦查器材发现。只有在树丛具有一定厚度的情况下，人体的红外辐射能无法穿透树丛时，才能达到红外伪装的目的。

2）将目标配置在人工遮蔽物内，以隔绝目标的热辐射。人工遮障的形式大致与光学伪装相同，可做成制式的系统，也可用些就便材料制作，但必须注意要具有一定的隔热能力。为了预防遮障吸收发热目标的红外辐射后温度上升，遮障与目标之间应有一定的距离。制式红外遮障主要由两部分组成，隔热毯和热伪装网。对于无热源的目标，一般采用多种材料或涂各种伪装涂层的热伪装网就可以达到消除目标暴露征候的作用。对于自身发热目标，需要用热伪装网和隔热毯联合使用的办法。隔热毯大大降低了发热目标的热特征，而隔热毯上的热伪装网可消除由于太阳照射而产生的隔热毯的热特征。对于发热量较大的目标，还必须要用空气或水冷却等多种强制冷却的方法。

3）施放热红外遮蔽烟幕遮蔽目标与背景的红外辐射。这种烟幕对红外辐射的衰减主要包括两个方面：一是利用烟幕本身发射的更强的红外辐射，将目标及附近背景的红外辐射覆盖，使热成像系统显示烟幕本身的一片模糊的热图；二是利用烟幕中多达 10^9 数量级的遮蔽物微粒对目标的红外辐射产生吸收、散射作用，使进入热像仪的红外辐射能低于系统的分辨力，起到保护目标不被发现的效果。实现红外烟幕的关键是红外烟幕剂，即烟幕中能有效地遮蔽中远红外辐射的物质，其颗粒的尺寸要能与红外波长相比拟。如鳞片状铝粉，直径在 2～20 μm，形成的云状物可使波长在 15 μm 以下的红外辐射大幅度衰减。

②红外融合

融合是一种降低对比度的伪装方法，包括显示目标本身特征的各部分之间对比度的降低和目标与背景之间对比度的降低。这方法通常涉及表面处理和地面组织结构图案、发射率控制等。在热红外伪装上常采用降低热点温度、绝热、发射率控制、能量转换等。

目标中某些温度较高的区域称为热点，热点的温度能引起目标和背景之间很大的对比度，同时在目标本身的热图中形成很大反差，成为判别目标性质的依据。热点温度的降低缩小了各部分之间的温差，减小了对比度。

绝热能降低热能的聚散速度，从而防止温度发生骤变，也就是说，绝热能缓和时间与温度间的关系，在发热部分绝热是很有效的。目标表面涂以绝热涂层，有降低表面吸收太阳能速度的作用，从而使表面温度上升缓慢。在绝热时应设法消散目标的热能，可用增加对流的散热方法。

目标的红外辐射强度与表面发射率有关。通过控制发射率的大小也可降低对比度。例如，采用一种涂层，它在两个大气窗口中有低的发射率，而在其他区域则有高的发射率，这就改变了表面辐射的光谱分布，从而减小了在这两个窗口区传感器的探测几率。发射率控制也可通过改变表面形状、改变定向辐射的特性来达到。

能量转换是指将原来易被探测的能量形式通过吸收或消散转换成其他不易探测的能量形式，对热红外伪装可采用冷却剂来吸收热能，如气化冷却法可用来控制热辐射，在目标特热的表面部分涂敷多孔表面涂料，并在其表面产生流动的液层，液体不断蒸发，通过对流消散热能而使目标的温度下降。在干燥的情况下，水通常是一种适宜的液体，也可用酒精或者其他更易挥发的液体。

通常采用红外融合的具体办法如下：

1）在发热目标表面涂刷隔热涂层，使目标表面的热辐射与背景相近似。

2）在目标的热部位覆盖隔热材料，如防红外伪装网等，以降低发热目标的红外辐射。

③红外变形

红外变形是改变目标的热图像，使其成为从表面失去军事价值的目标，不会引起敌方注意；或部分与背景融合，使敌方难以辨认。其具体方法如下：

1）在目标上设置热红外变形器。变形器除了考虑其有可见的外形，还需考虑辐射特征和隔热性能。

2）在目标上设置热红外仿形器。仿形器的红外辐射特性应与所要仿造的目标相似。

（3）消除或降低目标与背景间的微波散射差别

反雷达伪装的基本依据就是利用雷达侦察的弱点来隐蔽和配置目标，雷达侦察有如下弱点：

1）显示目标不逼真。一般的雷达显示器只能以目标回波的光标（点）来显示目标的平面配置的影像，而不能像光学器件那样给出清晰的物体图像。由于各种物体都能反射无线电波，因此，不同的目标很可能出现相同的光标，使雷达员难以判断或错判。这就为我们利用伪装器材制造假目标提供了方便条件。

2）受雷达分辨力的限制。雷达分辨力包括距离分辨力和角度分辨力，这两种分辨力对一般的雷达来说不是很高，可利用这个弱点来隐蔽配置目标，使雷达不能从背景地物中分辨出目标。

3）易受地形、地物的影响。由于雷达波是超短波，它和光波相似，是近似直线传播的，这使雷达侦察能力在森林地、起伏地和有大量地物的地形上受到很大的限制。在这些地形上造成雷达不通视区域，使得雷达发现不了配置在该区域内的目标；或者不平坦的地形、地物的回波和目标的回波在荧光屏上一起出现，目标的回波混杂在大量的地形地物的光标之中，雷达员就不容易从中辨认出目标来，即由于地形、地物的光标影响雷达对目标的探测。

4）易受干扰。雷达工作时要向搜索的空间发射功率很大的电磁波，因此，对方就可以利用无线电侦察器材，在距雷达所能探测的距离以外的地方测得正在工作的雷达的位置和其技术参数。根据这些参数，对方的电子干扰设备可以发出相应的电磁波，而雷达接收机的灵敏度很高，且它对自己工作波长范围以内的信号没有选择性，雷达就会把电子干扰设备发射的电磁波也接收下来，这就扰乱了雷达的正常工作。

根据雷达波近似直线传播的特点，利用地形造成的雷达侦察不通视区域，使雷达探测不到目标，是防雷达侦察伪装最为可靠的途径。因此，在各种情况下都应尽可能利用敌人雷达侦察的不通视区来伪装目标。

对于雷达不通视区域以外的目标，防雷达伪装途径可根据雷达侦察的弱点和伪装实施的可能，分为消除（或降低）和模仿雷达回波差别两个方面。

①消除（或降低）回波差别

消除目标与背景的雷达波的散射差别，实际上是消除它们之间回波差别，使雷达荧光屏上显示不出目标的光标信号，或使目标的光标信号与地物的光标信号相混淆。消除的方法可从目标、背景或雷达分辨力三个方面考虑，主要采取减弱目标回波、增强背景回波、利用雷达分辨力的限制配置目标等。

1）减弱目标的回波。

雷达所能发现的目标，如技术兵器、车辆及水背景上的桥梁、船只等，其回波通常比背景的回波要强，所以减弱目标的回波就能使目标与背景的回波反射相接近。其方法如下：

a）将目标配置在天然遮障中，使目标的回波反射被遮蔽物隔断或削弱；

b）将目标配置在掩体或掩蔽所内，减小或消除目标的外露体积；

c）在目标近旁设置人工隔绝遮障，使目标与遮障的光标信号都不在雷达荧光屏上显露出来；

d）在目标表面涂刷电磁波吸收材料或覆盖吸收材料，减弱目标的回波；

e）在目标表面覆盖防雷达伪装网，减弱目标的回波。

2）增强背景的回波。

增强背景回波，使背景的回波接近目标的回波，也是消除回波差别的一个重要方法。其方法如下：

a）在能暴露目标配置和活动的背景上，设置角反射器增强背景回波；

b）在水背景或平坦开阔地背景上设置角反射器，使其回波强度与目标或周围地形的强度相一致。

②模仿回波差别

模仿回波差别的方法是：

1）设置各种角反射器，模拟地物与背景的回波差别，使雷达荧光屏出现大量的光标信号；

2）用单个角反射器或角反射器组，模拟所显示的真目标与背景的回波差别，使雷达荧光屏上出现真目标所特有的光标信号。

③利用雷达分辨率的限制配置目标

利用雷达分辨率的限制，将目标配置在背景地物近旁，使目标的光标与背景地物光标融合在一起。

此外，还可根据雷达发出电磁波容易暴露和易受干扰的弱点，用特制的干扰机发出电磁波进行积极干扰，以及抛射、投放干扰片破坏或妨碍雷达的正常工作。

3.2.2　改变、歪曲目标识别特征，使目标难以识别

识别目标是在目标被发现的前提下，利用对有助于揭示目标感觉资料来认识和辨认目标的性质（目标的类型、用途和使用状态等），明确所发现的目标是什么样的目标（汽车、工程设施或其他建筑物）。识别目标的过程，实际上是对所获得的有关目标的各种感觉资料进行综合分析和推理判断的心理过程。因此，对目标的识别，既依赖于目标的可见性，又依赖于观察员对各类目标的观察经验和其对目标的注意程度。

（1）目标可见性对识别目标的影响

日常的经验告诉我们，目标的外形及其细部随着观察距离的增大，将会逐渐模糊、变形，如图 3－24 所示。

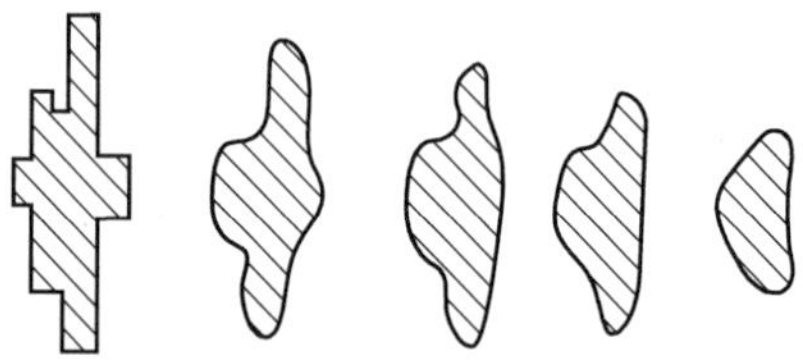

图 3－24　观察距离增大时目标的变形情况

由图 3-24 可以看出，观察距离越大，目标的棱角部分及细部消失得就越多，会产生这种现象的原因有两个方面：

1）随着距离的增大，目标棱角部分及细部对人眼所张的视角将逐渐减小，使可见性降低；

2）随着距离的增大，目标与背景的亮度对比度也将逐渐减小，使可见性进一步降低。当目标上某一部位的视角减小到视角阈值以下时，该部位就成为不可分辨的，使整个目标轮廓发生变形。或者从另一方面说，由于该部位的亮度对比已降到亮度对比阈值以下，以致于它融合于背景之中，从而形成对目标的某种分割和变形。

图 3-24 中所示的最后情况，目标已成为一个仅仅可以从背景中分辨出来、但不可能分辨其性质和类型的斑点，这种情况在视觉探测中称为“发现”。识别是更高层次的视觉探测，它需要提供足够的目标细节和外形的信息，这就意味着观察距离必须足够小。实验证明，发现的距离要比识别的距离大 4～6 倍；或者说，识别所要求的目标视角要比视角阈值大 4～6 倍，而发现所要求的目标视角只要等于视角阈值就可以了。

（2）观察员对各类目标的观察经验

当目标可见且具有识别所要求的感觉信息时，对目标的识别在很大程度上决定于观察人员对各类目标的观察经验。这种经验主要表现为对目标暴露征候的认识、分析和判断能力。观察员对各类目标的观察经验较丰富，就说明感觉心理的记忆系统存贮这类信息的数据较多。当观察员接收到某类目标的输入信息数据而产生某种认识时，便与记忆系统存贮的有关这类目标的信息数据进行类比，从而对所观察的目标属于哪一类目标做出判断。

（3）观察员对目标的注意程度

观察员对目标的注意程度对于辨认和识别目标非常重要。因为对于任何一个进入人脑、有助于揭示目标的信息，必须通过认识才能识别。而观察员接收的信息是大量的，不可能逐一处理进行认识，而是按照对事物和现象的注意程度，以自动舍弃的原理来处理大部分信息。这种处理信息进行认识的思维过程，相当于一个过滤系统，自动滤掉那些不引起兴趣和注意的信息。因此，只有那些引起观察员注意的征候和现象，才能在观察员进行认识的情况下识别出来。观察员的注意力直接决定于他的行为动机，行为动机可以分为本能的反应和有目的、有意图的反应。

人体本身具有的下意识的防卫功能属于本能反应。例如，近距离物体的快速运动、突发的声响、眩目的闪光、扬起的尘土等都会引起本能的反应而受到注意、认识和理解。观察员本身所担负的某类目标的识别任务属于有目的的意图。例如，观察员对可疑地区航空照片的判读任务是识别出照片上的飞机，判读员的注意力就集中在有关飞机识别特征的信息上，而对其他无关的图像和信息不太注意。如果观察员不仅承担识别出飞机的任务，而且还承担识别其他军事目标的任务，那么他的搜索和注意范围就要扩大，凡属于军事目标的识别特征都会引起观察员的注意。因此，伪装就是要力求采用不会使观察员引起注意的伪装外形，或制造假象分散和吸引观察员的注意力。

根据以上识别目标因素的分析，当目标与背景之间的差别不可能（或难以）消除或减小时，可以采用以改变和模仿目标识别特征的途径来解决伪装问题。

变形技术是用显示目标假外表的方法来掩盖事物的真实性，它抑制和遮蔽目标原有的识别特征，或以其他特征来取代，使识别产生错误。假外表可采用目标所处环境的背景外表或采用具有较小或毫无军事价值的目标外表，相关方法有改变目标特征、运用第二目标特征、改变目标的踪迹和活动特征等。但为了保证伪装效果，在采取伪装措施时应注意以下事项：

1）由于目标的外形是识别目标的主要特征，其对侦察辨认和判定目标的性质具有决定性的影响，因此，无论是改变识别特征还是模仿识别特征，都应把外形这一识别特征作为改变或模仿的主要考虑对象。改变目标的识别特征时，目标原来的外形特征必须歪曲，使其不以本来面貌出现，对于红外伪装主要是改变其红外辐射特征。适当利用伪装变形器可以达到这一要求，变形器是一种可伸缩装置，根据目标的特征进行设计。红外变形器除了考虑其可见的外形外，还需考虑它本身的辐射特征和隔热性能。重新显露的外形必须降低军事价值，使其被识别为对敌人不构成威胁、不引起注意的无害目标。

2）运用第二目标特征的方法是将军事装备的外形改变成另一个人造装备的外形，使其看起来不具有军事威胁或价值不大，迷惑敌方产生错误识别对于红外伪装来说，是要使目标的热图发生改变。例如，将坦克改成车辆，将机动发射导弹改成集装箱运输车、油罐车，将军用车辆改变成民用车辆等。

3）机动装备在展开、移动时会留下特有的踪迹（如车辙），也会在红外图像上形成特有的图形。这些人为的踪迹和活动特征可以加以改变，使敌方失去判断的依据。某些目标原来具有一定的几何形状（如坦克、火炮、导弹系统及其发射阵地等），如能以不规则的几何形状来代替，就可延缓敌方的探测、识别。同时，改变特有的预热方法或预射活动也能起到防止敌方红外识别的作用。

3.2.3 设置假目标

设置假目标就是用人工方法模仿目标的各种识别待征，包括颜色、外形、尺寸、配置、红外辐射特征和雷达反射特征。其作用是吸引敌人侦察，加强真目标隐蔽的效果。在真目标难以隐蔽时，假目标也可以起到分散敌人注意力和火力的作用。

假目标所模仿的外形特征必须逼真，使其成为能引起敌人注意、使敌方感到某种威胁性的目标。当假目标比真目标更为引人注目时，它就能发挥很大作用。

红外假目标的制造方式在外形上与光学伪装基本相同，不同之处在于红外假目标必须具有与真目标一致的红外辐射特征，所以在实现起来要比光学假目标困难得多。为模拟真目标的红外辐射特征，一般要在假目标内部配置合适的热源，使假目标的外表具有与真目标类似的温度特征。如果在些无军事价值的装备上设置伪装遮障或在某些地域设置“空”遮障来吸引敌方的注意力，造成探测的混乱，这样真真假假的办法也能起到很好的伪装效果。

雷达假目标主要有两种：一种是模拟地形、地物，即设置各种角反射器，模拟地物背景的回波差别，使雷达荧光屏上出现最大的光标信号；另外一种是模拟目标，即用单个角反射器或角反射器组，模仿所显示的真目标与背景的回波差别，使雷达荧光屏上出现真目标所特有的光标信号。

综上所述，目标伪装的途径很多，但总的目的就一个，即消除或改变目标的各种暴露特征。由于探测器材的多种形式综合使用，因此在考虑光学伪装时必须与红外伪装、雷达伪装联合起来一起考虑，进行多谱伪装，这样才会达到预期的伪装效果。

3.3　伪装的基本方法

3.3.1　天然伪装

天然伪装是利用地形、夜暗和气候（雾、雨、雪、风）条件实施的伪装。利用天然伪装不仅能对付多种侦察，还能节省材料和作业时间。因此，在任何情况下，对任何目标实施隐真都应充分利用天然伪装。

3.3.1.1　利用地形的隐蔽性能

地形的伪装性能是天然遮障遮蔽目标的能力。天然遮障是在侦察条件下能够形成遮蔽区的地物、地貌。按所要对付的敌方侦察的位置，分为对地天然遮障和对空天然遮障。

（1）对地天然遮障

对地天然遮障能够有效地对付敌方地面光学、热红外、雷达侦察。将目标配置在地物、地貌所形成的不通区域内，就能保持良好的隐蔽。能够形成不通视区域的天然遮障的有起伏地、植被地、居民地等。

①起伏地

高地的反斜面、谷地、地褶（图 3－25）、冲沟、土堤和房屋等所形成的不通视区域，可遮蔽目标的配置和运动，以对付地面光学、热红外及雷达侦察。

图 3－25　利用地褶隐蔽目标

对地天然遮障所形成的不通视区域与敌方侦察点的位置、距离、数量及目标的高度等情况有关，通常可在地面上标定（比例尺为 1∶25 000～1∶100 000）。标定的方法较多，其中透明板标定法最为简单。

②植被地

有植物覆盖的地面称植被地，它包括树林地、庄稼地和草地。完全覆盖地面的树林可隐蔽目标，能防光学、热红外及雷达侦察；利用部分覆盖地面的树林，将目标配置在树冠下，可防光学侦察，对防热红外、雷达侦察具有一定的效果。

目标在树林中活动时，为防地面雷达和热红外侦察，配置地点应距林缘一定距离。在低地，当每 100 m^2 有 20～25 棵树木时，目标离林缘的距离，夏天不小于 20～25 m，冬天不小于 30～35 m；当每 100 m^2 有 35～40 棵树木时，目标离林缘的距离不小于 10～15 m。在树林内构筑急造军队的宽度不应大于 12 m，在林缘的出口不要正对敌方。

利用高庄稼地和高草地遮蔽目标，可防敌地面侦察，但不能防敌空中侦察。

③居民地

正确利用任意厚度的砖、石、土、混凝土墙或建筑物，均可成为对付地面光学、热红外、雷达侦察的天然遮障。将目标配置在天然遮障所形成的不通视区域内，便可获得良好的隐蔽效果。

（2）对空天然遮障

地物、地貌中，能够形成对付敌方空中侦察的天然遮障主要有森林、丛林、峡谷、屋檐等。

将目标配置在枝叶稠密、树冠相连的密林中，能够有效地对付敌方空中光学、热红外侦察。

目标配置在任何厚度的建筑物下，都可以对付敌方空中侦察。在核条件下，应考虑建筑物的坚固程度和耐火性能，以免冲击波和光辐射破坏建筑物而对目标形成间接的破坏。

利用天然遮障隐蔽目标时，应及时消除目标的活动痕迹等暴露征候。目标要尽量避开能成为敌方射击的地标和方位物配置，以减少目标在敌轰炸时产生的损失。

3.3.1.2　地形的外表性能

伪装所利用的地形外表性能主要有背景颜色、斑点图案等。正确利用地形的外表性能，可防光学侦察，降低目标的显著性。

（1）利用背景颜色伪装目标

利用背景颜色伪装目标主要是将目标配置在与其颜色相似的背景上，或配置在暗色斑点、阴影内（图 3－26），以应对地面和空中的光学侦察。

图 3－26　利用阴影配置目标

（2）利用背景斑点图案伪装目标

利用背景斑点图案伪装目标，应使其所形成的斑点与背景的总体斑点图案相吻合，如堑壕、交通壕和筑城障碍物应沿沟渠、河堤等线状地物构筑。

利用地形伪装性能的注意事项如下：

1）目标应避开明显方位物配置；

2）对付地面观察时，目标应尽量靠近垂直背景配置，避免透空；

3）当地形伪装性能不足时，应辅以相应的人工伪装措施。

3.3.1.3　夜暗和不良气候

利用夜暗能防裸眼观察。雾、雨、雪能缩短光学侦察、红外侦察和雷达侦察的距离。降雨大于 5 mm/h 时，可使 3.2 cm 波段的空中侦察雷达无法发现地面目标。因此，可利用这些条件隐蔽军队的行动。

3.3.2　植物伪装

植物伪装是用种植、采集植物和改变植物颜色对目标实施的伪装。当植物密度较大并有一定纵深时，能对付光学侦查、红外侦查和雷达侦察。

（1）植物种植的方法

①移植草皮

移植草皮通常用于伪装积土和作业痕迹。为提高草皮的成活率，草皮采集地点的土壤及湿度应与铺设地点相似。

②种植草根和播种草籽

当伪装面积较大且时间允许时，可种植草根和播种草籽。

③种植裸根树苗

1）包扎树苗。在树苗一侧相当于树径5～8倍处挖一深沟（等于苗根入土深），一名作业手从沟下往主根方向挖，另一名作业手用锹在对侧插入，将树苗推倒并抖去土壤，取出树苗。当运距较远时，须用浸湿的蒲包、麻袋等加以包扎（图3-27）。

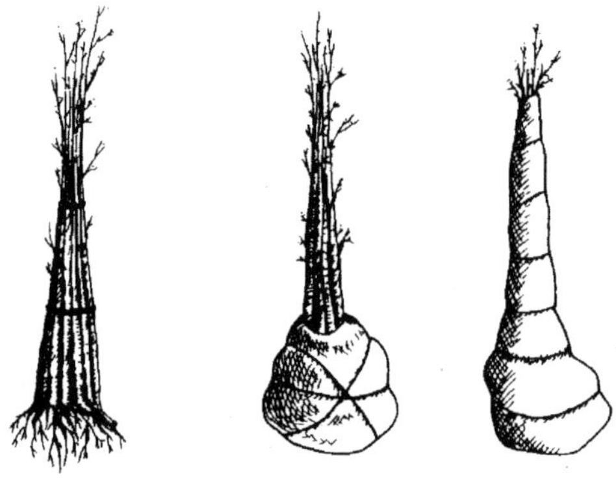

图3-27　树苗的包扎

2）植树苗。将树苗立于预先挖好的种植坑内（坑的尺寸以保证根的舒展为准），在向坑内填入植物土至坑深度一半时，将树苗稍稍提起，然后继续填土并踩实，使填土略低于地面；向坑内灌水，再填土至略高于地面。

④假植

对暂不栽植的树苗可进行假植。假植时，先挖一条三角沟（图3-28），使一壁倾斜，另一壁垂直，然后将树苗排在沟内、填土、踩实、浇水。

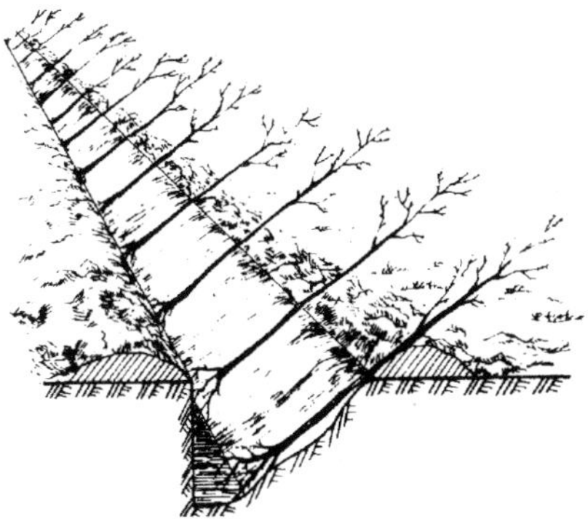

图3-28　假植树苗的三角沟

⑤种植带土树苗

种植带土树苗是在树苗成活率较低时采用的方法。

⑥扦插

扦插是代替树苗种植的一种方法，通常在春秋两季进行。

⑦移植成年树

除根系再生能力强的杨、柳、槐等采用裸根移植外，成年树通常采用带土移植。

⑧植物激素的使用方法

使用植物激素（萘乙酸钠等）可提高树木的成活率和生长速度，其使用方法如下：

1）扦插前将枝条的$\frac{1}{3}$浸泡在萘乙酸钠的水溶液内12～24小时，然后扦插。萘乙酸钠与水之比为1∶50 000。

2）种植树苗时，可用萘乙酸钠的水溶液浸泡树苗根部24～48小时后再行种植。或将生长激素溶液灌入坑内，然后放入树苗、填土、踩实。萘乙酸钠与水之比为1∶200 000。

3）移植成年树时，应暴露部分树木根系，以便喷洒萘乙酸钠水溶液。萘乙酸钠与水之比为1∶100 000。

⑨箱植植物

箱植植物能根据伪装的需要随时搬动铺设。箱的尺寸不同情况各有不同：种植高草时为100 cm×30 cm×30 cm，种植灌木时为50 cm×50 cm×50 cm。箱底部应开1～2个直径不小于1 cm的排水孔。

（2）植物伪装的方法

植物伪装主要有植物覆盖、植物遮障、植物装饰和植物变色等四种方法。

①植物覆盖

植物覆盖是在目标上种植植物的伪装方法，主要有铺设草皮、播种草籽、种植灌木和藤本植物、养殖水生植物等。通常用于隐蔽目标及通向重要目标的接近路，消除作业痕迹，改变水面形状等。

改变水面形状可采用养殖繁殖较快的水生植物，如睡莲、浮萍等，以形成所需要的覆盖面。

②植物遮障

植物遮障是以种植乔木、灌木和高草等构成遮障，主要有植物垂直遮障、植物掩盖遮障和植物变形遮障。

1）植物垂直遮障。植物垂直遮障由种植几列高度不同的乔木、灌木或高草构成，通常用于遮蔽道路上的运动目标和目标配置地段，以对付地面侦察。

2）植物掩盖遮障。植物掩盖遮障是用树木和高草在目标的配置地区构成植物林或植物群，以隐蔽目标，对付地面和空中侦察。

3）植物变形遮障。植物变形遮障是以种植植物改变目标外形和阴影的一种伪装方法，通常在目标面积大、形状特殊、缺乏作业力和时间仓促的情况下使用。其方法是在目标侧面种植高于目标的乔木，或在目标上设置箱植植物。

③植物装饰

植物装饰是在野战条件下，以采集新鲜树枝和杂草，对人员、车辆、坑道口和工事等实施的临时性伪装。

④植物变色

植物变色是用割草、熏烧、施肥、灌溉和喷洒外效除莠剂等方法改变植物的颜色。该方法可增加背景的斑驳程度，以降低目标的显著性。

3.3.3 迷彩伪装

迷彩伪装是用涂料、染料和其他材料改变目标和背景的颜色及图案所实施的伪装，分为保护迷彩、变形迷彩和仿造迷彩。

（1）保护迷彩

保护迷彩是与背景基本颜色相似的一种单色迷彩，主要用于伪装单调背景中的目标，降低目标显著性。

保护色是指保护迷彩的颜色。在单色背景上，保护色为该背景的颜色；在多色背景上，保护色应为面积占优势的背景颜色。

在多色背景上，当各种颜色所占面积相差不大时，其保护色可按平均亮度系数法确定。平均亮度系数等于各色斑点的亮度系数与其所占面积百分比的乘积之和。例如，用GWC210涂料比色大样测得某一活动地域内背景斑点面积分布和颜色特性见表3－4。

表3－4　背景斑点面积分布和颜色特性

背景斑点名称	斑点所占面积/（%）	亮度系数	色样号码
针叶林	27	0.08	3
草地	43	0.15	1
黄土地	30	0.25	21

故平均亮度系数$=\frac{0.08\times 27+0.15\times 43+0.25\times 30}{100}=0.161$。

由于草地的亮度系数较接近于平均亮度系数，且面积较大，因此可取草地色为保护色。

（2）变形迷彩

变形迷彩是由与背景颜色相似的不规则大斑点组成的多色迷彩，其能在预定距离上歪曲目标的外形，主要用于伪装多色背景上的活动目标。

①斑点的颜色

变形迷彩斑点的颜色数量取决于背景颜色的复杂程度。在单调背景可采用两色，在多色背景上通常采用三色。

三色变形迷彩是活动目标常用的一种迷彩，由中间色和亮、暗差别色组成。中间色的确定方法与确定保护迷彩的保护色相同，亮、暗差别色分别按下式计算后选定。

1）当斑点之间亮度对比$K>0.4$时

$$\text{亮差别色的亮度系数}\geqslant\frac{5\times\text{中间色的亮度系数}}{3}$$

$$\text{暗差别色的亮度系数}\leqslant\frac{3\times\text{中间色的亮度系数}}{5}$$

2）当斑点之间的亮度对比为$0.2<K<0.4$时

$$\frac{5\times\text{中间色的亮度系数}}{4}<\text{亮差别色的亮度系数}<\frac{5\times\text{中间色的亮度系数}}{3}$$

$$\frac{3\times\text{中间色的亮度系数}}{5}<\text{暗差别色的亮度系数}<\frac{4\times\text{中间色的亮度系数}}{5}$$

三色斑点在目标上的涂色面积分配如下：通常中间色约占50%，亮、暗差别色分别约占 25%。

两色变形迷彩由主要色和亮（暗）差别色组成，主要色在目标上的涂色面积约占 55%～75%。

②斑点的尺寸

为防止各种颜色的斑点产生空间混色，其尺寸必须在预定的观察距离上可见，具体尺寸可按如下方法计算。

1）当用裸眼观察时，且 $K>0.4$ 时

$$d \geqslant \frac{(2.5 \sim 3)\,D}{3440}$$

2）当背景主要颜色斑点的亮度对比 K 处于 0.2～0.4 之间时，可采取加大斑点可见尺寸的方法来解决

$$d \geqslant \frac{(3.5 \sim 4)\,D}{3440}$$

3）当用具有一定放大倍率的光学仪器观察时

$$\begin{cases} d \geqslant \dfrac{(2.5 \sim 3)\,D}{3440\sqrt{W-1}} (K \geqslant 0.4,\ W \geqslant 6) \\ d \geqslant \dfrac{(3.5 \sim 4)\,D}{3440\sqrt{W-1}} (0.2 < K < 0.4,\ W \geqslant 6) \end{cases}$$

式中 d——斑点可见尺寸；

D——观察距离；

W——放大倍率。

③斑点的形状

斑点为不规则的图形，其凸出和凹进部分的尺寸应各不相等（图 3-29）。

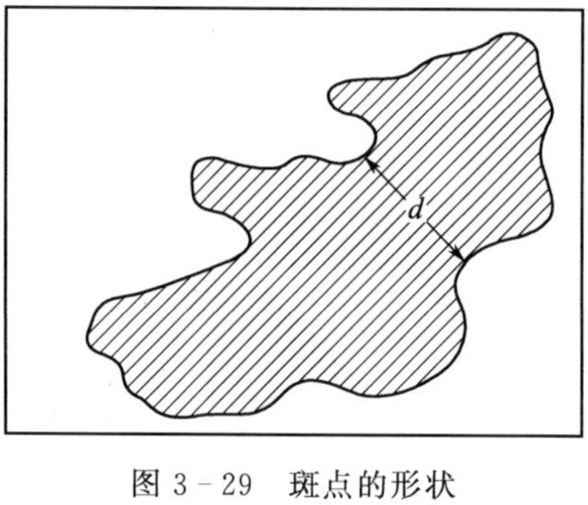

图 3-29 斑点的形状

④斑点的配置

为歪曲目标的轮廓，迷彩斑点应按下列要求配置：

1）斑点不应对称配置；

2）各斑点不应在目标轮廓线上终止或与轮廓线平行，应使斑点轴线与目标轮廓线成 30°～60°的夹角（图 3－30）；

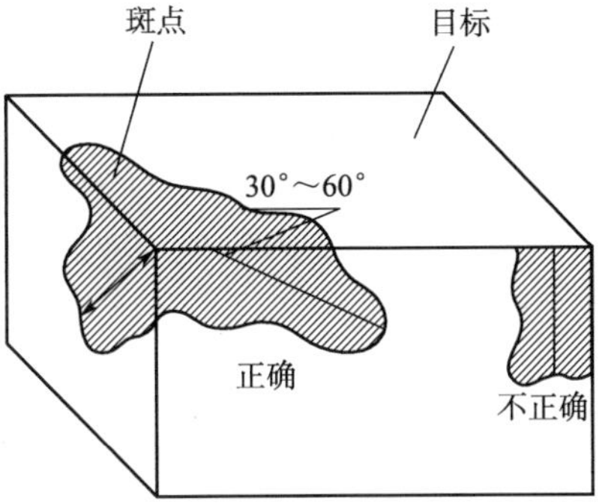

图 3－30　目标轮廓线处的斑点配置

3）目标凸出部位应多配置暗斑点，凹进部位应多配置亮斑点，斑点中心不应与目标凸、凹部顶点相重合；

4）目标顶部应尽量配置暗斑点，而背光面和阴影部位应尽量配置亮斑点。

5）目标孔、口部应配置最暗的斑点，且不应重复孔、口的轮廓。

（3）仿造迷彩

仿造迷彩是在目标或遮障表面仿制现地背景斑点图案的多色迷彩，其能使迷彩表面融合于背景之中，主要用于伪装多色背景上的固定目标（图 3－31，图 3－32），或停留时间较长的火炮、工程车等活动目标。

图 3－31　帐篷的仿造迷彩（仿造石块）

仿造迷彩应满足如下要求：

1）迷彩图案的颜色应尽量与背景一致，并随背景变化而改变；

2）在目标上相邻的迷彩斑点应保持明显的颜色差别，亮度对比 $K \geqslant 0.4$；

3）目标与背景相连斑点颜色应近似一致，亮度对比 $K \leqslant 0.2$；

4）在大型目标上仿造线状地物时，线状斑点应自然弯曲，与目标轮廓线交角为 5°～10°，斑点的宽度应大于面状斑点可见尺寸的 $\frac{1}{4}$；

5）根据现地的情况对背景进行必要的伪装处理，如在背景上采用设置地物模型、翻耕土地、撒布土壤、铲草皮、喷洒外效除莠剂等方法，增大背景的斑点尺寸、数量和颜色差别，改变背景斑点的轮廓，增添一些背景上原来没有的斑点，使背景与目标迷彩斑点协调吻合。

图 3－32　建筑物的仿造迷彩

3.3.4　人工遮障

人工遮障是利用构筑、铺设的遮蔽物所实施的伪装。人工遮障按用途和外形分为水平遮障、垂直（倾斜）遮障、掩盖遮障、变形遮障、干扰遮障。按遮障与背景融合程度分为不显著遮障和显著遮障。

人工遮障通常由骨架和遮障面组成。

（1）骨架

人工遮障的骨架由支撑结构、支柱和控制装置组成。

支撑结构用于承托遮障面，分为柔性和刚性两种，用铁丝、绳索、竹、木或钢筋等材料制成。

控制装置用于保持遮障的稳定，由控制绳和固定装置组成。控制绳（铁丝、钢筋、绳索等）可设置成单根或双根的，单排或双排的。

（2）遮障面

1）通视度：为保证可靠地遮蔽目标和便于观察，遮障面应具有一定通视度和厚度。通视度为遮障面的透光面积与遮障面积的比值（以百分数表示），遮障面的通视度根据伪装要求而定。

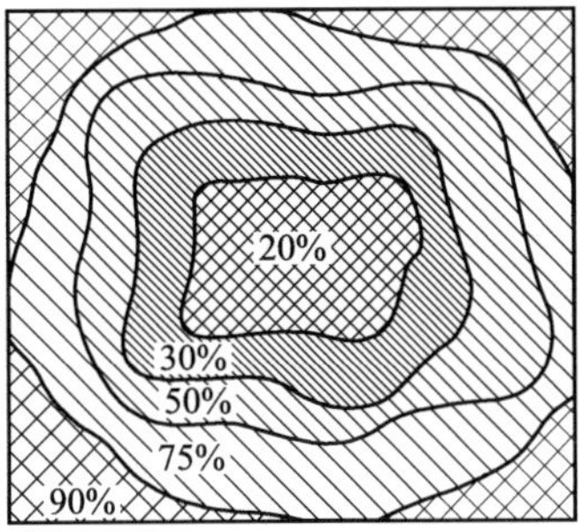

图 3－33　不显著水平遮障的通视度

2）厚度：防光学侦察遮障面的厚度以能遮挡观察为准，防热红外侦察遮障面的厚度以满足通视度及增温要求为准；防雷达侦察遮障面的厚度与所对付的雷达工作波长有关，通常采用的工作波长为 3 cm，使用就便材料的遮障面厚度见表 3－5。不显著遮障外表面特性应尽量与背景一致。

表 3－5　防雷达侦察遮障面厚度

材料名称	厚度/cm
新鲜带叶的树枝	3～3.5
干树枝	6～7
干稻草	12
湿稻草	7
高粱杆	8
小圆木	5
苞米杆	8
谷草	12
芦苇	8

（3）遮障的维护和管理

1）应有专业工作队（或分队），并配备必要的检测器材和遮障备件，以负责遮障的维护和管理，保持其完好程度；

2）监督运动目标按规定的要求通过遮障区；

3）及时消除遮障区域内及其附近的目标活动痕迹。

3.3.4.1 水平遮障

水平遮障是遮障面与地平面平行、骨架设置在目标上方的遮障（图 3-34）。

水平遮障能妨碍空中侦察，通常设置在敌方地面观察不到的地区，用于遮蔽集结地点的机械、车辆、技术兵器和道路上的运动目标。根据遮障面与背景的融合程度分为不显著水平遮障和显著水平遮障。

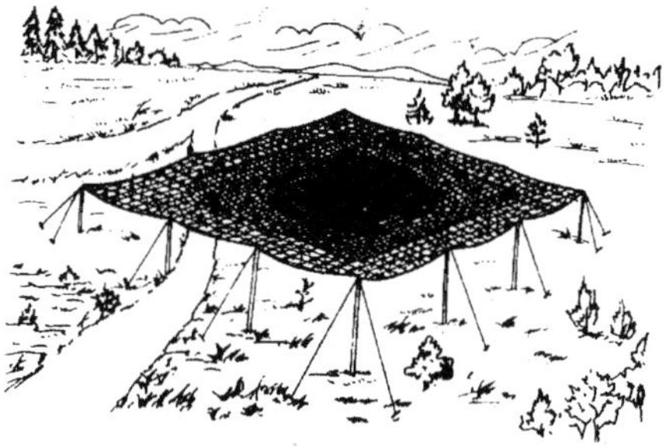

图 3-34 水平遮障

(1) 不显著水平遮障

不显著水平遮障的要求：

1）遮障面的表面颜色、粗糙状态等应与背景近似一致，且满足通视度的要求，防止产生射影；

2）遮障面的轮廓应与背景的斑点协调；

3）遮障面的挠度应保证遮障面上不产生显著阴影；

4）为使遮障面保持张紧状态，支柱和控制绳应能调整。

不显著水平遮障尺寸的确定：遮障的高度（h）为目标高度（h_0）、富余量（m）、遮障挠度（f）之和（图 3-35）。

图 3-35 不显著水平遮障的高度

(2) 显著水平遮障

显著水平遮障又称棚架遮障（图 3-36），用于遮蔽目标和道路上的活动。由于遮障是显著的，数量较多才能迷惑敌人、隐蔽目标。

图 3 - 36　显著水平遮障

3.3.4.2　垂直（倾斜）遮障

垂直（倾斜）遮障是遮障面与地平面垂直（倾斜）设置的遮障；主要用于对付地面侦察，遮蔽目标的具体位置、类型、数量和活动，如遮蔽筑城工事、工程作业和道路上的运动目标等。该遮障分为路旁栅栏遮障（图 3 - 37）和道路上空垂直（倾斜）遮障（图 3 - 38），垂直遮障通常是显著的。

图 3 - 37　路旁栅栏遮障

图 3 - 38　道路上空垂直（倾斜）遮障

栅栏遮障的长度应根据对目标遮蔽的要求而定。遮障呈一线设置遮蔽单个目标时，其长度应大于目标长度的 3 倍，并设置多个遮障。

道路上空垂直遮障是横跨道路架空设置的垂直遮障，其能妨碍敌方沿道路的纵向观察。

3.3.4.3 掩盖遮障

掩盖遮障是遮障面周边与地面或地物相连铺设，能掩盖目标的遮障。其由成套遮障、伪装网或就便材料构成，通常制成不显著的，能对付敌方地面和空中侦察。根据遮障面的形状分为凸面掩盖遮障、平面掩盖遮障和凹面掩盖遮障。

(1) 凸面掩盖遮障

凸面掩盖遮障用于掩盖高出地面的目标，如掩体内的车辆和材料堆列等。遮障的外形应与地物（如土堆、坟堆、草垛等）相似。

(2) 平面掩盖遮障

平面掩盖遮障（图 3 - 39）用于掩盖不高出地面的目标，如堑壕、交通壕、露天工事、道路及位于沟、坑内的目标等。

图 3 - 39 平面掩盖遮障

(3) 凹面掩盖遮障

凹面掩盖遮障用于掩盖冲沟、雨裂、壕、坑内的目标。

架设凸面掩盖遮障时，先拼网和设置固定装置，而后用支撑杆从网内支撑，尽量使其外表具有适应背景的伪装外形。当临时掩盖小型目标时，遮障面可直接覆盖在目标上，并用支撑杆从网内支撑，使遮障面呈不规则形状。

3.3.4.4 变形遮障

变形遮障是改变目标外形及其阴影的遮障。其既可用于伪装固定目标，又可用于伪装活动目标，以防光学侦察和红外侦察。变形遮障分为檐形遮障、冠形遮障和仿形遮障。

（1）檐形遮障

檐形遮障与地面呈水平或倾斜设置在目标上或近旁，以防空中侦察，可制成扇状（变形扇）、伞状（变形伞）等。其尺寸不小于目标长度或宽度的 $\frac{1}{3}$，并在上面涂刷与目标或背景相似的颜色。

（2）冠形遮障

冠形遮障与地面成垂直设置在目标上或近旁，以防地面侦察（图 3－40）。其可制成不规则的扁平状，尺寸不小于目标高度的 $\frac{1}{3}$。

图 3－40　伪装仓库的冠形遮障

（3）仿形遮障

仿形遮障应仿造一定的外形，使目标从表面上失去军事价值，以欺骗敌方侦察。仿形遮障包括仿造建筑物（图 3－41）、仿造建筑上的设备及其他地物。

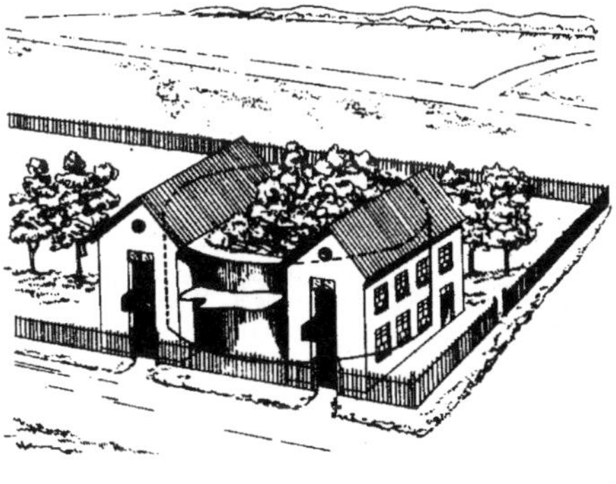

图 3－41　将大型油罐伪装成民房的仿形遮障

3.3.4.5　干扰遮障

干扰遮障是由电磁波反射体构成的防雷达侦察的遮障，一般以制式角反射器和就便角反射器构成，能干扰空中及地面的雷达侦察。通常用于遮蔽桥梁、渡口、运动目标等，按设置形式分为线状干扰遮障和面状干扰遮障。

（1）角反射器的设置

在陆地上设置角反射器时，可将其悬挂在支撑杆、支柱、悬臂架、电线杆、树木等物体上；在水面上设置角反射器时，可将其悬挂在支架上或设置在浮体上。

（2）线状干扰遮障

线状干扰遮障主要用于隐蔽道路的运动目标，通常由 FD_4-50、FD_4-75 角反射器或 1 号角反射器构成。

当对付空中雷达侦察时，角反射器之间的距离应小于雷达的距离分辨力。

（3）面状干扰遮障

面状干扰遮障主要用于隐蔽面状固定目标和部队的活动，例如桥梁和部队的集结等。在陆地上设置面状干扰遮障以对付地面雷达侦察时，可使用 FD_4-50 角反射器。

3.3.5　烟幕伪装

烟幕伪装是施放烟幕来遮蔽目标和迷盲、诱惑敌人的伪装。烟幕按用途分为遮蔽烟幕、迷盲烟幕和诱惑烟幕。

遮蔽烟幕是为遮蔽军队和目标的配置位置，施放于目标配置地区或我方阵地前沿或纵深内的烟幕。

迷盲烟幕是为迷盲地面观察和射击，施放于敌方阵地内的烟幕。

诱惑烟幕是为迷惑敌人，吸引敌人的注意力和火力，在假目标区或无目标区施放的烟幕。

（1）烟幕伪装器材

烟幕伪装器材分为制式发烟器材和就便发烟器材。制式发烟器材主要有发烟手榴弹、发烟罐、发烟炮弹、发烟汽车及发烟筒等。就便发烟器材有发烟箱、发烟筒、发烟手榴弹、发烟罐和发烟坑。就便发烟器材通常在后方或纵深内使用。

①发烟手榴弹

发烟手榴弹可在陆地、水面使用，以掩护单兵和小分队的战斗行动。发烟手榴弹由弹体、点火装置和发烟剂三部分组成（图 3－42），其性能如表 3－6 所示。

表 3－6　发烟手榴弹的性能

总质量/kg	0.6
传火时间/s	5～10
发烟时间/min	1～1.5
烟幕长度/m	约 30

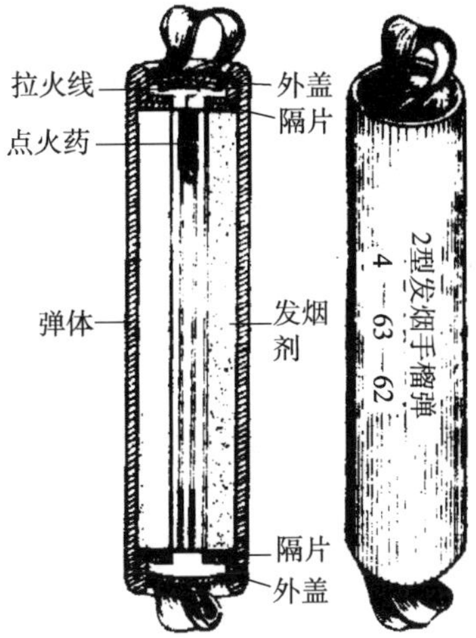

图 3 - 42　发烟手榴弹

②小型发烟罐

小型发烟罐主要用于掩护班、排级别队伍进行进攻战斗和侦察活动，或构成宽正面烟幕。

小型发烟罐由罐体、点火装置和发烟剂三部分组成（图 3 - 43），其性能如表 3 - 7 所示。

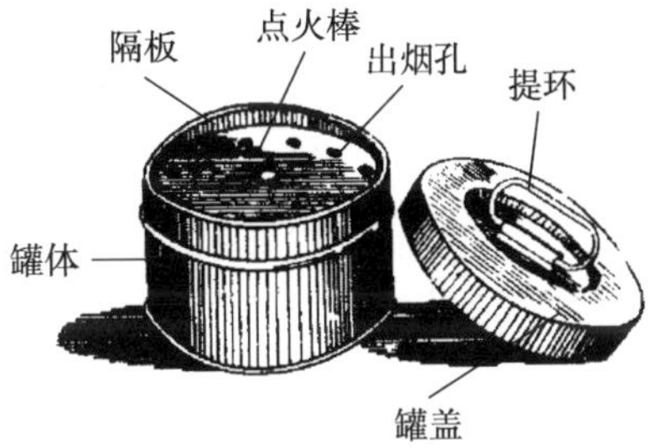

图 3 - 43　小型发烟罐

表 3 - 7　小型发烟罐性能

总质量/kg	2.2～2.3
发烟剂量/kg	1.9
传火时间/s	30
发烟时间/min	5～7
烟幕长度/m	75～100

③就便发烟器材的制作与施放

防光学侦察发烟剂用硝酸铵、氯酸钾、煤粉、锯末等配制而成。燃烧时产生浓密白烟，能有效地遮蔽目标。

④发烟坑

发烟坑具有取材容易、方法简单、消耗材料少、使用范围广、适应性强等特点，可用于构成遮蔽烟幕和诱惑烟幕，其性能见表 3－8。

表 3－8　发烟坑发烟效能

每纵长米发烟剂总质量/kg	6
点火方式	导火索
传火时间/s	12～15
发烟时间/min	5～7
遮蔽长度和宽度/m	75×10

发烟坑由坑体、发烟剂、点火装置和口部封闭层等四部分组成，其各部尺寸见图 3－44，其发烟效能如表 3－8 所示。

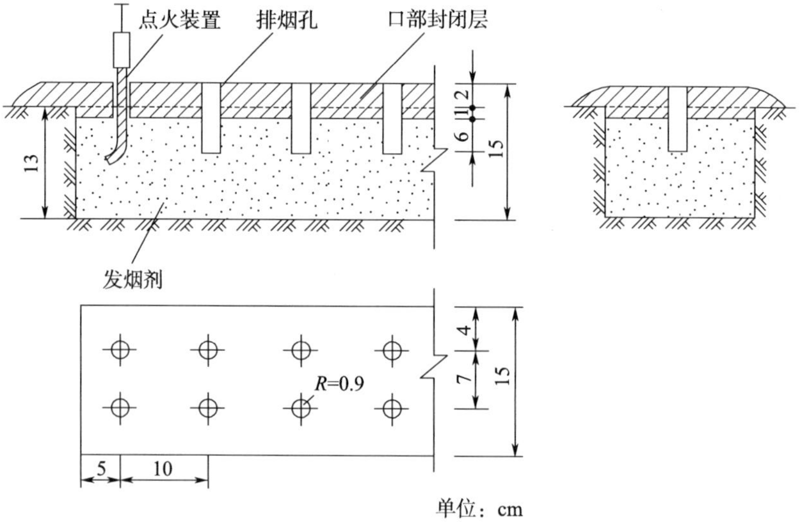

图 3－44　发烟坑的各部尺寸

设置发烟坑的注意事项如下：

1）发烟坑的位置应选择在土壤湿度较小的地点；当湿度较大时，应在坑内加设一层塑料薄膜等隔潮材料。

2）对预先设置的发烟坑应采取防雨措施，可用塑料薄膜覆盖，其范围应大于坑口边缘 80 cm；为缩小覆盖面积，发烟坑可呈“S”形设置。

3）需要预先设置发火装置时，应在插入发烟剂内的导火索一端包扎一层较薄的塑料薄膜。

（2）气象和地形对烟幕的影响

①风的影响

风向主要影响烟幕的传播方向和发烟器材的消耗量。按风向与目标正面的关系分为正面风、斜风和侧风三种（图 3－45）。施放烟幕时，斜风比正面风所消耗的发烟器材少$\frac{1}{4}$～$\frac{1}{3}$，侧风消耗的发烟器材更少。

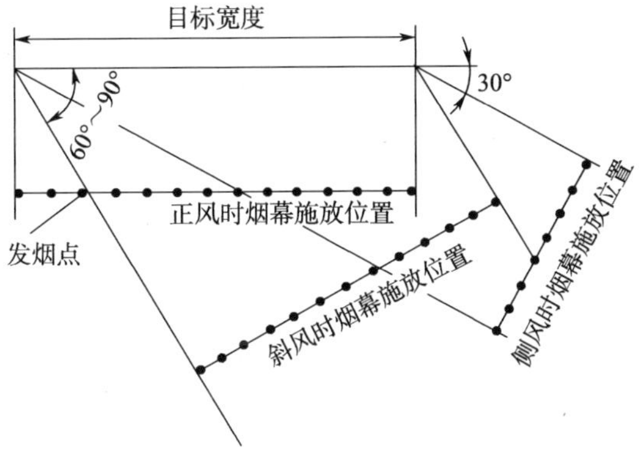

图 3－45　风向对发烟器材消耗量的影响

风速主要影响烟幕的传播纵深，有利的风速为 2～5 m/s。6～8 m/s 的风速也可施放烟幕，但发烟器材的消耗增多。9 m/s 以上的强风能使烟幕迅速消散，1.5 m/s 以下的弱风在短时间内难以达到预定的遮蔽面积。风速可参照表 3－9 判定。

表 3－9　风力表

风级	风速/（m/s）	陆地地面动态
0	0.0～0.2	烟直上
1	0.3～1.5	能使烟表示方向，不能转动普通风向标
2	1.6～3.3	感觉有风，树叶有微响，普通风向标转动
3	3.4～5.4	树叶和细树枝摇动，旌旗招展
4	5.5～7.9	灰尘和纸片飞舞，小树枝摇动

续表

风级	风速/（m/s）	陆地地面动态
5	8.0～10.7	有叶的小树摇摆，河水水面起小波
6	10.8～13.8	大树枝摇动，电线呼呼发声，举伞困难
7	13.9～17.1	全树摇动，迎风步行困难
8	17.2～20.7	折毁小树枝，迎风步行阻力甚大
9	20.8～24.4	折毁大树枝，普通屋顶的烟筒等物体易被吹毁
10	24.5～28.4	大陆上不常见，会拔树毁屋
11	28.5～32.6	大陆上很少见，必造成重大损毁
12	32.6 以上	大陆上很难出现，破坏性极为强

②雨的影响

大雨能加速烟幕消散，降低烟幕的效果。小雨利于烟幕的形成。

③气温的影响

温度对烟幕的影响主要表现在空气的垂直稳定度上。

按地表层垂直方向上的空气温度差别，空气垂直稳定度分为逆温、等温和对流（表 3－10）。逆温和等温时，空气在垂直方向上，几乎没有流动；或流动很小，利于施放烟幕。对流时，因空气上下流动剧烈，烟幕易扩散，有利于对付空中侦察，但不利于对付地面侦察。

表 3－10　空气垂直稳定度分级

项　目	逆　温	等　温	对　流
温度垂直分布的特点	下冷上热，而且相差较大，高 2 m 处气温比 0.5 m 处高0.6 ℃以上	上下几乎相等，高 2 m 处气温与 0.5 m 处相差在 ± 0.6 ℃以内	上冷下热，而且相差较大，高 0.5 m 处气温比 2 m 处高 0.6 ℃以上
空气上下流动的程度	几乎无流动	稍有流动	流动剧烈
出现时的天气条件	风速一般小于2 m/s，晴天，夜晚； 有积雪的白天	晴朗少云天气的早晨和傍晚； 阴、雨、雪、雾天； 风速大于或等于 2 m/s 的晴朗少云夜间； 严冬的白天； 水面上	晴朗少云的中午前后（夏季维持时间长）

④地形的影响

高地、山谷会较快地分散烟幕，并减少其传播纵深；树林和灌木丛能阻滞烟幕，并使其分散；白天弱风时，在江河、湖泊施放烟幕，烟幕一般向陆地方向飘移，在清晨和黄昏则相反；在城市沿街道施放烟幕，有地域风时，烟幕稳定性差。

(3) 烟幕伪装的方法

①烟幕伪装的要求

1) 为使敌人难以确定目标的具体位置，遮蔽烟幕的面积应不小于目标面积的 10 倍，且不应将目标置于遮蔽烟幕的中央（图 3 - 46）。

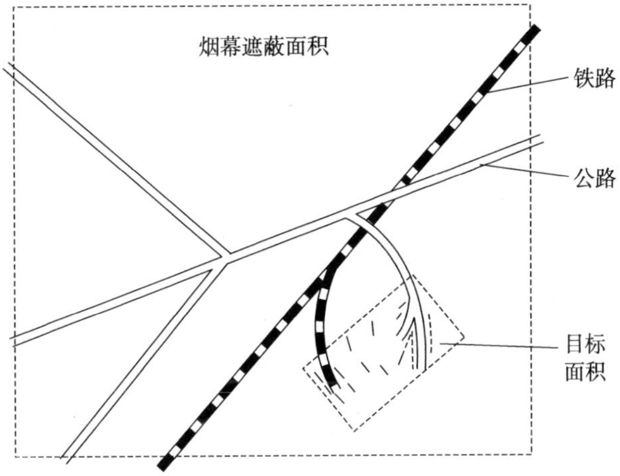

图 3 - 46　目标在烟幕中的位置

2) 施放遮蔽烟幕时，必须将目标及其附近的明显方位物（如居民地、道路交叉点、河湾等）一起遮蔽起来。

3) 施放遮蔽烟幕的同时还应施放诱惑烟幕，并与设置假目标，实施佯动相配合。

②发烟点的配置方法及发烟器材消耗量

1) 线状配置：将发烟器材呈一线配置（图 3 - 47、图 3 - 48），具体配置方法要根据遮蔽的正面、纵深和风向确定。

线状设置时，遮蔽 1 km 正面，每小时所消耗的小型发烟罐量见表 3 - 11。

表 3 - 11　1 000 m 正面每小时小型发烟罐消耗量（个）

条件	正面风	斜风	侧风	说明
有利	600	500	300	夏季的阴天，冬天风速 2～5 m/s
中等	800	600	400	夏季少云的日子，早晨日出后 2～3 小时，温度小于 15 ℃，风速 5～8 m/s
不利	1 200	900	600	夏季的晴天，风速 9 m/s 或小于 1.5 m/s

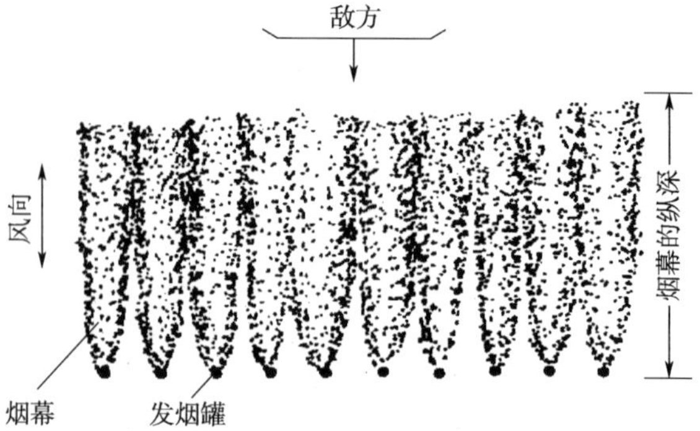

图 3-47　利用正面风成一线配置的烟幕

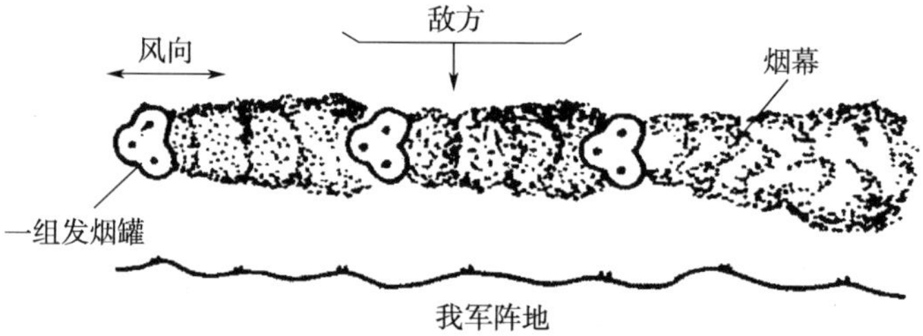

图 3-48　利用侧风呈一线配置的烟幕

2）面状配置：将发烟器材较均匀地配置在预定遮蔽面积上（图 3-49），通常用于遮蔽面积较大的地区、用于起伏较大且有复杂地物的地形上，或用于在弱风的条件下施放烟幕。

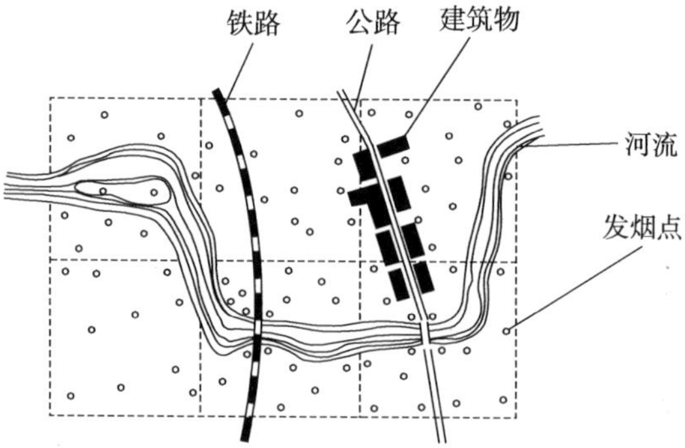

图 3-49　面状配置

面状配置时，遮蔽每 1 km^2 的面积，需布置 4～8 个发烟点。每个发烟点上设置 14～24 个小型发烟罐。

3）环形配置：将发烟器材环绕目标配置成一个或两个以上的环形烟幕带。这种配置可在任何风向使烟幕完全遮蔽目标。第一烟幕带距中心约 500 m，烟幕带之间的距离为 500～1 000 m。各烟幕带上的发烟点间距为 125 m（图 3－50），每个发烟点设置 14～24 个发烟罐。

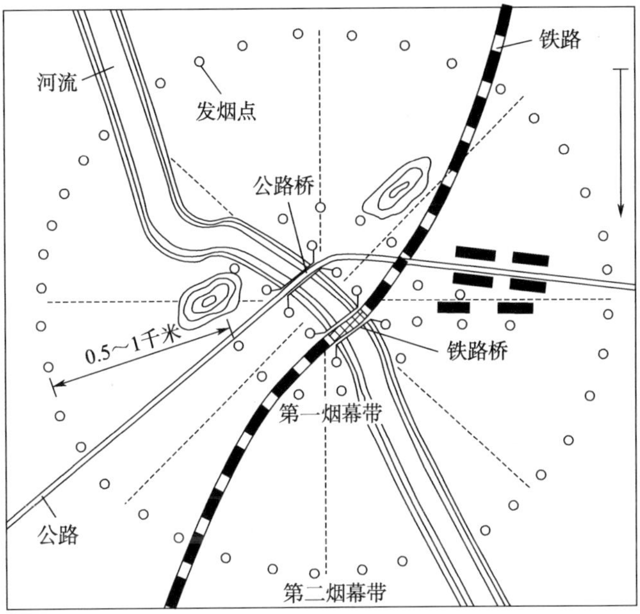

图 3－50　环形配置

4）混合配置：在目标比较分散时，可将面状配置和环形配置同时使用在同一地域上。一般是对目标采用环形配置，对目标所在地域采用面状配置（图 3－51）。

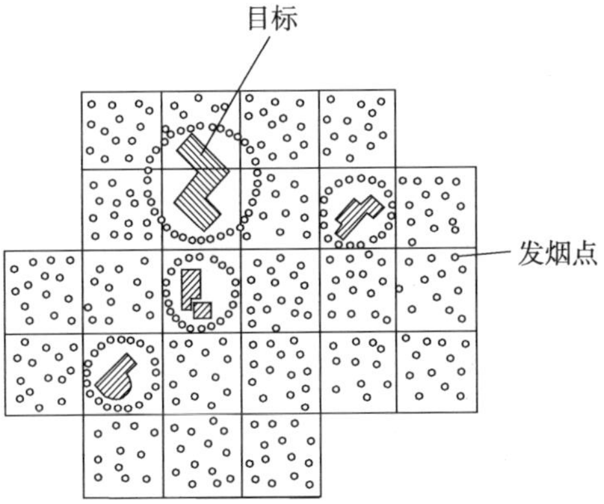

图 3－51　混合配置

③烟幕伪装的实施步骤

1）测定风向、风速。

2）根据气象资料、任务和敌情，确定发烟点的配置方案；根据发烟器材的发烟时间和施放烟幕的时间，计算发烟器材的消耗量。

3）领取所需发烟器材，布置发烟点。

4）按指定时间施放。

3.3.6　假目标伪装

假目标伪装是为欺骗敌人、模拟目标暴露征候所实施的伪装。假目标可分为制式假目标和就便假目标。制式假目标有假汽车、假坦克、假火炮等，就便假目标有假人员、假兵器、假车辆和假工事等。

（1）假目标伪装的要求

1）假目标的配置要符合战术和技术要求，并与真目标有一定的距离。

2）假目标的主要特性，如颜色、形状、反射（辐射）红外线和雷达波等特性应与真目标相似，大于可见尺寸的细部都要仿造出来，垂直尺寸可适当减小（表 3－12）。

表 3－12　目标垂直尺寸减小量

名　称	垂直尺寸减小量/（%）	
	对地面和空中侦察	对空中侦察
假兵器和假车辆	0	30
假掩盖射击（观察）工事、假房屋和高于地面的背景	20	50 以下
假堑壕、假交通壕、防坦克壕、露天掩体	50 以下	

3）假目标应结构简单，取材方便，制作迅速；经常更换位置的假目标，应轻便、牢固，便于架设、撤收或牵引。

4）对设置或构筑的假目标应实施不完善的伪装。

5）制作、设置和构筑假目标时，要隐蔽地进行，并及时消除作业痕迹。

6）有计划地仿造目标的活动特征，及时地显示被袭击的破坏效果。

（2）假目标的制作与构筑

①制作假目标的步骤

1）搜集所要模拟的真目标的有关资料，如外形尺寸、颜色、反射（辐射）红外线和雷达波的特性等；绘制假目标的外形图、结构图及加工图，并计算材料用量。

2）拟定作业计划：内容包括作业的项目和数量，任务区分，作业的方法、要求、时限，器材的分配等。

3）作业准备。

4）加工制作。

5）效果检验。

②假人员

制作假人员，可用竹材或木材、树枝等结构骨架（图 3－52），再用塑料布、编席、杂草等缠裹，并实施迷彩。

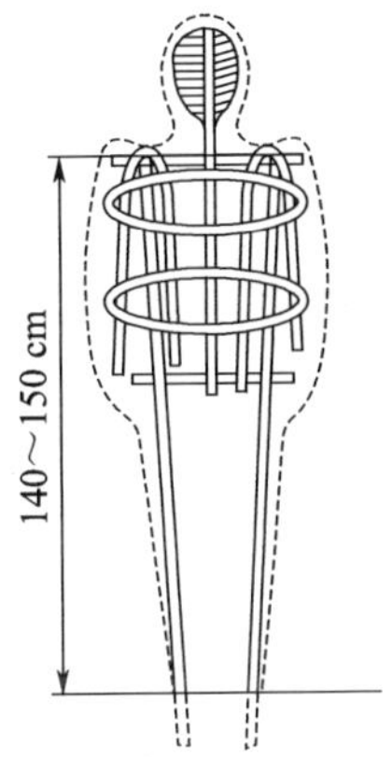

图 3－52　假人骨架

③假汽车

假汽车可按汽车的外形尺寸用就便材料制作成装配式或牵引式的。当用竹材、木板、稻草、铁丝、编席制作装配式假汽车时，可分为汽车骨架、头部构件、车箱板、轮子等构件制作，其各部尺寸见图 3－53。

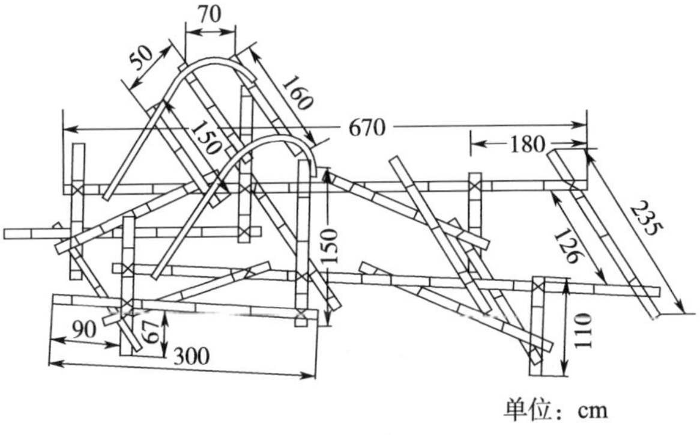

图 3－53　假汽车骨架

④假工事

假野战工事：包括假堑壕、假交通壕、假射击工事、假观察工事等，主要用于构筑假阵地。

假堑壕、假交通壕的口宽应与真壕相同，深度一般为 30 cm。在壕底可铺设一层暗色材料，如煤灰、黑土等，以增加深度感，并用除土仿造胸墙和战斗设备的斑点。

⑤假障碍物

假网形铁丝网：可将部分木桩打入土中，而后张设铁丝；在铁丝上悬挂部分木桩，仿造第二、三列桩（图 3－54）。

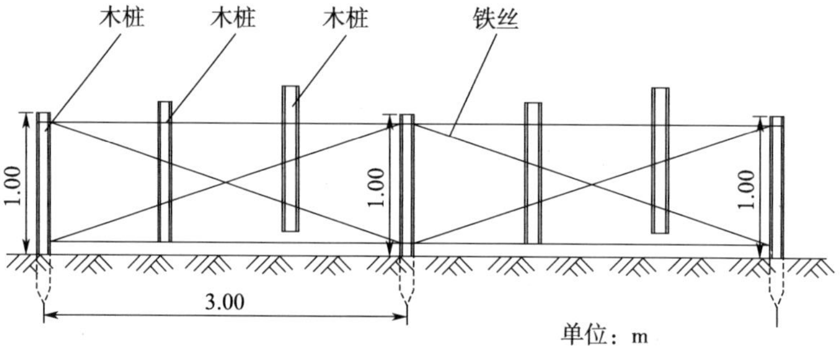

图 3－54　假网形铁丝网

⑥假道路

构筑假道路可根据背景情况采取下列方法仿造道路外形：

1）铺撒土壤、锯屑、砂子、煤渣等材料；

2）割去生长的植物；

3）用汽车、压路机反复碾压；

4）用机械除去地面表层土。

道路的边沟可用煤灰、黑土等铺撒显示，在假道路上应模拟运动迹象，在暴露地段还应设置部分显著遮障。

⑦假桥梁

假桥梁分为简易假桥、轻型假桥、防雷达假桥。

1）简易假桥：只显示桥梁的外形而不能通载。设置时将绳索或铁丝、钢索的两端分别固定在两岸，在其上悬挂或绑扎竹、木等杆件材料，在杆件上铺设布、编席等（图 3－55）。

2）轻型假桥：可以通过人员和技术兵器的模型。主要以小圆木、木板、布或编席等为材料，并以迷彩的方法辅助构成，如图 3－56 所示。

图 3－55　用布和钢索构筑的简易假桥

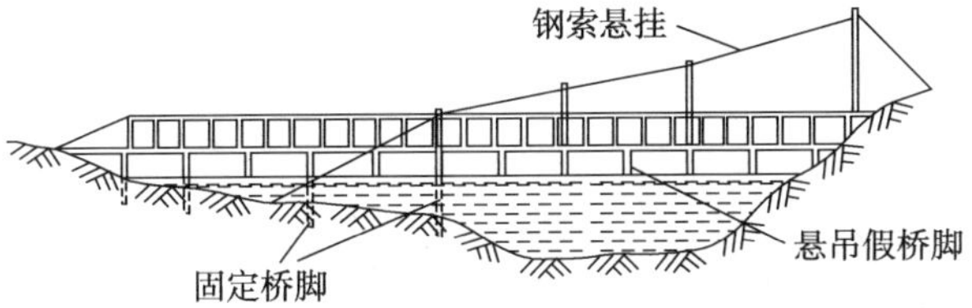

图 3－56　轻型假桥的桥脚示意图

⑧假渡口：应显示假码头、两岸接近路，以及用民舟或竹、木筏结构的门桥，同时应仿造部队渡河的活动迹象。

3.3.7　灯火伪装

灯火伪装是在夜间消除、降低和模拟目标的发光暴露征候，以隐蔽目标和迷惑敌人所实施的伪装。

（1）室内灯火隐蔽和模拟

①室内灯火隐蔽

室内灯火隐蔽通常有遮光、降低照明强度和限制照射范围三种方法。

1）遮光法：通常用于司令部、通信枢纽、医疗机构等需要室内照明的目标。遮光设备有窗（门）帘、板窗、百叶窗和出入口遮光装置等（图 3－57）。

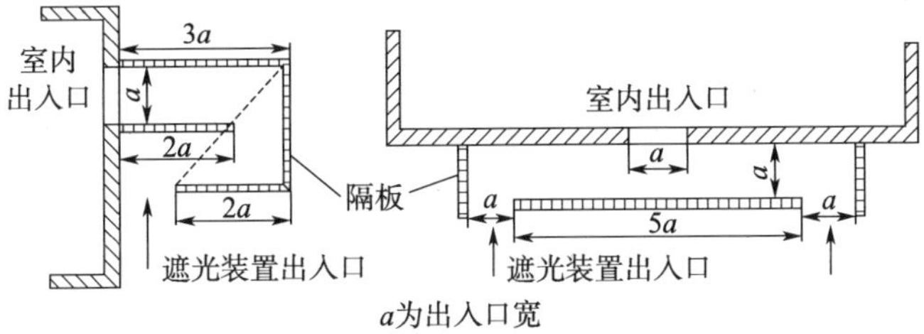

图 3－57　出入口的遮光装置

2）降低照明强度：可采用小功率灯泡，也可用降低电压的方法降低光源的亮度。

3）限制灯光照射范围：通常用遮光罩使灯光只照明所需要的范围，不使光线射出窗外。遮光罩可用硬纸板、铁皮等制成；也可用布、纸做成圆筒，下端加设铁丝圈，上端扎在灯泡上方；还可在灯泡的上部涂刷一层黑色涂料（图 3－58）。

②模拟透光窗户的方法

可采用窗框的模型，内装光源，上部装遮光板（图 3－59）。

在模拟窗户的箱状设备中装上光源，按仿造光源的距离，设置在地面上。

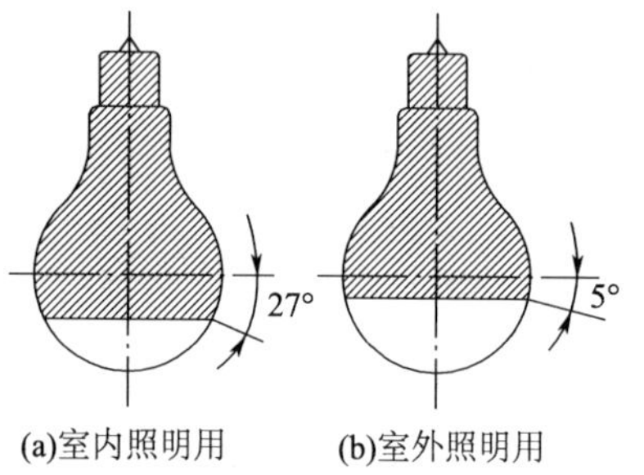

图 3－58　涂黑色涂料的灯泡

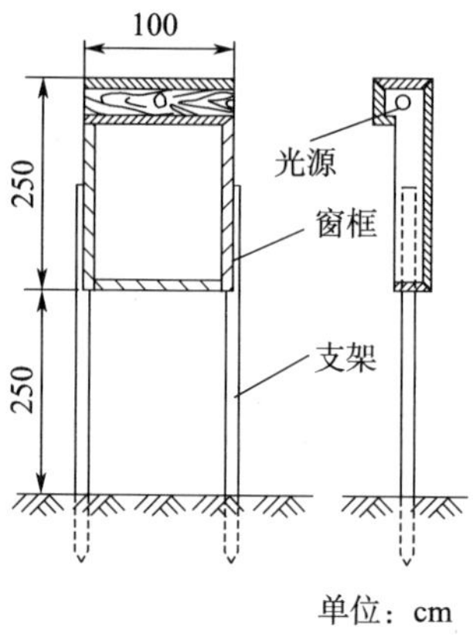

图 3－59　透光窗户模型

（2）室外灯火隐蔽和模拟

①室外灯火隐蔽

室外灯火隐蔽主要用于隐蔽室外作业和运动目标，指示运动方向和标示目标位置等的灯火。

1）信号灯火的隐蔽：主要指隐蔽水陆运输线上的指示灯火，对付空中侦察；通常用专门制作的遮光筒，其长度为筒径的 4 倍，并在内表面涂上无光泽的黑色涂料。

2）车辆前后灯的伪装：通常采用设置遮光罩（图 3－60）。前灯的遮光罩，其下部的 3 cm×6 cm 矩形面上开有若干个直径为 2 mm 的孔；后灯的遮光罩，其孔按灯的大小成圆周配置。

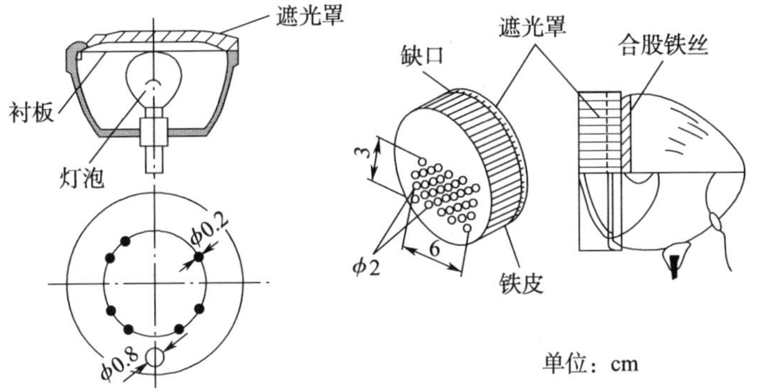

（a）前灯遮光罩　（b）后灯遮光罩

图 3－60　车灯遮光罩

3）发光标志是为指示运动方向、障碍物中的通路或目标位置而设置的发光标志。指示车辆行驶的发光标志，通常要求在 100 m 的距离内能被看到。发光标志可用普通光源制作或用发光材料制作。

用普通光源制作的发光标志有直射型（图 3－61）和反射型两种。

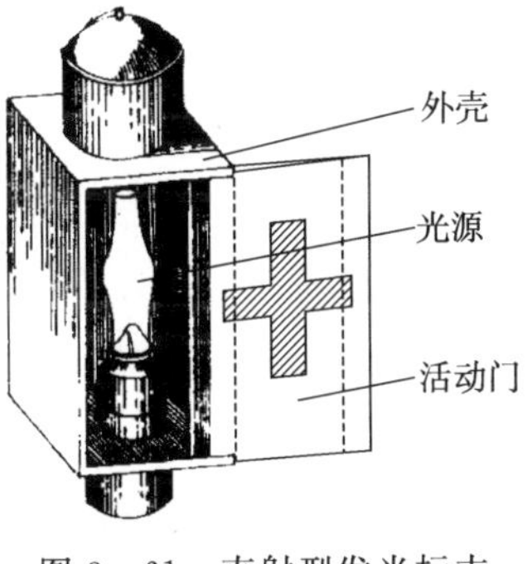

图 3－61　直射型发光标志

用发光材料制作的发光标志是以发光剂（锌发光剂、锌镉发光剂等）与油漆（甲基丙烯酸树脂漆、聚苯乙烯漆等）按体积比为 1∶3～1∶4 混合而成，能在短波光线和紫外线的激发下发光。

②室外灯火模拟

1）模拟正在行驶的车辆灯光：在模拟地段上设置若干对固定在小木桩上的

灯泡，使其按顺序开关每对灯泡，以模拟伪装不完善的汽车前灯，造成汽车行驶的假象。

2）模拟作业场地的灯火：应按作业场地灯火的特点设置，并实施不完善的伪装。

③灯火伪装的注意事项

1）在实施灯火伪装时，必须有专人负责检查灯火管制。

2）当发出空袭警报时，除用遮光法经过良好伪装的灯火和模拟的灯火外，其余灯火应立即熄灭。

3）在实施灯火隐蔽时，禁止露天吸烟、升火、使用电筒、点燃火柴等；未经灯火伪装的车辆，禁止开灯行驶。

3.3.8 音响伪装

音响伪装是消除、降低、压制或模拟目标的音响暴露征候，以隐蔽目标或迷惑敌人所实施的伪装。

（1）天然条件对声音传播的影响

①音响暴露征候

音响暴露征候是能使目标暴露的声频率、声强及其变化等特征。

声频率的单位为赫兹，其大小表示音调的高低。声强的单位为 dB，其大小表示声音的强弱。声强大小的分贝数又称声级，声级可用声级计测量。

②天然条件对声级的影响

天然条件对声波传播能产生一定程度的衰减，从而降低声级。

隔着丘陵或山，声级降低 10～20 dB。隔着一排一层或二层房屋，声级降低 3～5 dB；隔着二排房屋，声级降低 6～10 dB；隔着三排房屋，声级降低 10～12 dB。草原地或灌木丛，每 100 m 降低约 25 dB；浓密的树林，每 100 m 降低 23 dB；稀疏树林，每 100 m 降低约 3 dB。

雾、雨、雪的影响很小，每 100 m 衰减不到 0.5 dB，可忽略不计。

风向对声音传播有很大影响，顺风传播远，声级变化可达 15～20 dB。

对于点声源，不计地面衰减，距离增加一倍，声级降低 6 dB。例如，离炮口 100 m 处为 140 dB，在 200 m 处为 134 dB，在 400 m 处为 128 dB，在 800 m 处为 122 dB。

（2）音响伪装的方法

①音响伪装的技术要求

1）消除音响应使目标音响在到达侦听点时比环境噪声小 15 dB。安静地区的环境噪声声级通常夜间为 35 dB，白天为 45 dB；一般地区夜间为 45 dB，白天为 60 dB。如不能达到消除音响的要求，也应尽量降低音响。声级每降低 6 dB，可使侦听距离缩小 50%。

2）压制音响时要求噪声比目标音响高 15 dB 以上。

3）模拟音响时要求其与目标音响具有相似的频率与声级。

②消除音响的方法

1）充分利用天然条件对声音传播的影响能力，如将声目标配置在山坡后或具有一定纵深的密林中。

2）在声目标上加设消声器或将其配置在消声室中；对于配置低于地面的目标，可增设消音土窖。

3）对不可避免的碰撞、振动部位，应加设缓冲消声材料，如橡胶、软木、毛毡、玻璃纤维等。

③消声量的确定

消声量是为达到消除音响的要求，需采取消声措施的声级量。其确定方法可按下式计算

$$Q = M - N - T + 15$$

式中　Q——消声量（dB）；

M——目标的噪声级（dB）；

N——声音传播衰减量（dB）；

T——侦听点的环境最低噪声级（dB）；

15——消除音响要求的低于环境噪声分贝数。

例如，目标噪声为 100 dB，途中传播衰减为 20 dB，侦听点环境最低噪声级为 50 dB，将已知数代入公式

$$Q = 100 - 20 - 50 + 15 = 45$$

即消声量为 45 dB。若用消声器消除 30 dB，消声室消除 15 dB，则可达到目的。

④消声器

按消声的声学特性不同，消声器分阻性消声器、抗性消声器及微穿孔板消声器等。

1）阻性消声器：指内部装有多孔吸声材料（玻璃棉、矿渣棉、木丝板、甘蔗板）的消声器，适用于机械、车辆等的消声。最简单的阻性消声器为管式消声器（图 3-62），其消声量与吸声材料的吸声系数有关，一般为 23～50 dB。

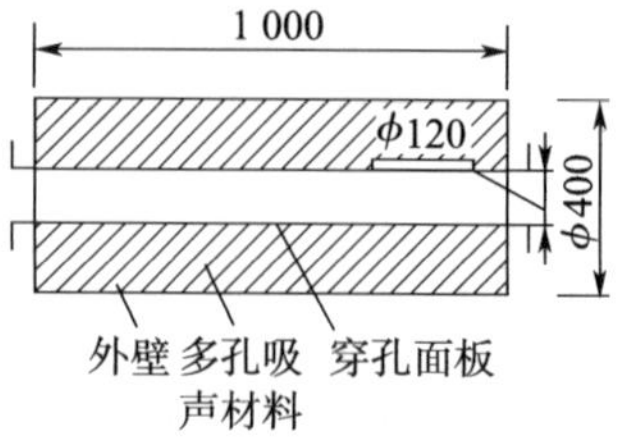

图 3-62　阻性消声器

2）抗性消声器：依靠管道截面积的改变引起声能的反射与消耗，达到消声目的，适用于机械、车辆排气管的消声。最简单的抗性消声器为扩张室式消声器（图 3-63）。

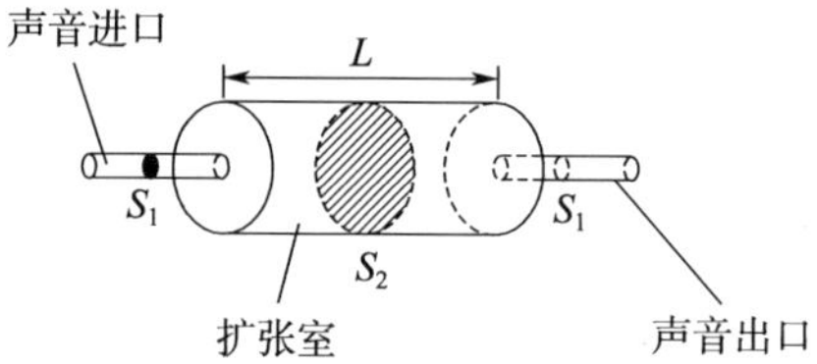

图 3-63　扩张室式消声器

当 L 为 $\frac{1}{4}$ 波长时，消声量最大；L 为 $\frac{1}{2}$ 波长时，消声量为 0。当 $m=\frac{S_2}{S_1}$ 为 10～100 时，最大消声量为 10～30 dB（L 为扩张室长度，S_1 为声音进口管及声音出口管截面积，S_2 为扩张室截面积）。

3）微穿孔板消声器：采用微穿孔板吸声材料制成的一种新型消声器（图 3-64），适用于高速气流的消声。当孔径为 0.2～1 mm、微穿孔板小孔的总面积略大于喷气孔面积时，消音量为 25～45 dB。

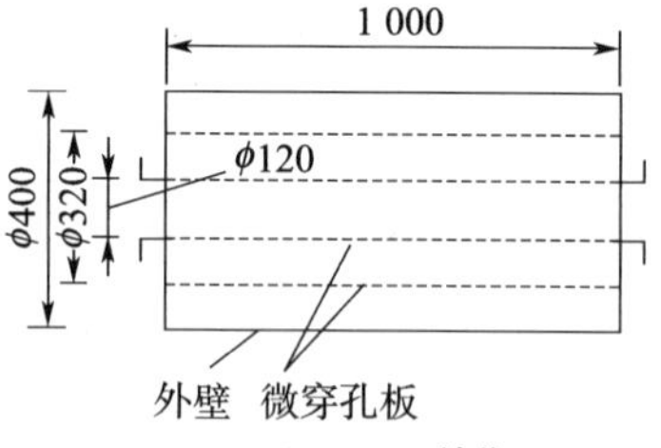

图 3-64　微穿孔板消声器

⑤消声室和消声土窖

1）消声室：用刚性材料作外壳，内衬由吸声材料制成（图 3-65），主要用于固定机械噪声的消声。这种消声室在低频段消声效果较差，只有几个 dB，在高频段可达 30 dB 左右。

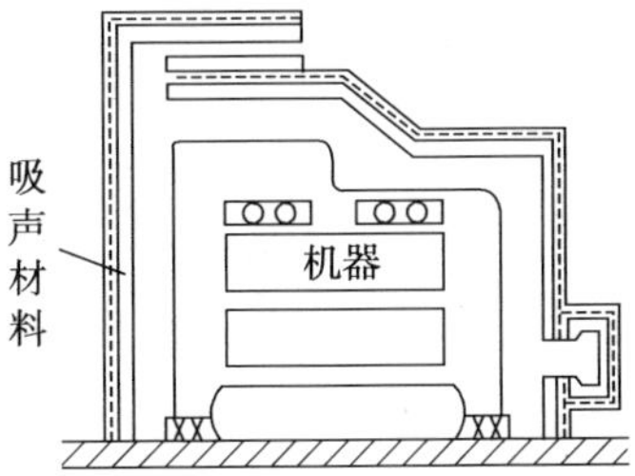

图 3-65　消声室

2）消声土窖：通常在野战条件下，用于配置低于地面的声目标；可构筑成掘开式轻型掩盖工事的形式，进出口设轻型防护门，通风口覆有稻草、束柴等作为吸声材料。

⑥压制音响

压制音响一般在降低音响不能满足伪装要求时采用。例如，利用战斗中的射击声、飞机、坦克、汽车的噪声、音响设备播放的声音等来压制目标音响。

⑦模拟音响

1）利用专门器材模拟音响，例如，利用音响设备播放事先录制的活动目标的音响。

2）利用工程作业手段模拟声响。例如，利用炸药的爆炸模拟炮兵射击、修筑道路等；利用植桩声模拟架设桥梁、构筑铁丝网的音响等。

3）利用游动火炮射击声模拟假炮阵地的活动，利用少量机械的运动声响模拟部队的运动等。

第 4 章　人防目标面临的侦察监视及攻击威胁分析

高新技术战争，最显著的标志就是高新技术兵器和装备的广泛运用，其中包括用光电、红外、遥感等高新技术改进和制造出来的侦察、监视器材和制导武器，这就给伪装提出了新的挑战，迫使传统伪装方法、手段和技术进行革新和发展，以适应现代高新技术战争的需要。

“知己知彼，百战不殆”是战争中的一个重要原则，侦察是达到“知彼”目的的主要方法，在高新技术飞速发展的今天，战场上的一切目标时时刻刻都可能受到侦察威胁，一旦人员、装备数量及配置、人防目标的情况被查明，则战场意图就有可能被判明，敌方就会有针对性地进行战场部署，使我方处于不利的地位。重要的战场装备被发现识别，就会随时受到精确制导武器的攻击，从而大大削弱战斗力。伪装技术作为在战场上与侦察活动进行对抗的技术手段之一，在隐蔽作战意图、保存战争实力等方面起着非常重要的作用。正确及时了解侦察技术与侦察手段，对战场目标和行动实施有针对性的伪装，是使伪装技术在战场上发挥更大战场效能的重要环节。

20 世纪 90 年代初的海湾战争，是以美国为首的多国部队和伊拉克之间的军事对抗。在这次战争中，美国动用了上至卫星侦察、下至地面侦察的各种侦察和监视手段，形成了一个强大的立体侦察网。美国利用空间、空中和地面的侦察系统，对伊军的活动和重要军事目标进行了彻底的侦察，对伊军的军事行动和重要军事目标了如指掌。美国对伊拉克的首轮空袭取得了非常好的效果，从这一点上可以看出美军对伊拉克的军事目标了解得非常清楚，这反映了美军侦察系统的准确程度。近几场局部战争所利用的军事侦察技术，代表着美国现今军事侦察技术手段的最高水平。

4.1　空中和空间侦察监视技术概述

空中和空间侦察的基本侦察手段可大致分为：无线电技术侦察、照相侦察、电视侦察、红外侦察、雷达侦察和激光侦察等。

4.1.1　无线电技术侦察

无线电技术侦察是指，使用专门的无线电技术器材，采用侦听、侦收、测向等方法获取敌情报资料的侦察。无线电技术侦察包括无线通信信号侦察和非通信信号侦察。无线电通信信号侦察是使用专门的无线电技术设备，用截听敌人发射的无线电波，查明敌方行动企图、兵力调动、指挥机关的位置等方面的重要情报。非通信信号侦察，主要通过对雷达、遥感、遥测、干扰等无线电信号的侦测，分析查明其电子器材的类型、数量、用途、位置及战术技术参数，进而判明敌方部（分）队的部署及其动向。无线电技术侦察特点是侦察距离远，范围广，情报较及时、准确，组织实施隐蔽安全，不易被敌方发现，受天候气象和地形影响较小，无论平时还是战时都可不间断地进行侦察。

4.1.2　照相侦察

照相侦察是使用照相器材摄取目标图像，通过照片判读获取情报的侦察。照相侦察把目标直接展现在画面上，能够详细、准确地获取情报。目前近红外照相、多光谱照相的发展与运用，使得照相侦察发现目标的能力大为提高。照相侦察一般适用于对固定目标的侦察，受天候、气象影响较大。

4.1.3　电视侦察

电视侦察是使用电视摄像机摄取目标景象，通过无线或有线传送到指挥所电视接收机上，使指挥员能实时了解敌军目标和动态的情况。在科学技术发展的今天，电视侦察器材的战术技术性能已达到远距离、全天候的要求。

4.1.4　红外侦察

红外侦察是指用红外观察仪、热像仪等器材进行侦察，是一种先进的夜间侦察手段。红外侦察器材分为主动红外夜视仪和被动红外侦察器材（热成像侦察器材）两大类。主动红外夜视仪由于观察距离近，不能应用于空中和空间侦察。空中和空间侦察主要应用被动红外侦察器材，也称为热成像侦察器材，热成像侦察器材是利用目标自身发射的热辐射成像，不受黑夜的影响，工作隐蔽。

4.1.5　雷达侦察

雷达侦察是利用目标反射的雷达波来发现和测定地面、水面和空中的目标配置、运动速度的侦察。

雷达侦察作用距离远、反应敏感，能在昼夜实施，不受光亮、烟雾、雨雪等因素的影响，是一种全天候的侦察手段。空中、空间侦察所用雷达侦察设备一般为合成孔径雷达和预警雷达。合成孔径雷达是一种具有侧视功能的成像雷达，具有较强的目标识别能力，是目前雷达侦察领域最先进的设备。

4.1.6 激光侦察

激光侦察是利用激光侦察器材发射激光束，通过目标对激光束的反射程度来发现和识别目标及其性质、测定其距离和方位的侦察。激光侦察精度高，抗干扰性能好，但易受云雾等不良天候的影响。

各种侦察手段都有各自的优点和一定的局限性，因此，各种侦察手段必须紧密配合相互补充，才能发挥更大的威力和作用。

4.2 空中侦察监视技术

空中侦察又叫航空侦察，是指使用侦察器材在大气层空间内实施的侦察。在人造卫星上天之前，飞机是战场侦察的主角。空中侦察与空间侦察相比，空中侦察具有灵活性、机动性、准确性高和针对性强的特点。现如今，空中侦察是获取战术情报的基本手段，同时还能协助空间侦察获取战役、战略情报信息。近几场局部战争中，美国投入了数以百计的预警机和侦察机，在海、空域实施预警监视和不间断侦察，这对战争的进程和结局产生了重要的影响。

现代空中侦察平台主要包括有人驾驶侦察机、无人驾驶侦察机、侦察直升机、预警机、飞艇、气球等。

4.2.1 有人驾驶侦察机

有人驾驶侦察机是空中侦察的主力。它可携带航空相机、红外扫描相机、合成孔径雷达、电视摄像机、电子侦察设备等。美国的有人驾驶侦察机分两类：一类是专门设计的侦察机，另一类是由战斗机、攻击机或轰炸机改装成的侦察机。

专门设计的侦察机生存能力强、侦察容量大，如美国的 TR－1 型高空侦察机。TR－1 型高空侦察机的最高升限为 21 000 m，兼有合成孔径雷达侦察、电子对抗和全景照相等多种工作手段。海湾战争中共部署了 TR－1 型侦察机 12 架，它可以飞到 21 600 m 的高度，最大航程为 4 800 km，续航时间长达 12 小时。它沿国境线航行就可拍摄到对方国±56 km 纵深的目标，并可随时将侦察结果发回地面。美军 U－2 侦察机（图 4－1），它的技术性能我们过去了解比较多，经过近几年的改进 U－2 侦察机具有了实时侦察的能力，侦察装备有光电侦察相机、合成孔径雷达等，具有红外、光学和雷达成像的侦察能力。

图 4－1　美军 U－2 侦察机

专门设计的侦察飞机，具有生存能力强、侦察容量大等特点，但存在着技术复杂、研制周期长、生产数量有限、成本高等缺点。改装型侦察机具有研制周期短、更新换代快、成本低等优点。这些优点弥补了专门设计侦察机的不足。美国现装备的改装型侦察机有 RF－4C（图 4－2）、RC－135（图 4－3）、E－3A、F－14、RF－104 等，其中 F－14 和 RF－104 是由其他用途的飞机加装航空侦察吊舱而改装的，而RC－135和 E－3A 是由原机型改装的。侦察机上所携带的侦察设备有 KS－87B 型连续分幅相机、KA－99 型低空全景相机、KA－93 型高空全景相机或AN/AAD－5型红外扫描器、电视摄像系统和数据显示装置等。美国现在主要的改装型战术侦察机 RF－4C，其装备的红外行扫描仪型号为 AAD－5 型。这种扫描仪具有较高的温度和空间分辨率，探测器两种瞬时视场可自动切换，多元并扫，以适应于大的速高比范围，其噪声等效温差（NETD）当满足 NETD<0.2 K。

图 4－2　美军 RF－4C 侦察机

图 4－3　美军 RC－135 侦察机

海湾战争以来，美国又在发展新型侦察机，新研制的侦察机飞行高度可超过 30 000 m，速度可达 $Ma=5$，同时具有隐身功能。

4.2.2 侦察直升机

直升机是第二次世界大战后迅速发展起来的一种航空器，在战后的历次局部战争中都得到了广泛运用，并发挥了重要作用。用直升机进行战场侦察有其独特的优势：直升机能在狭小的场地（如林中空地、市内广场、舰艇甲板等）上起降，能紧靠指挥员及司令部驻扎，便于根据他们的需要进行侦察；能在很低的高度（距地面 10～15 m、距海面 1 m）上实施侦察，且飞行速度不大，有利于对地面进行更细致、更准确的观察，从而提高了所获得的情报的可靠性；能够悬停于空中，便于从己方区域对敌方整个战术纵深内的活动目标进行监视。鉴于侦察直升机的这些优点，世界上许多国家都十分重视发展侦察直升机。在近几场局部战争中，侦察直升机发挥了重要的作用。

（1）直升机的基本组成

直升机是一种依靠发动机带动旋翼产生升力和推动力，使其能够垂直起落、原地转弯、空中悬停和向任何方向飞行的航空器。它主要由机身、动力系统、旋翼系统、操纵系统和起落装置等部分组成。旋翼系统是直升机的基本特征，按旋翼的多少和结构形式，分为单翼、双翼和多翼直升机，单翼直升机最常见，约占直升机总数的 80%。

单翼直升机的飞行，是由动力系统驱动旋翼和尾桨，通过操纵系统使旋翼桨叶的安装角（桨距）在旋转过程中产生周期性变化，并使桨叶升力也相应地产生周期性变化，从而使桨叶尖部轨迹平面及总的升力线向所需要的方向倾斜，使直升机前飞、后飞或侧飞；或同时等量改变所有桨叶的安装角，并相应地改变发动机功率，增大或减少总升力，控制直升机的升降或悬停；或改变尾叶桨的安装角，使偏转力矩发生变化，控制直升机的航向。

美国现有的侦察直升机有 0H－6A、0H－58 等型号。侦察直升机的主要特点是可悬停空中，易于隐蔽。侦察直升机能在距地面 10～15 m、距海面 1 m 这样的低高度实施侦察。侦察直升机进行空中侦察的方法主要有目视观察、航空照相和借助于光电侦察器材（电视、红外、雷达及无线电技术侦察设备）进行侦察。美国侦察直升机 0H－58D 型的最大平飞速度为 237 km/h，高度为 1 220 m，最大爬升率为 469 m/min，实用升限为 3 660 m，悬停高度为 3 415 m，航程为 560 km。机上设备有甚高频通信电台、多功能显示器、多普勒雷达、惯性导航系统和旋翼轴瞄准具系统，瞄准具内的设备有电视摄像机、热成像系统、激光测距仪和目标指示器等。

4.2.3　无人驾驶侦察机

无人驾驶侦察机是 20 世纪 60 年代初发展起来的，与有人驾驶侦察机相比具有体积小、成本低、机动灵活、可用性高等优点。由于其体积和功率小，其雷达截面积和红外辐射都比较小，因此不易被雷达和红外侦察设备发现。由于无人驾驶，即使在受到攻击时，也不会造成人员损失。无人驾驶侦察机分为按预定程序飞行和由地面或机载人员通过电视、遥控系统实时控制飞行两大类。无人机可携带的侦察器材有航空照相机、红外行扫描器、前视红外系统、电视摄像机、侧视雷达等设备。海湾战争中，先锋（Pioneer）和向导（Pointer）无人驾驶侦察机发挥了很好的作用。

美军现役的无人侦察机有蒂尔 2、蒂尔 2＋和蒂尔 3－无人侦察机。蒂尔 2 又称“捕食者”、“掠夺者”或“食肉动物”，它是一种中空远程无人机。该机利用它的机载合成孔径雷达搜索地面目标，此雷达收容面积大，可实施大视角搜索。当机载雷达捕捉到目标时，便降低高度，用光电摄像或红外传感器侦察目标。美军情报官员认为它的侦察能力优于 U－2 侦察机，因为 U－2 侦察机的合成孔径雷达成像分辨率为 9 ft（2.7 m），而蒂尔 2 的雷达成像分辨率为 1 ft（0.3 m）。光电相机的镜头为 900 mm，前视红外镜头为 19～560 mm，有 6 个视场，图像 512×512 像元。在 4.5 km 高空光电和红外成像的质量可达到 40 cm 的分辨率。

蒂尔 2＋又称全球鹰（图 4－4），是一种高空长航时侦察系统，适合于全天候作战，能为己方提供高清晰度的实时图像。侦察系统包括合成孔径雷达和光学-红外探测仪。该系统由地面站通过卫星数据自动传输系统对飞行器及其传感器进行控制。

图 4－4　全球鹰高空长航时无人机

全球鹰的飞行高度为19 850 m，飞行半径为5 560 km，续航时间40 h，机载侦察设备有合成孔径雷达、红外热像仪和光电相机等。采用搜索方式时，图像分辨率1 m，点成像方式时图像分辨率0.3 m。如果值勤24 h，其监视区域为74 120 km^2，每4 km成像，分辨率为30 cm，它可按照指挥员的需要任意选用雷达、红外和可见光形式。这样它可进行大面积搜索，也可对某一特定目标进行集中监视。全球鹰装备的I和J波段合成孔径雷达，具有动目标显示功能，能够直接将视频图像实时传回地面，也能把雷达数据直接送到前线地面部队。

蒂尔3—无人侦察机又称“暗星”，是一种具有隐身功能的无人侦察机，飞行高度为13 715 m，飞行半径为930 km，值勤时间8 h。侦察设备有光电侦察相机和合成孔径雷达。监视范围为每次任务可覆盖1 400平方海里。如果采用点成像（2 km×2 km），可产生600幅图像。合成孔径雷达成像范围每小时1 600平方海里，分辨率为1 m，点成像分辨率为0.3 m。

4.2.4 预警机

预警机是空中预警和控制系统飞机的简称，是空中侦察与监视系统的一个重要组成部分。预警机通常由载机及监视雷达、数据处理、数据显示与控制、敌我识别、通信、导航和无源探测等七个电子系统组成，具有低空性能好、监视范围大、生存能力强、指挥控制能力强和灵活机动等特点。

预警机可以把各部队紧密地联合成一个整体，统一控制战区内所有的防空武器，有效地指挥三军作战。

海湾战争中投入的预警指挥机有15架E-3A/B和24架E-2C，还有2架美空军/陆军“联合监视目标和攻击雷达系统”。E—3A/B哨兵全天候远程预警机具有指挥、控制、通信和情报功能。当飞行高度为9 000 m时，机载雷达可探测到500～650 km外的高空目标、300～400 km远的低空目标、270 km远的巡航导弹。预警机数据处理系统容量大、运算速度快，可同时跟踪600个目标、识别200个目标、处理300～400个目标。在海湾战争中美军2架E-3A预警机轮流升空，每架飞机每次飞行12 h，除了担负对己方陆、空协调和对参战飞机的指挥、控制任务外，还兼有通报伊军飞毛腿导弹位置的任务。该机飞行高度为9 000～12 000 m，机上侧视雷达可对200～350 km地域内的坦克及其他装甲目标进行探测、定位、识别和跟踪。该机是目前美国新型的预警机，在海湾战争中证实了它的优越性能，并发挥了它的作用。

4.3 空间侦察监视技术

伊拉克战争、科索沃战争中利用的侦察技术和侦察设备是现今世界上最具代表性的高新技术侦察技术手段之一，它代表了当今世界侦察技术的最高水平。以下就各种侦察器材和侦察手段作简要分析。

空间侦察又称为航天侦察，是使用装有侦察设备的人造地球卫星、宇宙飞船、航天飞机、空间站等航天器在地球大气层外进行的侦察。海湾战争中，仅美国就投入了可见光侦察、合成孔径雷达成像侦察、导弹侦察、电子情报侦察、军事海洋监视、全球定位、国防气象等卫星，总计达 45 颗，从而组成了强大的空间侦察卫星网，为战争情报的获取起了重要的作用。由于成像侦察对战场伪装威胁极大，下面重点介绍几类在伪装中比较关心的侦察设备。

4.3.1 照相侦察

美国在海湾战争中所利用的照相侦察卫星为 KH－11 和高级 KH－11 型，其中高级 KH－11 型习惯上又称为 KH－12 型，这两种卫星是美军的第五代照相侦察卫星，其中 KH－11 型三颗，高级 KH－11 型两颗。

照相侦察卫星是发展最早、发射最多、承担最主要侦察任务的侦察卫星。美国的照相侦察卫星 KH 型共经过了 KH－4（花冠）、KH－5（氩）、KH－6（牵索）、KH－7（策略）、KH－8（策略，KH－7 的改进型）、KH－9（大鸟）几个不同的型号的发展，KH－11 型和高级 KH－11 型是最新型的照相侦察卫星。卫星上所携带的侦察设备包括可见光相机、红外相机、多光谱相机和电视摄像机等，其侦察图像可以以数字信号的形式，通过位于地球静止轨道的中继卫星，将图像信号传送到地面数据处理中心，进行及时的图像处理和判读，所以 KH－11 型卫星与美军第四代卫星胶卷回收型大鸟相比，具有更接近于实时的侦察能力。KH－11 还能根据侦察地域要求实施轨道机动，可以在紧急情况下命令卫星改变飞行轨道，获取其他地域的侦察图像。KH－11 卫星重约 13.5 t，长为 19.5 m，直径为 3 m。KH－11 的实时遥感系统和高分辨率的 CCD 相机使它能区分军人和平民，而它携带的红外和多谱段侦察设备则不分昼夜地确定导弹、军队和发射装置的位置，并能将伪装和人工植被同真实植物和树木区分开来。该卫星还具有侧视能力，这使它每天有效飞经目标的次数由 2 次增加到 4 次。KH－11 使用了直径至少为 2.3 m 的反射镜，地面分辨率为 0.15～0.3 m。其侦察到的数据和图像经卫星数据系统（SDS）卫星被中继到弗吉尼亚州的贝尔沃堡进行处理。高级

KH－11卫星是KH－11的改进型，实际上高级KH－11卫星就是我们常说的KH－12卫星，该卫星既装有数字成像传感器又装有信号情报接收机，后者能截获从电话到电视很宽波段范围的无线电发射信号，其地面分辨率为0.1 m，故高级KH－11较KH－11具有更强的宽谱段侦察能力。由于高级KH－11比KH－11地面分辨率高、多光谱侦察能力强，因此具有更强的真假目标区分能力。

美国现主要的在轨电子光学成像卫星为高级KH－11，它是由KH－11改进而来的。它是美国第6代照相侦察卫星，过去一直被误称为KH－12偶像（Ikon）卫星。据美国有关研究照相侦察卫星的内部资料透露，实际上并没有这种名为“KH－12偶像”的卫星存在。研究美国照相侦察卫星的美国科学家联合会资深专家和权威人士声称，过去没有KH－12偶像这种卫星，将来也不会有KH－12偶像这样的卫星。

在新闻界反复透露有关KH－8、KH－9、KH－11的信息的多年之后，美国国家侦察办公室决定取消这种名称，并以纯随机数字代号称呼这些卫星。但是由于高级KH－11卫星是由KH－11卫星改进而来的，因此有时又称其为先进的凯南卫星或改进型晶体卫星，所谓的KH－12卫星不过是KH－11卫星的改进型，即高级KH－11卫星。

由于高级KH－11卫星和大鸟、空间望远镜一样，都由洛克希德导弹和空间公司制造，故也称为洛克希德P－950卫星。

高级KH－11卫星与KH－11卫星基本类似，其设计寿命为8年，卫星外观看起来类似于13 m长的哈勃空间望远镜。迄今为止，美国共发射了4颗高级KH－11卫星。高级KH－11卫星使用两个标准的主轨道面进行秘密成像侦察活动，拍摄世界各地的军事和政治目标。根据卫星在轨道运行中穿越赤道的时间，这两个工作轨道面被分别称为“正午/子夜”轨道面和“上午10点左右/晚上10点左右”轨道面。

1992年11月发射的那颗卫星目前正在从一条略微不同的非标准轨道上对上述两颗卫星的覆盖区加以补充。该卫星原来一直运行在“正午/子夜”轨道面内，直到1996年春才按地面指令作了机动变轨，使其轨道以每月2°左右的速度向西飘移，从而导致它脱离了太阳同步轨道。其后果有两个：一个是它无法在标准光照条件下飞过每一个目标，另一个是使美国在一天之内能够成像侦察的目标数量增多。此外，据英国凯特林观测小组负责人提供的信息，这颗卫星的新轨道还使它能与处在标准轨道面内的另两颗卫星相互配合，提供立体成像覆盖。

高级KH－11卫星的光学装置卡塞格伦望远镜的主镜通光孔径比哈勃望远镜2.4 m直径的主镜稍大一些，在轨道上光线从望远镜的前端射入，从主镜反射到相距 4.5 m 的次镜（口径为 0.3 m），然后由次镜反射通过主镜的中心孔到达主镜的焦面。当光线照射到侦察设备的探测元上时，探测元上产生的电荷与光的亮度成正比。为了补偿由大气抖动等因素引起图像畸形的影响，卫星使用由计算机连续控制操作的自适应光学仪（港台商品名称为“变化眼”），以精密地修正其主反射镜镜面形状，从而使其具有快速变焦镜头的特性。这样，在低轨道高度其摄影分辨率可与使用卤化银照相胶片一样，理论上可达到的像元分辨率约为

$$R=\frac{160\ \text{km}\times 15\ \mu\text{m}(\text{CCD 像元直径})}{57.6(\text{哈勃望远镜有效焦距})}=4.17\ \text{cm}$$

换句话说，在最高对比度情况下该光学主镜可摄取宽仅为 0.127 m 的目标物。有的报道认为可探测横宽为 0.23 m 的目标物。即使最低估计，也认为工作在 0.4～0.7 μm 可见光范围内的相机至少可识别 0.3 m 大小的目标。这种光学的分辨率已经足以精确地识别核武器上的部件，以及可靠地描述导弹发射场和飞机。如果需要，收到图像后还可以使之更接近理论分辨率，办法是对侦察设备的已知缺陷进行补偿，或把同一景物的多幅图像予以合成。这种可用各种不同波长拍摄地面图像的多谱段扫描仪，还有利于分析人员对比不同波长拍摄的物体图像，以确定这些物体是什么东西构成的。

由于高级 KH-11 卫星是由 KH-11 卫星改进而来的，因此它在一个非常重要的方面与 KH-11 卫星相同，即持续依靠光电系统并实时传输数据。但是这两种卫星也存在一些明显的差异，主要表现在以下三个方面：

1）高级 KH-11 卫星和 KH-11 卫星的不同点是，高级 KH-11 卫星具有红外成像能力。除了能以近红外辐射成像外，高级 KH-11 卫星的光学系统灵敏度扩大到了电磁波谱段的热红外部分。热红外成像是通过传感物体产生的热进行的，因此它使得高级 KH-11 卫星能够识破伪装，探测到飞机发动机和大烟筒等热源，还允许在光线很弱甚至在一片漆黑的夜间拍照。尽管较长的红外波长意味着分辨率会降低，还会受到大气效应的影响，但卫星使用计算机控制的自适应光学仪可精确地改变其反射镜的表面，防止产生由于大气引起的畸变。

2）高级 KH-11 卫星和 KH-11 卫星的第二个区别是，高级 KH-11 卫星携载改进型晶体测量系统，使得送回去的图像能用于地形测绘。改进型晶体测量系统能指示高级 KH-11 卫星向测绘者发出希望的、带有十字网络的专用图像，但又能排除所有其他图像引起侧十字交叉的可能。由于高级 KH-11 卫星上装上了这种系统，因此美国国防测绘局能利用高级 KH-11 卫星获取的数据，为美国巡航导弹研制地形等高线地图。

3）高级 KH-11 卫星和 KH-11 卫星的第三个不同之处是它们各自的质量，高级 KH-11 卫星比 KH-11 卫星重得多。卫星质量的增加几乎完全是由于高级

KH－11卫星携带了更多的推进剂，推进剂能使卫星机动飞行，包括使卫星保持机动飞行。推进剂的增加从三个方面加强了卫星的能力：一是它能更加频繁地改变高度，当需要拍摄大面积照片时，卫星能升高高度，而在要求详查时又能降低高度；二是使卫星能更为频繁地进行轨道机动，这样就增加了揭露伪装和隐蔽目标的机会，增加的机动飞行能力还可用来在战时避开敌方的反卫星武器；三是延长了卫星的工作寿命，预计卫星寿命可达8年。

高级KH－11卫星是把先进的光学望远镜及电视摄像机数据记录在磁带上；或将记录通过跟踪和数据中继卫星转发到地面站后，配上计算机图像增强技术，使某些像素变亮，也可减弱和消除某些不感兴趣的噪音背景图像。例如，一个目标藏在暗处，计算机能调亮其阴暗的部分，同时保持与周围像素的关系不变，使人眼更清楚、完整地识别目标。

KH型侦察卫星的主要缺点是在天气不晴朗的条件下，其成像质量大大降低。因为卫星所携带的CCD相机只能在可见光和红外波段起作用，而可见光和红外线在天气不好的条件下穿透能力很低，特别是在有浓雾和厚云层的时候两者就不可能穿透。

4.3.2　雷达成像侦察卫星

美国在海湾战争中还部署了一颗代号为长曲棍球的雷达成像侦察卫星，又称为合成孔径雷达（SAR）卫星，卫星上携带的侦察设备除了一台照相机外，还增添了成像雷达。由于雷达运用了合成孔径技术，使其分辨率大大提高，像元分辨率约0.3 m，地面分辨率达1 m。长曲棍球卫星携带的成像雷达包括X波段和L波段的侦察能力，它具有穿透云层、雾气和黑暗，实现全天候、全天时的侦察，弥补了照相侦察卫星易受天候、天时影响和限制的缺点。长曲棍球卫星的侦察数据也能通过中继卫星传至地面接收站，实现实时侦察。长曲棍球卫星对活动目标具有较强的跟踪性能，还可探测地下几米深的目标，在特定波长能穿透一定厚度的植被，这一特点为美军在海湾战争中获取伊军地下目标提供了重要的作用。该卫星的主要侦察任务是发现隐蔽的地下掩体、隐蔽的机库和各类装甲目标。

美国曾发射了一颗试验型和三颗工作型长曲棍球/维加卫星。1982年1月21日，美国用一枚大力神－3B火箭将一颗长曲棍球/维加卫星射入533 km×646 km、97.3°倾角的轨道。该卫星作过数次轨道机动，并释放了几颗可能被用于校准靶标的子卫星。卫星飞行了122天，1982年5月23日按指令再入大气层。第一颗工作型卫星是1988年12月2日由航天飞机施放的，进入668 km×703 km、倾角57°的轨道。第2颗工作型卫星是1991年3月8日用大力神－4运载火箭发射的，轨道高度为 683 km，倾角 68°。第三颗工作型卫星是 1997 年 12 月 23 日用大力神-4A 重型火箭从范登堡空军基地发射的，该卫星首先进入一个倾角 57°、远地点 683.95 km、近地点 329.9 km 的初始轨道，随后卫星自身携带的推进系统将其送入约 683.95 km 的圆形轨道。

前两颗工作型卫星因轨道倾角有异（分别为 57°和 68°），组网不佳、配合欠妥，无法精确协调对同一目标地区的重复覆盖。第三颗卫星的发射消除了这一弊端，它和第二颗卫星配对飞行，可提供最佳地面覆盖。该星采用相控阵馈源的 30 ft（约 9.14 m）大型碟型天线，能够全天时、全天候地对地成像，弥补高级 KH-11 卫星可见光、红外成像的不足。

长曲棍球/维加卫星呈八棱体，长为 8 m，直径为 4 m，重约 14.5 t，星上装有长度为 27～30 m 的巨型天线。卫星合成孔径雷达的天线由 3 个平面天线阵组成，中间可能是双极化（水平和垂直极化）的 L 波段平面天线阵，紧靠两边的可能是水平极化和垂直极化的 X 波段平面波导天线阵，其矩形尺寸为 14.4 m 长，3.6 m 宽。天线上布满了一排排发射和接收电波的元件。

长曲棍球/维加卫星所载雷达捕获图像时与采用条带式（strip）成像的合成孔径雷达有些区别。对后一种雷达而言，当信号目标返回时，雷达能同时显示出来它们提供的连续的条带图像；而长曲棍球卫星就不同，其采用了新的聚光灯式（spot）成像原理，当卫星掠过地球时，拍下的是一张张的快照。由于多普勒效应的影响，每次快射信号从目标返回时都会稍微发生失真。为了获得图片，信号必须送回地面控制站，然后地面计算机把这种快射信号数据进行修整以后，再二次合成更加清晰的图像。

4.4　空中、空间侦察的主要特点和发展趋势

以上对各种空中、空间侦察设备及其侦察能力进行了分析。在各侦察器材中，成像侦察器材的侦察能力是伪装技术最难对付的，光学、红外、雷达波段工作的成像侦察器材已在各种侦察平台中得到了充分的利用，在成像侦察器材的各种战术技术指标中，伪装最为关心的指标是侦察器材的分辨率，分辨率越高，侦察器材的发现概率越高，对我方军事目标实施伪装提出的要求也就越高。

4.4.1　空中、空间侦察的主要特点

通过对美军在近几场局部战争中的侦察分析，我们可以总结出美军侦察技术的主要特点。

1）侦察技术多方位、多层次、多手段，形成了立体的侦察网。美军在海湾战争中动用的侦察技术手段，从空间到空中到地面，形成全方位的侦察。各种侦察器材分别担负不同的侦察任务，形成多手段的侦察方式。

2）侦察装备品种多，数量大。美国在伊拉克战争中，动用的军事侦察卫星、侦察飞机的品种和数量之多，是迄今战争史上所没有过的，仅侦察卫星就动用了几十颗。

3）各种侦察手段相互补充，大大减少了侦察器材受环境影响的程度。如KH-11型卫星易受天气情况的影响，但长曲棍球卫星的全天时、全天候的侦察能力弥补了前者的不足。

4.4.2 空中、空间侦察技术的发展趋势

不论空中侦察还是空间侦察都受到地面支持系统的技术支持，地面支持系统是以高性能联用图像处理系统（JUIPS）为核心的地面站。由空中和地面共同构成的完整的侦察系统的发展趋势如下。

1）侦察传感器普遍采用光电系统，保证了侦察数据的实时传输，也确保了情报获取的及时性，使今后的传输速率将更加快捷。

2）强化数字化的传输方式，并在传输过程中使用数据压缩技术，使保密性加强。

3）地面站能同时接收侦察机和卫星的光电传感与合成孔径雷达的数据与图像，并可将其发送到战区外的任一地面站或指挥系统，大大缩短了传送时间。

4）具有二次信息发送能力，地面站能将分析后的数据和图像以保密方式更迅速地分发到下级指挥部。

5）地面站的高性能数据图像处理系统具有更高性能的图像处理和目标识别能力。

6）多光谱传感器侦察系统将是今后侦察技术发展的重要方向，多光谱侦察对真假目标的识别具有很大的帮助。

7）激光雷达具有可获取目标表面的反射强度、精确测定目标的距离和多普勒效应等优点，发展高精密、高灵敏度激光雷达将会是美国另一个重要的侦察系统发展项目。

4.5 人防目标面临的精确攻击威胁

精确制导武器是指，采用精确制导技术、直接命中概率在50%以上的武器。

精确制导技术是在复杂的战场环境中，利用目标的特征信号，发现、识别和跟踪目标，并将武器直接引导至目标实施有效打击的技术。直接命中是相对于爆炸破片对目标的间接命中而言的，一般是指武器战斗部与目标有效部位的直接接触命中。精确制导武器起源于制导武器。第二次世界大战期间，德国人制造了并在实战中使用了飞航式导弹 V-1 和弹道式导弹 V-2，从此揭开了制导这门神秘技术的序幕。第二次世界大战后，特别是 20 世纪 70 年代，微电子和计算机技术的突破和在制导技术中的应用，使制导精度有了很大提高，精确制导武器进入全面发展阶段，并在几场局部战争中产生很大影响。

4.5.1　精确制导武器的特点

精确制导武器的特点是相对于非制导武器而言的，其基本特点突出表现为高新技术、高精度、高效能。

（1）高新技术

精确制导武器作为人类智慧的结晶，是技术发展到一定阶段的产物。精确制导武器区别于一般武器的根本标志在于其有制导系统。制导系统由信号探测、高速信号处理和自动控制等部分组成，是以光电器件、集成电路、计算机等众多高新技术为基础的。精确制导武器在实战使用中，从其发射到命中的全过程贯穿了各种技术手段的较量。所以，各国都十分重视精确制导武器技术的先进性，特别是制导精度、电子对抗和人工智能技术的运用。

（2）高精度

直接命中、概率高，这是精确制导武器名称的根本由来，也是精确制导武器最基本的特征。要使直接命中目标的概率达到 50%以上，就要求对点目标的圆概率误差在 0.9 m 以内，对普通地域目标的圆概率误差在 3 m 以内。目前，一些有代表性的精确制导武器其命中概率可达 80%以上，激光制导炸弹和电视制导炸弹，其圆概率误差在 1～3 m。由于精确制导武器的直接命中概率不断提高，因此已经出现了战斗部不需要装药的精确制导武器。例如，英国宇航公司研制的高速防空导弹，不但飞行马赫数可达 4，而且脱靶率几乎为零，该导弹没有爆破战斗部，依靠极其精确的直接撞击撞毁目标。

（3）高效能

精确制导武器较非制导武器，其作战效能大幅提高。在 1991 年的海湾战争中，战斧巡航导弹从 100 km 以外发射，精确命中并摧毁了严密设防的巴格达市高价值目标，其总体效能远远优于作战飞机使用常规航弹的空袭。此外，虽然精确制导武器的技术复杂、单发成本比较高，但由于具有较高的直接命中概率，完成作战任务时弹药消耗量较小，因此总体费用仍有可能低于使用常规弹药。

4.5.2 精确制导武器的制导方式

精确制导武器的命中精度主要依靠制导系统来保证。制导系统的工作过程就是发现和利用目标信息和特征的过程。由于可供利用的目标信息多种多样，从而也就决定了制导系统也要采取不同的技术途径和手段来获取这些信息和发出控制指令，因此也就有了各不相同的制导系统和制导方式。大体上可将这些制导系统归纳为自主式制导、寻的式制导、遥控式制导和复合式制导。

（1）自主式制导

该制导系统是根据武器内部或外部固定参考标准，导引和控制武器飞行的制导。有关目标的特征信息是在制导开始以前就确定好的，制导过程中不需要提供目标的直接信息，通常也不需要武器以外的设备配合。惯性制导、星光制导、多普勒制导、程序制导和地形匹配制导、地图匹配制导、GPS全球定位系统制导等都属于自主式制导。其中惯性制导是主要的，它的优点是不需要外部任何信息就能根据导弹初始状态、飞行时间和引力场变化确定导弹的瞬时运动参数，因而不易受外界干扰。地地导弹、部分潜地导弹采用自主式制导系统。

（2）寻的式制导

该制导系统是由武器上的导引头感受目标辐射或反射的能量，自动跟踪目标并形成制导指令，导引和控制武器飞行的制导。其特点是制导精度较高，但制导距离不能太大。按感受目标信息的来源可分为主动、半主动和被动寻的制导。主动和被动寻的制导都具有发射后不管的特点。半主动和被动寻的制导多用于空空导弹、地空导弹和空地导弹。寻的式制导是利用导弹上的接收装置接收目标所辐射或反射的某种能量而实现的，这些能量有红外线辐射、无线电波、光辐射、声波等。常用的寻的式制导主要有雷达寻的制导、红外线寻的制导、电视寻的制导、毫米波寻的制导、激光寻的制导等。寻的式制导与自主式制导的区别在于武器与目标间的联系。

（3）遥控式制导

该制导系统是由设在武器以外的制导站导引和控制武器飞行的制导。制导站可设在地面、海上（舰艇）、空中（载机）。遥控制导的武器受控于制导站，飞行弹道可以根据目标运动情况而随时改变，因此它适于攻击活动目标。在地地、空地、空空和反坦克导弹上使用较多。根据导引信号形成情况，遥控制导系统可以分为指令制导和波束制导两大类。指令制导可分为有线电指令制导、无线电指令制导和电视指令制导。波束制导分为雷达波束制导和激光波束制导两类。

(4) 复合式制导

复合式制导是采用两种以上制导方式组合的制导。单一的制导系统可能出现制导精度不高、作用距离不够、抗干扰能力不强或不能适应飞行各阶段要求等情况，采用复合制导可以发挥各种制导系统的优势，取长补短、互相搭配，从而解决上述问题。组合方式依导弹类别、作战要求和目标不同等而异，通常有“自主＋寻的”、“自主＋遥控”、“遥控＋寻的”和“自主＋遥控＋寻的”等复合制导系统。

4.5.3　精确制导武器的种类

精确制导武器可分为导弹和精确制导弹药两大类。导弹与精确制导弹药的主要区别在于：前者依靠自身的动力系统和导引控制系统飞向目标；后者自身无动力装置，需借助火炮、飞机投掷，也没有全程制导装置，仅有在飞行末段起作用的寻的装置或传感器。

(1) 导弹

导弹是指依靠自身的动力装置推进，由制导系统导引和控制其飞行路线并导向目标的武器。导弹是精确制导武器中研究最早、类别最多、生产和装备量最大的一类。导弹可从以下几种角度分类。

1) 按导弹发射点和目标位置，可分为地地导弹、地空导弹、岸舰导弹、潜地导弹、空地导弹、空空导弹和空舰导弹等。

2) 按作战任务，可分为战略导弹和战术导弹。战略导弹，是用于完成战略任务的导弹。通常使用核战斗部，由国家最高统帅部直接掌握，用于摧毁敌方纵深内重要战略目标。战术导弹，是用于完成战术任务的导弹，主要用于打击敌方战役、战术纵深战役、战术目标，也可用于直接支援地面部队作战。

3) 按导弹射程，可分为近程导弹（射程在 1 000 km 以内）、中程导弹（射程 1 000～3 000 km）、远程导弹（射程 3 000～8 000 km）及洲际导弹（射程在 8 000 km 以上）。

4) 按导弹的弹道特征，可分为飞航式导弹（如战斧巡航导弹）和弹道式导弹。

5) 按攻击的目标，可分为反坦克导弹、反舰导弹、反雷达（反辐射）导弹、反卫星导弹、反导弹导弹等。但精确制导武器发展趋势之一是通用化、多功能化，因此这种分类方法仍有一定局限性。

(2) 精确制导弹药

精确制导弹药也称为灵巧弹药，根据不同的作用原理可分为末制导弹药和末敏弹药两类。

①末制导弹药

末制导弹药有寻的器和控制系统，在其弹道末段能根据目标和弹药本身的位置自行修正或改变弹道，直至命中目标。主要有制导炮弹、制导炸弹、制导雷等。

1）制导炮弹是用地面火炮发射，弹丸带有制导装置的炮弹的总称。它能够在火炮的最大射程内以很高的单发命中概率攻击目标，主要有激光制导炮弹、毫米波制导炮弹和红外寻的制导炮弹等。

2）制导炸弹也叫灵巧炸弹，是指有制导装置和空气动力操纵面的航空炸弹。主要有激光制导炸弹和电视制导炸弹。制导炸弹是航空炸弹的新发展方向，通常是在制式航空炸弹上加装制导装置和气动力装置，靠飞机投弹时给予的初速滑翔飞行，其制导系统同一般空对地导弹的导引头相似，有的甚至就是直接移植而来的。精确制导技术使航空弹药“长了大脑”，一定程度上已具有“发射后不用管”、“同时攻击多个目标”、“指哪打哪”和“在千米之外全天候攻击任何目标”的能力。精确制导的航空炸弹圆概率误差为 0～3 m，命中概率是第二次世界大战时普通航弹的 25～50 倍，弹药的消耗量降低到原来的 1/10～1/50，效费比提高 25～50 倍。

3）制导雷是一种将自毁破片技术、遥感技术和微处理机结合起来的新型雷，通常在普通地雷、水雷上加装制导系统后即可成为制导雷。制导雷有一个庞大的家族，通常可分为三大类：一是打击坦克、装甲车和直升机的制导地雷，二是执行反潜、反舰任务的制导水雷，三是执行反卫星任务的太空雷。

②末敏弹药

末敏弹药不能自动跟踪目标，也不能改变飞行弹道，只能在被撒布的范围内利用其自身的探测器（寻的器）探测和攻击目标。

末敏弹药通常由一些子弹药组成。子弹药被抛撒后，立即用其自身携带的探测器开始在小范围内探测目标；发现目标后，即可沿探测器瞄准的方向发射弹丸，对目标进行攻击，既有较大的毁伤面积，又有较高的命中精度。它是子母弹技术、爆炸成型弹丸技术和先进的传感器技术相结合的产物。末敏弹药探测范围较窄，一般仅为末端制导弹药探测范围的 1/10 左右。

4.6 精确打击武器的主要特点和发展趋势

4.6.1 精确制导武器的主要优点

精确制导武器的主要特点主要包括以下几个方面。

（1）命中精度高

精确制导武器的基本特征是命中精度高。要使直接命中目标的概率达到 50%以上，就要求对点目标的圆概率误差在 0.9 m 以内，对普通地域目标的圆概率误差在 3 m 以内。为达到这样高的精度，对射程远的精确制导武器需采用复合制导系统，即在飞行初始段和中段使用成本低、精度不太高的制导系统，如惯导/全球定位制导，在飞行末段改用高精度的末端制导系统。可见高精度主要是由末端制导保证的，所以有人认为没有末端制导的武器就不可能是精确制导武器。1986 年美国战斗机 F－111 跨洲越海空袭利比亚，把制导炸弹投进了连地面间谍都难以找到的卡扎菲居住的卧室里；海湾战争中，第二枚斯拉姆导弹竟从第一枚导弹炸开的弹孔中钻进去，摧毁了发电厂的心脏。

（2）作战效能好

精确制导武器的效能是用精度、威力、射程、效费比、可靠性、全天候作战能力等主要战术技术性能指标来衡量的。虽然单发（枚）精确制导武器成本比较高，但其作战效益更高。例如，1 枚数万美元的反坦克导弹可能击毁 1 辆价值几百万美元的坦克，1 枚百万美元的防空导弹可以击落 1 架价值几千万美元的飞机，20 万美元一枚的飞鱼反舰导弹曾击沉了一艘价值 2 亿美元的谢菲尔德号驱逐舰。同无制导的武器相比，虽然无制导的武器单价要低得多，但用精确制导武器完成同一作战任务消耗量较少，所需费用仍远远少于常规弹药。例如，美国空军在使用普通炸弹轰炸越南清河大桥时，出动近 600 架次飞机，投弹数千吨，损失飞机 18 架，结果一无所获；改用激光制导炸弹后，只出动几架次 F－4 飞机就炸毁了大桥，飞机无一损伤。按国外的统计，为完成同一轰炸任务，精确制导武器的效费比约为常规炸弹的 25～30 倍。

（3）可控性强

精确制导武器利用导引和控制系统或装置，调整受控对象（导弹、炮弹、炸弹等）的运动轨迹，使之完成规定的任务。

（4）射程远

精确制导武器射程与相应的普通武器相比要远得多，如空空导弹射程可达几千米、几十千米，甚至上百千米，而航炮的有效射程只有数百米；巡航导弹射程可达数千千米。

4.6.2　精确制导武器的发展趋势

在当今信息化条件下，现代战争对精确制导武器的需求更加迫切，精确制导武器的地位和作用也更加突出。21 世纪初，国外对精确制导武器的具体需求是：

需要杀伤概率提高到100%、弹药需求量降低到20%～30%的空地导弹战斗部；需要可以对付多种目标、抵抗现代化干扰，并使弹药库存需求量降低30%～40%的综合效应自毁破片战斗部；需要小型多用途武器和反装甲武器，用以装备各种新型飞机；需要质量更小、尺寸更小、成本更低的防区外多用途武器。

（1）增强打击效果

1）进一步提高命中精度。精确制导武器之所以受到世界各国的重视，就是因为它的命中精度高于其他一般弹药。一般来说，武器的命中精度提高1倍，毁伤力就可以提高到原来的4倍，而命中精度主要取决于制导系统。为了适应未来作战的需要，实现首发命中并摧毁目标，制导系统必须进一步提高精度，特别是提高末制导系统对目标的分辨率。近年来，发达国家正在重点发展合成孔径雷达、毫米波雷达、红外成像、电视成像、激光制导等末制导技术，同时特别重视发展更先进的复合制导技术。

为了进一步提高精确制导武器的打击精度，世界各国，尤其是美国等军事大国将进一步改进制导系统，以提高制导武器的打击精度。美国的制导武器大部分已经采用全球定位系统/惯性导航系统（GPS/INS）进行途中制导，以便全天候、昼夜作战。军用全球定位系统（GPS）的精度为9～12 m，不受天气和战场条件的影响。终端制导一般采用成像红外寻的器、激光雷达、毫米波雷达、合成孔径雷达、声探测装置和自动目标识别技术。近年来美导弹寻的器已经从单频谱走向更复杂、能力更强的多频谱寻的器。多频谱寻的器技术依次是：毫米波与红外、毫米波与毫米波、红外与红外、射频与红外、射频与毫米波，这些是近期效费比高、能满足要求的项目。目前较有发展潜力的单模制导技术有红外成像制导、毫米波雷达制导技术等；多模与复合制导技术以毫米波雷达/红外成像双模导引头为重点，还有毫米波主动雷达/红外成像/半主动激光三模导引头等，此外在C^4ISR系统支持下的精确制导技术也受到许多国家的重视。

2）实现智能化。未来的战场环境日益复杂，精确制导武器要在很短的时间内完成对目标的发现和摧毁，就必须实现智能化，即自主完成对目标的探测、分析、评估和攻击。智能化精确制导武器具备自主搜索、发现、识别、攻击高价值目标的能力，能够区分不同目标及其型号，筛选、判断和首先攻击对己方威胁最大的目标，并有选择地攻击敌方目标的薄弱部位和易损部位，以保证获得最好的摧毁效果。

3）研制新型战斗部。注重发展战斗部技术，特别是打击点状硬目标的新型弹药，以提高杀伤破坏效果，满足各种作战任务的需要。2004年，俄罗斯研制出一种新型的串通战斗部，用于摧毁在掩体、建筑物或地面设施内的目标；在伊拉克战争中，美国海军陆战队使用了装备新型金属增强炸药战斗部的海尔法（Hellfire，有的刊译译为“地狱火”）导弹，美国目前正在对英国和德国的高能微波战斗部进行试验，以检验其性能。

（2）扩大打击范围

1）增大精确制导武器射程。增大精确制导武器的射程是一个重要趋势。现代战争已经充分证明，实施防御圈外的远程攻击，是克敌制胜的一种重要手段。例如，实施空袭作战的飞机要提高生存能力、避免被地面防空火力击中，最好是在敌方防空火力圈以外实施空对地打击。因此，防区外发射的精确制导武器已成为空对地武器发展的重点。

为了实现战区纵深精确打击，作为现代战争中主要空袭打击手段的战术弹道导弹、巡航导弹及空地导弹需增大射程；而为了远距离拦截入侵目标，防御性精确制导武器也需增大射程，这就促使精确制导武器迅速地向远程化方向发展。远程巡航导弹的射程一般大于 1 000 km，防区外导弹的射程还在增加，同时还在研制新的远程巡航导弹。例如，美海军正在研制战术战斧（1 850 km 射程）和高超音速打击（1 100～1 300 km 射程）武器，美国国防高级研究计划局正在研制经济可承受的快速反应导弹演示器（1 100 km 射程）。此外，美国还十分重视发展机载防区外导弹，如 AGM－130 射程为 35 km，AGM－84E 防区外对陆攻击导弹射程为 185 km，联合直接攻击弹药 AGM－154 射程为 70 km，联合直接攻击弹药 AGM－84H 射程为 275 km，联合空对地防区外导弹 AGM－158 的射程为 450 km。

2）填补火力空白。精确制导武器的射程一般有最大与最小之分。为满足现代作战的需要，其最大射程正日趋增大，以满足远距离精确打击的需要；而最小射程要尽可能小，以对付各类超低空、超近程的目标。

（3）提高突防能力

为提高精确制导武器的作战效能、提高其突防能力，主要采取以下措施。

1）采用隐身技术。采取隐身措施，提高生存能力，即实现精确制导武器“隐身化”。发达国家在研的新一代精确制导武器，大多具备良好的隐身性能，其主要是减小武器的雷达反射截面和红外辐射特征，以降低其可探测性。例如，小型化和隐身外形设计、弹体采用吸波材料、外表面涂覆吸波层，都可以实现雷达隐形；采用热辐射较小的发动机或无动力推进的末弹道，可以减小红外辐射特征，实现红外隐身。隐身必须与其他因素综合考虑，美国空军的联合空对地防区外导弹的隐身效果高于增强反应防区外对地攻击导弹和联合防区武器。将来美军大部分攻击飞机（B－2，F－117，F－22，F－35）都是隐身飞机，可以昼夜进行攻击。

2）提高武器飞行速度，即实现精确制导武器高速化。直接采用超高速攻击，有可能使敌方防御系统来不及做出反应。如法德合作研制的新一代反舰导弹，巡航速度使 *Ma* 为 2～3 的，其速度、机动性的提高连同其他性能的改进，可以使其突防能力提高为现役亚音速反舰导弹的 3 倍。美海军已经启动了超音速武器技术计划，以支持高超音速打击计划。这种新武器射程为 1 100 km，速度为 *Ma* 为 3.5～7 的，能够突破 5.5～11 m 厚的混凝土，它可能代替现有的鱼叉、增强反应防区外对陆攻击导弹，战斧、防区外对地攻击导弹等多种武器。这种新武器将增加使用主动干扰和诱饵；为了区分陆地和沿海目标，要求采用寻的器信号处理器。美空军于 1995 年启动高超音速技术计划，新的导弹将以 *Ma* 为 7～8 的速度巡航 1 400 km，可携带几百千克载荷，且这种导弹可由飞机携带。美空军已进行 *Ma* 为 7～8 的导弹的硬件地面试验和 *Ma* 为 6～8 的导弹的飞行演示，以试验强有力的高超音速 X 系列导弹的、*Ma* 为 5～10 的超燃冲压喷气发动机。

3）调整飞行弹道，增加隐蔽措施。如超低空飞行、机动变轨、头体分离、子母弹头、假诱饵等。

（4）改善通用程度

各国在研制新一代的精确制导武器时，都十分注重通用性，普遍采用模块化设计。所谓模块化，就是将精确制导武器分成若干个组件，每个组件都采用标准化设计，通过不同组合可构成不同用途的精确制导武器。采用模块化设计，有利于进行技术改进，提高武器性能，提高三军精确制导武器的通用程度，节省研制和装备费用，降低技术保障的难度。

采用一种平台多种负载或一种负载多种平台的模式，是精确制导武器向多用途方向发展的主要手段。一种平台多种负载是指，一种作战平台可以同时携带和装备几种不同功能的精确制导武器，用于攻击不同的作战对象，遂行不同的作战任务。例如，瑞典的阿达茨防空-反坦克武器系统，能同时发射防空导弹和反坦克导弹，同时攻击空中飞行的飞机和地面运动的装甲目标。一种负载多种平台是指，一种精确制导武器可以同时向多种不同的作战平台发射，用于攻击同一类作战目标，遂行相应的作战任务。美国的战斧巡航导弹可分别装备在飞机、水面舰船和潜艇上，可以空射、舰射和潜射。在精确制导武器研制、生产过程中，欧美各国和俄罗斯十分重视走“基本型、系列化”的道路，例如，通过改进发动机，增大导弹射程；通过改进制导体制，增强抗干扰能力，提高命中精度；通过采用不同功能的战斗部，扩大杀伤区域和杀伤效果。美国的战斧巡航导弹可使用三种不同的战斗部遂行三种不同的作战任务。

（5）开发新型导弹

目前精确制导技术总的发展趋势包括：着重开发毫米波、长波红外和多模制导技术；提高目标识别及在复杂战场环境下的自适应跟踪和抗干扰能力；发展新的探测技术，增大作用距离，使武器能在敌方防区外攻击目标；导引头模块化、多样化，实现一弹多头，以满足多种作战要求。新一代武器将是自主式、高精度、全天候、抗干扰、模块化、有智能（或智能化）的高效能武器，武器系统轻小型化，经费上负担得起。

未来的精确制导武器种类将减少，但将比现有武器更灵活、更有效。例如，机载武器将只有双射程空空导弹、带反装备子炸弹的高致命弹药和快速反应的防区外对地攻击武器三大类，将可能实现一个目标只用一枚导弹摧毁的作战意图。未来精确制导武器的发展重点是地地战术弹道导弹、巡航导弹、防区外导弹、防空反导导弹、空空导弹、空地（舰）导弹、反坦克导弹及灵巧弹药等。

第5章 人防目标伪装技术与方法

5.1 大型油田目标的伪装技术

所谓“重要经济目标”是指，维系国家经济命脉、对国计民生和战争潜力影响较大的目标，是国家战略后勤的重要组成部分。例如，国家重要的能源基地、交通枢纽及大型水电工程、大型工矿企业等，它们是战争后勤保障潜力的基础，是国家军事战略中必须考虑的重要因素。这些重要经济目标一旦遭到破坏，必然会影响国家战时机能的运行，削弱战争后勤保障能力。因此，重视和搞好大型油田类重要经济目标的伪装，对于保存战争实力和后勤保障潜力、打赢未来高技术局部战争，具有十分重要的战略意义。

大型油田伪装就是对大型油田目标采取的隐真示假措施，其基本任务就是采取各种有效伪装措施隐蔽目标、降低目标显著性、改变目标外形、设置假目标、干扰侦察制导系统，提高其战场生存能力。

5.1.1 重要经济目标面临越来越严重的侦察监视威胁

以美国为首的北约在科索沃战争中，对南联盟空袭打击目标的顺序依次是：战略指挥系统、国家防空系统、重要交通枢纽、能源系统、与军事有关的重要工业设施，以及对国民经济和战争后勤有重大影响的基础设施等重要经济目标。随着战争的进行，北约在对南联盟军事目标空袭未能迅速奏效的情况下，打击重心则更多地转向了经济目标，对南联盟机场、大型石油化工企业、重要道路桥梁、能源设施等实施了大规模精确打击，并采用专门轰炸电厂供电线路的新型碳纤维炸弹对供电系统实施了瘫痪式破坏。面对北约强大的空中优势，处于明显劣势的南联盟偏重军事实力的伪装和防护，忽视了经济目标等战争后勤设施的伪装防护。由于缺乏必要的伪装措施，各类重要经济目标均受到了严重摧毁，国家战争后勤潜力受到沉重打击，从根本上丧失了继续战争的能力。由此我们可以深刻地认识到，打击对方重要经济目标是现代高新技术局部战争的重要策略和手段，忽视重要经济目标伪装防护将犯战略性错误，加强重要经济目标伪装防护，对保障打赢高新技术局部战争具有十分重要的战略指导意义。

从军事战略的角度看，北约的狂轰滥炸有一定的规律可循，即在五环目标打击理论的指导下实施的。20 世纪 90 年代后，美国的目标打击理论作了较大的调整，其目标打击顺序依次是：国家指挥中心、能源设施、交通设施、民心、军事力量，这就是目前西方正在遵循的五环目标打击理论。

五环目标理论与以往美国的目标打击顺序有了质的变化。新的军事战略把打击政治中心和支撑国家战略后勤的重要经济目标放到了比打击作战部队更重要的位置，其目的就是要让敌方经济实力遭受巨大打击，摧毁其战争后勤的持续保障潜力。

5.1.2　大型油田的主要暴露征候

(1) 外表暴露征候

大型油田分布范围广，典型目标物暴露特征突出，有的建筑物（构筑物）呈规则分布，通常情况下油田的植被比较单一；有的区域裸露土地成为主要背景，整体背景比较单调（图 5 - 1）。

图 5 - 1　单调背景上原油库的光学暴露征候

①光学暴露征候

大型油田的暴露征候主要有原油库、联合站、输油管线等典型目标的暴露特征，以及周围背景规则的树木、道路等。原油库储油罐体积大、阴影长、分布规则、目标特征突出，容易在空中被发现、识别。联合站的建筑物特征突出，输油管线数量多、尺寸大，有的采用不同的颜色标注，为区分油罐、天然气罐和水罐，分别采用红色、黄色和绿色，使得目标更加突出。输油管线为条状目标且分布规则，更容易被识别发现。

②红外暴露征候

红外暴露征候是大型油田目标最突出的暴露征候之一，主要有温度较高的储油罐、输油管线等；特别在冬季，这些较高温度的目标与周围背景反差较大，容易被识别发现。而在夏季，原油库的整个区域温度比较高，太阳照射下的水泥混凝土道路、建筑物表面温度可达 50～60 ℃，金属材质的储油罐、输油管线等表面温度可达 60～80 ℃，周围背景的裸露土地和植被具有较低的温度，能形成较大温差，容易被识别发现。联合站的油、气、水罐及分布广泛的抽油机同样具有较高的温度，容易被从背景中区分出来（图 5－2）。

图 5－2　大型储油罐与背景温差较大

③雷达暴露征候

各种储油（水、气）罐、输油管线为金属材料制作，雷达特征显著；油田内建筑物、道路等为混凝土、钢筋混凝土构成，对雷达波有较强的反射；整个油田的原油库、联合站等成为雷达强反射区域，与周围背景区别明显。

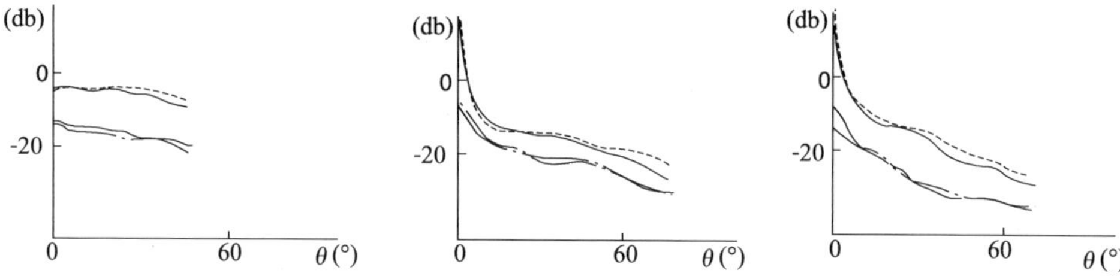

（a）矿体微波散射特征　（b）沥青面的散射特征　（c）土石面的散射特征

图 5－3　目标周围典型地物的散射特征

（2）配置暴露征候

油田配置暴露主要有规则排列的储油罐，笔直而高亮度的道路与目标相连，人工种植的树木分布规则。如果有河流则显现出暗色的图像，道路通常是亮度较高的，并且与背景对比强烈。

（3）活动暴露征候

油田的活动暴露特征主要是车辆装备的活动痕迹，油田生产所排出的水、泥等特征，以及人员机器等工作留下的垃圾、油斑等。

图 5-4　油田目标的配置特征

5.1.3　大型油田目标的伪装

对大型油田目标伪装的基本要求如下：

1）是全波段伪装，大型油田目标伪装必须具有防光学、防红外、防雷达探测和制导的多波段伪装性能，能全面对抗多波段侦察和多波段制导系统。

2）是全过程伪装，根据不同类型的大型油田目标，在不同的时段采用不同的伪装方法，以取得最好的伪装效果；也就是要全过程优化考虑大型油田目标勘察定点时的伪装决策、工程设计中的伪装、施工中的伪装、竣工期间的伪装和使用过程中的伪装。

3）是全系统重点目标的伪装，对大型油田目标群中的各类目标要系统优化、重点伪装。

大型油田的不同目标伪装方案应根据各自的具体情况进行设计。即使是同样的大型目标，也不应采用相同的伪装方案。伪装方法和伪装程度还取决于设施的重要性和易损性，敌人对设施了解的程度，敌人对目标观察、照相可能采取的角度、距离，平均能见度，实施伪装所占用的时间等。如果目标确实重要，时间、材料和人力又允许，应实施全面彻底的伪装；如果设施的重要性并不要求彻底伪装，则可利用简单的降低色调的方法降低目标的显著性。大型油田目标的空中和地面防护设施是重要的暴露征候，应与目标同时进行伪装。

（1）原油库的伪装

①防光学侦察伪装

采用大型掩盖遮障对原油库实施掩盖。

掩盖遮障是遮障面周边与地面或地物相连设置能掩盖目标的遮障，用成套遮障、伪装网或就便材料构成，通常制作成不显著的，能对付敌方地面和空中侦察。根据遮障面的形状分为凸面掩盖遮障、平面掩盖遮障和凹面掩盖遮障。

采用大型伪装遮障时，遮障面不仅要遮住建筑物的顶部，而且要逐渐倾斜、向四周延伸，直到与地面成 30°的视线不能看到建筑物的底部为止。遮障面装饰材料的色彩、亮度和斑点图案应与周围背景吻合，并根据季节的变化调整遮障面的色调。

②防红外侦察伪装

原油库、输油管道等目标表面温度高，非常容易被发现。应在罐的内层进行隔热处理，也可以在外层进行隔热处理。表面涂布低发射率耐热涂料，降低中远红外波段的发射率。

膨胀型隔热涂料在可见光、中远红外波段都很有效，颜色多、可选择，使用时先膨胀、后固化。可以有效防止目标热量散失，也可以改变目标的热特征。

低温相变吸热材料，有如 $MgCl_2 \cdot 12H_2O-H_2O$、$CaCl_2 \cdot 6H_2O-H_2O$、$Mn(NO_3)_2-H_2O$ 等低温连续相变材料。这些相变材料的相变量和温度的关系并非均为线性关系，有些偏离较大。在设计其组合使用时，应重点考虑这些材料的相变量和温度的关系。在低温相变材料中，主要分为变温相变和等温相变两种，为了实现伪装材料的连续调整，有时需要组合使用这些低温相变吸热材料。

大型油田目标（输油管线、原油库等）红外特征模拟器主要用于模拟输油管线、原油库等的热目标红外特征，欺骗和吸引敌方空地导弹的攻击，以保护真目标。

多波段涂层的应用，是利用填料在 3～5 μm 和 8～14 μm 波段的高反射和对微波、毫米波有强吸收性来达到多波段伪装效果的。

③防雷达侦察伪装方案

宽波段微波隐身涂层主要用于大型油田目标（输油管线、原油库等）的防雷达侦察伪装，降低目标的雷达截面积，达到隐蔽的目的。这种涂层也可以用于目标内壁的涂装，以防止电磁波的反射和泄露。

吸波材料主要用于结构隐身设计中，在新建设的原油库和输油管线中，可以大量采用吸波材料，以提高目标防雷达性能。原有大型油田目标有条件进行隐身改造的，也同样可以采用吸波材料，来降低油田类经济目标的雷达截面积，达到防雷达伪装的目的。

为了快速形成同时对付可见光、近红外、激光、雷达、中远红外探测器对油田目标的侦察、监视和跟踪瞄准的伪装。可以采用空射型散射遮蔽干扰器材。

遮蔽剂主要有液体燃烧型和固体燃烧型两种，常用的固体燃烧型遮蔽剂有赤磷基遮蔽剂、六氯乙烷基遮蔽剂等。综合考虑原料来源、工艺安全性能、遮蔽波段和效果等因素，经过广泛研究比较，选择更具有优势地位的赤磷基遮蔽剂。

干扰遮障是以电波反射体构成的防雷达侦察的遮障，一般以制式角反射器和就便角反射器构成，能干扰空中及地面的雷达侦察。通常用于遮蔽桥梁、渡口、运动的目标等，按设置形式分为线状干扰遮障和面状干扰遮障。

（2）输油管线的伪装

①隔热导流层的应用

隔热导流层主要由导流层和隔热层组成，如图 5－5 所示。隔热层的主要功能是隔绝热量与外界交流，导流层的主要功能是将热量导向散热井方向。

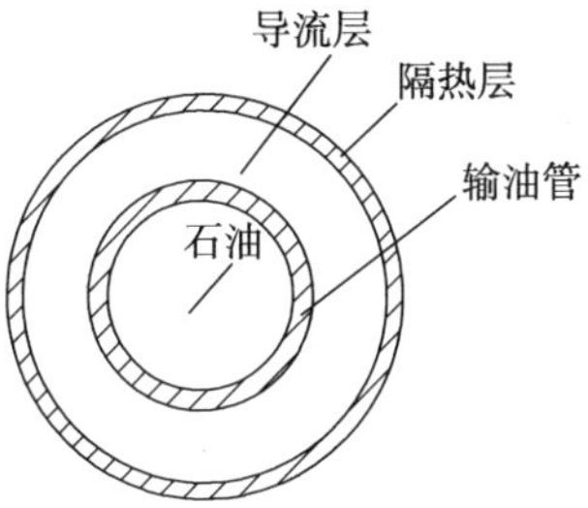

图 5－5　隔热层结构示意图

②散热井建设

散热井的主要功能是将管道热量扩散到外界空气中，热探测器材可以探测热目标，但无法探测热的空气。散热井结构示意图如图 5－6 所示。

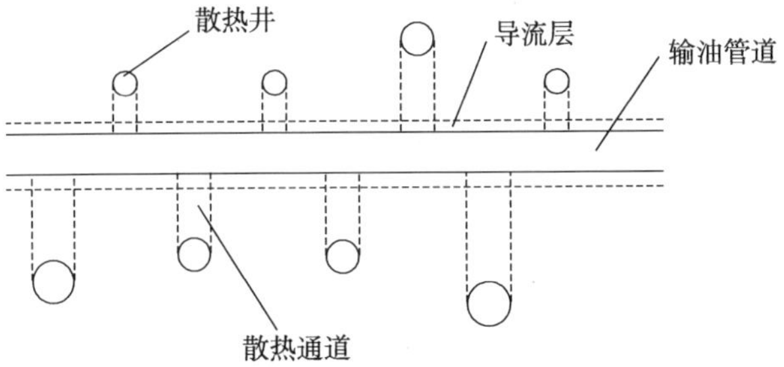

图 5－6　散热井结构示意图

③吸波涂层

暴露在外的金属材料等强反射体，需要涂覆吸波涂层，以降低雷达信号的反射强度。

5.1.4 提高大型油田目标生存能力的其他措施

(1) 科学合理选定大型油田目标

选定大型油田目标，就是对可能遭受重点打击的目标做出判断和选择，为制定防护目标和部署防护力量提供依据。这种判断和选择源自于对外部与内部诸因素的综合分析：外部因素主要包括战争的性质、作战企图、作战样式和手段等，内部因素主要包括大型油田目标的性质、所在地区的战略地位及目标本身的价值等。

(2) 增强大型油田目标的有效防护功能

对大型油田目标的防护可分为积极防护（或主动防护）和消极防护（或被动防护）两类。积极防护是以防空武器拦击空袭兵器的防护，消极防护是进行目标本身的防护。

(3) 完善大型油田目标防护法规

不断完善重要经济目标防护法规建设，系统筹划，逐步完善。要有配套法规，做到建设有计划、勘察定点有依据、设计有标准、施工有规程、质量有要求、验收有规范。

(4) 寻求最佳的防护准备模式

我国的经济实力，在相当长的一段时间内，与发达国家相比仍处于劣势，只能以有限的高新技术和相当多的中低端技术，来对抗敌人的高新技术。

(5) 不断完善大型油田目标的应急抢建抢修方案

把大型油田目标应急抢建抢修作为国防工程防护抢建抢修的重要内容，完善各种复杂情况下的抢建抢修方案和措施。

5.2 炼油厂的伪装

石油可以分成两类：一类是直接从地下开采出来的天然石油，另一类是从油页岩或煤炭中炼取的人造石油。利用天然石油炼取石油产品的工厂叫做天然炼油厂，利用油页岩或煤炭炼取石油产品的工厂叫做人造石油厂。目前世界各国一般都以发展天然炼油厂为主，人造石油厂已逐渐停止生产。但在战时，为了弥补油料的不足，仍有可能在发展天然炼油厂的同时，适当地发展人造石油厂，所以我们除了研究天然炼油厂的暴露征候和识别特点之外，也研究一些人造石油厂的相关特点。

5.2.1　天然炼油厂的暴露征候和识别特征

天然炼油厂是利用天然石油炼取石油产品的工厂。通常这种工厂的厂区的面积很大，但厂房建筑不多，各种生产设备大多成露天布置（图 5-7）。从图 5-7 上可以看到，在天然炼油厂的全部建筑设备中，最引人瞩目的要算是各种油罐。由于工厂的贮油量很大、产品种类繁多，因此不仅油罐的数量众多，而且形式多种多样。反映在空中照片上，这些大大小小的油罐，就成为识别天然炼油厂的一个重要依据。

图 5-7　炼油厂的总体布局

在天然炼油厂中，数量仅次于油罐的设备是提炼装置。提炼装置是炼取石油产品的设备，它们通常由管式加热炉、精馏塔、换热器及泵房等几部分组成。精馏塔是一些高大的圆筒形设备，其高度一般都在 20 m 以上，有些甚至高达百米，反映在空中照片上识别特征比较明显。

管道多也是天然炼油厂的重要特点之一。在炼油厂中，石油与产品、蒸汽和水的输送一般都是利用管道，因此，在这种工厂内总是管道密布、纵横交错地连接着各种提炼装置和设备。

此外，天然炼油厂的石油和产品如果主要是依靠铁路运输的，则在工厂的边缘常能发现油罐车的影像。

所有这些都是天然炼油厂的基本识别特征。根据以上的识别特征可以在空中照片上判明工厂；而要进一步判明工厂的各个组成部分，则必须对工厂的生产过程和各种主要设备有系统的了解。

天然炼油厂主要由油罐、蒸馏装置、裂化装置和各种润滑油精制装置组成。

（1）油罐

油罐是天然炼油厂中不可缺少的重要组成部分之一。目前使用最普遍的油罐是金属油罐。金属油罐的形状很多，有圆柱形、球形和扁球形等几种。其中以前两种使用最多，反映在空中照片上的识别特征如图 5-8 所示。

图 5-8 油罐在空中照片上的识别特征

油罐的容量有大有小，大的可以贮油万吨以上，小的也可贮油数十吨。但在炼油厂中，其直径一般都不会超过 50 m，大多是同一形状和同一直径的油罐排列在一起，在四周建筑围墙或土堤，组成油罐区。

在炼油厂中，油罐可以区分为原油油罐、成品油罐和中间油罐三种。原油油罐是炼油厂中直径最大的油罐，一般都呈圆柱形。成品油罐由于贮油种类繁多，因此形式往往比较复杂，在一个炼油厂中，常常有好几种不同形式的成品油罐同时存在，这些油罐的直径一般不大，但数量很多。中间油罐通常都位于各种提炼装置附近，在空中照片上，可按其位置特征进行识别。

（2）蒸馏装置

石油并不是一种纯的液体，它是包括汽油、煤油、柴油和润滑油等许多种不同物质的混合物。这些物质的分子含碳原子有多有少，沸点有高有低：含碳原子多的物质，沸点比较高；含碳原子少的物质，沸点比较低。如果将石油加热，则沸点不同的物质先后蒸发，待其冷凝后，即可获得汽油、煤油、柴油等各种燃料及其他产品。在炼油厂中，利用加热的方法来提炼石油产品的设备叫做蒸馏装置，目前常用的主要是常减压蒸馏装置。

常减压蒸馏装置主要由管式加热炉、常压精馏塔、减压精馏塔、换热器和泵房等几部分组成。管式加热炉通常位于装置区的边缘；精馏塔一般都布置在管式加热炉附近，并与其相互对应；换热器和泵房则围绕着精馏塔配置。这些设备之间都有管道互相连接，各个组成部分的识别特征如下。

1）管式加热炉是用来加热石油的设备。在一套蒸馏装置中，加热炉的数量通常是两个，它主要由炉体和烟囱两部分组成。从地面观察其炉体部分，很像一座没有门窗的房子，长度为 8～20 m，宽度为 5～13 m，高度在 10 m 左右，其顶部形状大多为单坡面式和双坡面式。反映在空中照片上呈灰色或浅灰色的方块状。加热炉的烟囱一般都设置在炉体附近，有时也可能设置在炉体的顶部。

2）常减压精馏塔是石油蒸馏的主要设备，包括常压精馏塔和减压精馏塔两部分。它们都是一些高大的圆筒形设备，周围都有支撑的钢架和引出的管道。常压精馏塔的直径为 3～4 m，高度在 20～35 m 之间；减压精馏塔的直径为 4～6.5 m,高度一般不超过 23 m。两者反映在空中照片上都呈圆点状，并有明显的阴影。

在常减压蒸馏装置中，常压精馏塔一般都不单独使用，在其附近通常配有 3～5个辅助性的小塔。这些小塔的直径大多在 1.2 m 左右，高度在 19～25 m 之间，它们既可能与常压精馏塔排成一列，也可能分散设置在常压精馏塔的周围。这些小塔是区别常压精馏塔与减压精馏塔的重要依据。

3）换热器是一种预热原料和冷却石油产品的设备。换热器的外形很像一个横卧的圆筒，直径在 0.5～0.7 m 之间，长度一般不超过 7 m，通常是若干个为一组排列在一起。反映在空中照片上，其影像呈平行的短线状。

4）泵房是常减压蒸馏装置中主要的厂房建筑物，内部安装有油泵、仪表和各种操纵设备，用以抽送油、气和控制常减压蒸馏装置的生产。

泵房的位置一般都在精馏塔附近，其宽度为 6～10 m，长度视油泵的数量而定，通常少者也有 20 m 左右，多者可以达到 70 m。反映在空中照片上，其影像呈灰色的长方形。

在上述常减压蒸馏装置中，管式加热炉和常减压精馏塔最为重要，因此在判读常减压蒸馏装置时，应当首先判明它们的位置，然后再依据各个设备之间的联系识别出其他组成部分。

蒸馏装置中，除去上述常减压蒸馏装置外，还有一种旧式提炼装置——釜式蒸馏装置。它是由 3～4 个蒸馏釜、烟囱和精馏塔组成。蒸馏釜是一个平置于地面的圆筒，直径约为 4 m，长在 12 m 左右，各蒸馏釜呈阶梯状排成一列，镶嵌在一个底座上，中间有管道连接。精馏塔是一个较高的圆筒形设备。反映在空中照片上，蒸馏釜及其底座都呈长方形，精馏塔呈圆点状。

（3）裂化装置

原油经过蒸馏以后，虽然可以取得一定数量的汽油，但是为数不多，一般只占原油的 10%～20%左右。为了从原油内提取更多的汽油，就必须寻求另外的方法建立新型的装置。目前各国普遍采用的装置是裂化装置。

裂化装置是一种以生产汽油为主的提炼装置，它是炼油厂的主要组成部分之一。生产时，将经过蒸馏以后的残油打入加热炉和反应器，使其在高温、高压或催化剂的作用下发生猛烈的反应，然后再将反应生成物送往精馏塔蒸馏获得汽油。

裂化装置可分为催化裂化装置、焦化装置和热裂化装置等几种。这几种不同的裂化装置，在组成和识别特征上有许多共同之处。例如，它们都是由管式加热炉、反应器、蒸发塔、精馏塔、换热器和泵房等建筑设备组成。这些建筑设备大多是一些塔状建筑，而厂房较少。但不同的裂化装置也有其不同的特点例如，催化裂化装置设有再生器，这是一个塔状设备，通常位于反应器的顶部（反应器也是塔状的设备），因此催化裂化装置高度较高，一般为 38～75 m，直径约 8 m，反映在空中照片上阴影显著。再如，焦化装置设有 3～4 个高约百米的焦化塔，这是全厂最高的建筑设备，反映在空中照片上阴影非常显著。而热裂化装置的各种塔状设备高度较低，一般在 15～25 m 之间，通常都排成一列。这些不同特点是识别不同裂化装置的主要依据，裂化装置如图 5－9 所示。

图 5－9　裂化装置

（4）润滑油精制装置

润滑油是炼油厂中产量仅次于汽油的一种产品。从蒸馏装置中提炼出来的润滑油，往往含有许多沥青和石蜡等物质，从而影响润滑油的质量。要取得品质优良的润滑油，必须经过精制，除去各种有害的杂质。润滑油的精制是在精制装置中进行的。

润滑油精制装置的种类很多，主要有脱沥青装置、选择性溶剂精制装置、脱蜡装置和白土精制装置等。这些装置大多集中配置在一个地区，并靠近常减压蒸馏装置。

润滑油精制装置的特征一般都不很明显，但它们有一个共同的特点，即房屋建筑较多、各种塔状建筑物的高度较低，这些特点恰好与蒸馏装置和裂化装置完全相反，这就为判读润滑油精制装置提供了可能性。但要在空中照片上进一步区分各种不同种类的精制装置，通常就比较困难。因为这几种精制装置的组成基本上都是相同的，都是由管式加热炉、换热器、泵房和各种类的塔等设备组成的，而且这些设备的特征也非常相似，因此在一般情况下，要查明每一种润滑油精制装置是不容易的。但是也并不是所有的精制装置都不可区分，只要对每一种装置有深刻的了解并善于运用比较的方法，就有可能区别出某些精制装置。例如，脱蜡装置的厂房建筑，一般要比其他装置多一些，高度也比较高，而且它又是唯一不设管式加热炉的装置，这是脱蜡装置的特点。又如，白土精制装置，在生产时需要使用大量的粉状白土，在其附近有专门的白土仓库，这种仓库的外形虽然与一般的仓库建筑相同，但其周围地面常常被散失的白土所覆盖而呈现为一片较浅的色调，这一特征就成为识别白土精制装置的重要依据。由此可见，各种润滑油精制装置的差别虽然不大，但只要熟悉每一种装置的生产特点，区别出其中的某几种装置是可能的。

5.2.2　人造石油厂的暴露征候和识别特征

从油页岩或煤炭中炼取石油产品的工厂，叫做人造石油厂。人造石油厂与天然炼油厂的主要区别在于原油的来源不同。天然炼油厂的原油是直接从地下开采的，而人造石油的原油则是从油页岩或煤炭中炼取的。因此油页岩和煤炭的加工设备是人造石油厂区别于天然炼油厂的主要依据。

在人造石油厂，油页岩和煤炭的加工方法很多，包括干馏法、煤气合成法及高压加氢法等几种。其中以油页岩干馏法应用最多，因此这里主要研究这种人造石油厂的识别特征。

油页岩是一种含有大量油分的矿物，将其加工便可取得原油，这种原油叫做页岩油。利用油页岩炼制石油产品的工厂叫页岩油厂，它主要由油页岩加工车间、石油提炼装置和油罐等几部分组成。其中提炼装置和油罐的作用及特征与天然炼油厂基本相同，因此判读油页岩加工车间就成为在空中照片上判定页岩油厂的关键。

油页岩加工车间是一个比较大的组合目标，它主要由破碎间、干馏炉和冷凝收油设备组成。

破碎间是一个较高的长方形建筑，其作用是将油页岩进行破碎。它一般位于工厂的边缘，并有铁道线相通，与干馏炉有皮带走廊相连。反映在空中照片上，破碎间呈浅灰色的长方形。

干馏炉是油页岩加工车间的主要设备，其作用是把从破碎间运来的油页岩加热，分解出其中的油分，然后将其送至冷凝收油设备，加以喷水洗涤和冷却取得页岩油。在页岩油厂中，干馏炉通常都是若干个组成一套、分两行排列，在其上部设有带盖的贮矿槽，贮矿槽的一端有皮带走廊与破碎间相连。反映在空中照片上，干馏炉的影像常被贮矿槽所遮盖，呈浅灰色的长条形。干馏炉的大小与一套中干馏炉的数量有关，有的工厂是以 20 个为一套，也有的是以 10 个或 5 个为一套。当干馏炉以 20 个组成一套时，其宽度为 15 m，长度在 45 m 左右，高度一般都在 30～35 m 之间。一个较大的页岩油厂通常有好几套干馏炉配置在一起，并呈直线排列，反映在空中照片上有比较明显的识别特征。在每套干馏炉的侧面，通常还设有两个圆筒形的加热炉和一个高达 70 m 的烟囱。加热炉的直径为 6～8 m，高度在 20 m 左右，反映在空中照片上的识别特征与炼铁车间的热风炉相似。加热炉和烟囱的数量通常是判定干馏炉套数的依据之一。

冷凝收油设备主要由各种洗涤塔和吸收塔组成，其作用是将来自干馏炉中的混合物进行喷水洗涤、冷却，以取得页岩油、氨和天然气。

在冷凝胶油设备中，洗涤塔和吸收塔通常都是一些圆筒形的平顶钢塔，直径都在 7 m 左右，高度除个别可达 95 m 以外，一般都在 20～30 m 之间，大多排成一行或两行。反映在空中照片上，呈排列整齐的圆点状。

综上所述，人造石油厂与天然炼油厂之间，既有相同之点，又有不同之处。相同的是它们都有大量的贮油设备和石油提炼装置，因而反映在空中照片上容易与其他类型的工厂区分；不同的是在人造石油厂中，增加了油页岩的加工设备，依据这些加工设备的影像，又能将人造石油厂与天然炼油厂区分开来。

5.2.3 炼油厂的伪装

炼油厂经过伪装以后，其特征与伪装前的特征有所不同，与人们已知的伪装前的炼油厂特征不同。下面主要介绍炼油厂的常用伪装方法，以及在伪装后出现的各种暴露征候。

(1) 炼油厂的伪装方法

炼油厂通常采用的伪装方法有如下几种。

①将炼油厂全部修建于地下

这种伪装方法是将炼油厂全部修建在地下（如山洞和坑道内），利用地貌来隐蔽目标。这种伪装比较严密，它不受季节、天候的影响，能起到良好的伪装作用。

②利用地貌和自然地物伪装炼油厂

这种伪装方法，就是将炼油厂修建在距离城市较远的森林内，利用繁茂的枝叶遮盖厂房；有些遮盖不到的厂房涂成绿色，与背景相吻合。对输送原料和成品的道路，则尽可能与周围地貌、地物取得一致，将其伪装成一般的土路、田埂或堤岸等。对于某些不具备上述自然条件的炼油厂，也可以在工厂周围和内部种植树木，待其长大成林、树木成荫的时候，就可以起到伪装的作用。

③设置假炼油厂

这种伪装方法是将真炼油厂隐蔽起来，另外仿造一个假炼油厂。为了迷惑对方、使之信以为真，往往将假炼油厂设置在真炼油厂的附近，并使假炼油厂周围的环境与真炼油厂相近似。

④迷彩和变形伪装

对大型炼油厂一般都是采用局部伪装，主要是利用迷彩和变形的方法伪装其重要车间、要害部门及具有特殊外貌的建筑设备。例如，在厂房和建筑物的表面涂上一层与现地背景极为相似的颜色，使其与周围的景物取得一致，以降低目标的显著程度；在明显的建筑设备的表面涂以彩色的斑点或条纹，以歪曲目标的外形，使对方无法辨认其真实面貌；有时还可能在某些建筑设备的顶部设置一些变形设备，以改变其原有的形状；或将其伪装成没有重要价值的目标，使对方发生错觉等。

以上是伪装炼油厂的几种方法，其中前三种伪装方法适用于小型炼油厂，大型炼油厂一般都采用最后一种伪装方法。但在具体实施伪装的过程中，往往又都是结合炼油厂的位置、周围的地形情况、炼油厂的性质、建筑物的形式和多少，以及占地面积的大小等具体情况来进行的。因此，在一个炼油厂中可能同时以几种伪装方法进行伪装，必须根据具体的情况进行具体分析。

（2）伪装炼油厂需要注意的几个问题

炼油厂经过伪装以后，必然会消除许多明显的暴露征候，这就是伪装炼油厂、隐蔽其暴露特征的基础。

对炼油厂实施伪装，一般应注意以下几点：

1）炼油厂是一些占地面积很大、建筑设备多和运输繁忙的组合目标，要对这类目标实施全面的伪装是比较困难的，因此在一般情况下，炼油厂的伪装大多是采取局部伪装，其中仍有一部分建筑设备是暴露的。这些暴露的部分往往就成为炼油厂的主要暴露征候。应首先依据这些建筑设备的性质、数量和配置特点，并结合炼油厂的生产过程和各种建筑设备之间的关系位置实施伪装，歪曲炼油厂的性质及各主要设施的位置。

2）设置在地下的炼油厂，必须严格控制这一地区所出现的各种目标，分析其存在的原因，找出它们与炼油厂的联系。例如，避免在山区中有许多道路汇集并大致通往一个方向，以及在炼油厂附近出现较多的住宅等情况。因为这些都可能成为发现识别炼油厂的主要依据。

3）炼油厂示假必须从活动特征进行分析。一个真正的炼油厂在生产过程中，会有人员、车辆的往来，露天堆放的原料和燃料时增时减，炼油厂的烟囱会不断地向外排放烟尘等，所有这些都是真炼油厂所必有的活动征候。而假炼油厂一般都不具备这些征候，为了逼真地仿造这些特征，必须仿造一些活动征候迷惑对方，但这种征候通常又受季节、天候和时间的影响，很难持久，所以活动特征常常是识别真假炼油厂的重要依据。此外，假炼油厂的各个组成部分大多是一些仿造的模型，它们在形状、大小等方面常常显示出某些不真实性，例如目标的细部不够完善、建筑设备较低矮等。这些特征也是区别炼油厂的重要依据。

4）对炼油厂实施多波段伪装，在可能的情况下，应充分运用现有条件对目标实施多波段伪装。这些波段通常包括可见光、近红外、热红外、雷达，雪地背景上还应考虑紫外波段的伪装。

总之，对炼油厂的伪装是一件既细致又复杂的工作。伪装前，必须“将侦察得来的敌方情况的各种材料加以去粗取精、去伪存真，进行由此及彼、由表及里的思索”，然后结合自己所熟知的各种炼油厂的知识进行认真的分析比较，制定完善的伪装方案，并严密组织施工，才能有效对抗敌人的侦察。

5.3 大型桥梁的伪装技术

依据大型桥梁的特点、暴露征候和作业条件，大型桥梁伪装可分为隐蔽大型桥梁、改变大型桥梁外形和设置假的大型桥梁三个方面。设置假的大型桥梁对确保大型桥梁的伪装效果具有特别重要的意义，在完成隐蔽大型桥梁和改变大型桥梁外形的任务后，应该配合设置假的大型桥梁。

5.3.1 大型桥梁的暴露征候

大型桥梁是敌方侦察监视的重要目标，由于它处在极为单调的水面背景上，其暴露特征特别明显，因此很容易被空中和地面的侦察监视手段所发现。

大型桥梁的车行部在水面背景上呈现长条形，在光学侦察条件下呈明显的亮色，在冬季雪地背景上呈现暗色。在机载全景雷达荧光屏上，大型桥梁为暗色水背景上的一个长条形亮斑点。

大型桥梁两岸的接近路和桥梁上的运动目标，会在江河上突出显示大型桥梁的轮廓和位置。

不同类型和结构的大型桥梁具有不同的形状和各自特殊的组成部分。例如，大型铁路钢桥具有突出的雷达反射信号，夏季强烈光照下具有很高的表面温度，与周围背景形成强烈反差；高水桥具有突出的桁架，桁架会在水面背景上产生阴影，冬季上游会出现破冰凌。这些特征可用来判断大型桥梁的结构和高度。

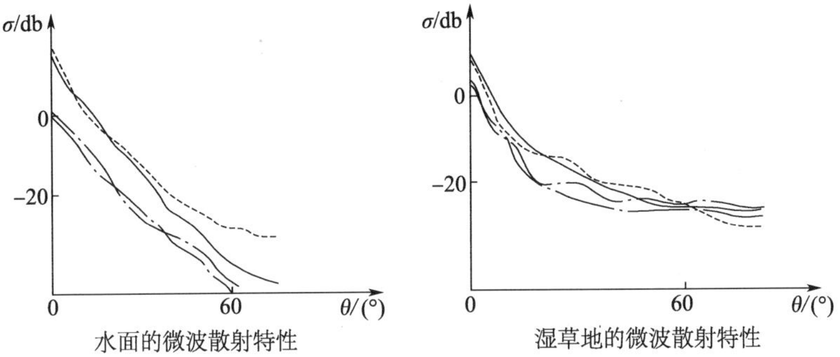

(a) 水面的微波散射特性　　(b) 湿草地的微波散射特性

图 5－10　桥梁附近的微波散射特性

新建的大型桥梁，从工程勘察到工程结束都会产生一系列的暴露征候，如人员的活动、机械车辆的运动、集合的建筑材料、江河上的船舶、夜间的灯火、施工作业的噪声等。

5.3.2　大型桥梁的伪装技术

大型桥梁是战争时期敌人侦察和袭击破坏的重要目标。桥梁的隐形伪装是保护桥梁免遭或减少敌人袭击破坏的重要措施。桥梁是处在水背景上的线性目标。由于水背景单调且特殊，因此桥梁的暴露征候比较明显，完全隐蔽非常困难。其可能的伪装方法如下：

1）架设可分解的浮桥，白天分解分散隐蔽在岸旁，在夜间或能见度不良的天候下结合在一起，保障人员与车辆的通行。

2）架设桥面浸入水中约 0.5 m 的水下桥。水下桥按水深和透明程度涂成相应的颜色，水上标志板涂成暗色，并捆扎水草、芦苇等与自然背景协调的伪装物。

3）在低水桥的向敌方向设置垂直遮障。冬季河水结冰时，还可用凸面掩盖遮障仿造背景，对低水桥实施隐蔽。为了对付敌方雷达侦察，上述几种桥都应设置反雷达遮障。

改变桥的外形，将桥伪装成已被破坏的桥梁，往往可以收到较好的伪装效果。其方法主要有三种：一是在桥面上用迷彩仿造破坏，二是用预制的移动式物体仿造破坏，三是设置凸面掩盖遮障仿造破坏。为使仿造破坏逼真可信，还需采取以下措施：在桥梁接近路上仿造弹坑；在两岸及其附近设置被击毁的车辆及技术兵器模型，以加强伪装效果；根据敌人的活动情况，制定严格的桥梁伪装纪律，尽可能避免出现桥梁仍在使用的暴露征候。

铁路桥梁是铁路线上的交通枢纽，也是最难修复的铁路线位置，因此，做好对铁路桥梁的伪装是保证铁路畅通的关键。对铁路桥梁的伪装应采用隐真伪装和设置假目标相结合的方式：隐真伪装的方法可采取面形干扰遮障和植物伪装；设置假目标的方法是在铁路桥梁的上游或下游，用配置成一线的多个角反射器来设置成迷惑敌人雷达侦察的假桥梁。

5.4 铁路和公路的伪装技术

5.4.1 铁路与公路的暴露征候

铁路与公路的基本暴露征候是颜色与周围背景反差较大，线状特征明显。铁路与公路最少都有几千米长，有的则有几十千米长，体积庞大，暴露征候明显。在目视观察条件下和空中照片上，铁路与公路通常呈现为一条长的带状，且夏季时比背景亮而冬季时比背景暗。根据它呈现的形状、颜色及线路两旁附属设施的特点，能够清楚地判明其类型、特点和基本用途，所以很容易被敌方识别和定位。

（1）公路的基本暴露征候分析

公路（路面类型有泥土、碎石、水泥混凝土、沥青混凝土等多种）呈现为全长宽窄一致而又比较直的形状，它比乡村土路要宽，且有明显的路面、路肩和边沟。而乡村土路全长呈现为宽窄不同且又曲折（小路尤其如此）的形状，有时还有车辙、错车道和急转弯等的痕迹。

在夏天草地背景上，公路都比背景亮。公路的边沟则呈暗黑色（有水时更是如此），与公路路面有明显的对比。在耕地背景上，尽管公路表面土质与耕地接近，但公路比耕地背景亮。在雪地背景上，情况正好相反，公路比背景暗，呈现暗灰色。

战时临时构筑的急造军路，在通过泥泞地段时，可能采用铺设带车辙板的路面。这种路面在空中照片中呈现出整齐的、彼此之间距离相等的光亮线条，这便成为战争活动的一种暴露征候。

路面在夜间的红外行扫描照片中通常呈浅灰色或白色（温度十分高时）。路面在白天吸收大量的热量，夜间气温降低后，就具有向外辐射较强的能力，所以路面的色调较浅，这对于水泥、沥青及一切黑色路面都是如此。而铁路常呈深灰色，车站的编组场，由于机车往来频繁，地面颜色较暗，红外辐射较强，常常呈现出浅灰色色调，所以公路目标容易被识别。

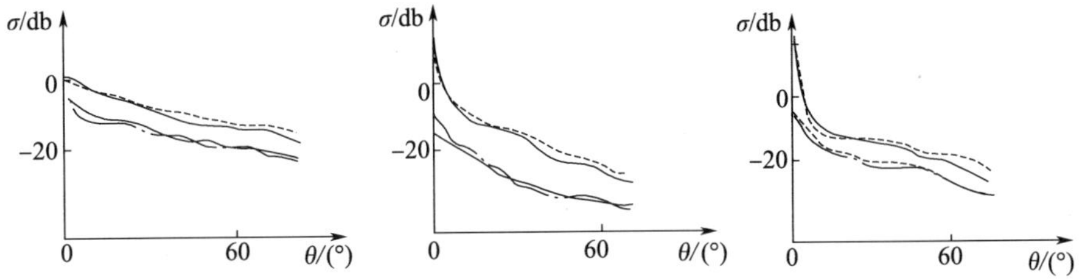

（a）水稻地微波散射特性　（b）土石路面微波散射特性　（c）沥青路面微波散射特性

图 5－11　道路附近地物的微波散射特性

（2）铁路的暴露征候分析

铁路除具有公路上述的暴露征候外，还有醒目的铁轨、较大的转弯半径，以及在起伏地段上出现较多的挖土与填土的路基段等，两旁通常还有平行的电信和电力线路。

铁路在火车运动频繁的情况下，铁轨呈现亮色，路边沟呈暗黑色，而新建铁路路基常呈现为较宽的光亮长条，其铁轨则呈现为黑色线条。在雪地背景上，铁轨呈现为两根黑色线条。

在铁路回波中往往由于铁路路基可以反射足够的能量从而显示较亮的回波；但在植物和农作物茂盛、密集的田野中，由于背景的回波过分明亮，铁路有时变得难以侦察出来。但是，当大量的铁轨汇合在一起时，如列车编组等地方，其回波信号可以升高到使显示器上产生明亮的回波。

（3）铁路与公路的其他暴露征候

铁路与公路位置固定，属于永固性的设施，和其他设施不同，战时无法实施机动转移。铁路与公路等设施大部分的起点与城市或者重要目标相连，而终点与重要目标或者另一个城市目标相通，暴露征候非常明显。专用线路往往在一定的目的地就终止，因此，尽头线路的特征相当明显，这就很容易引起敌方判读人员的怀疑，并根据道路的终点判断出目标的具体位置。

铁路与公路目前防护硬度低，敌方使用普通炸弹（常规武器）的袭击就可以轻易炸毁或破坏；若敌方使用特殊的炸弹（如核武器），破坏将更加严重。抢修不但需要一些大型设备、各种材料，而且需要一定的时间，有些复杂地段很难修复，所有这些给夺取战争的胜利造成了很大的威胁。

5.4.2 铁路与公路的伪装

（1）铁路的伪装

①铁路输送装（卸）载点的伪装

做好装（卸）载点（包括火车站）的伪装是做好列车机动伪装的基础，否则，列车机动中的欺骗伪装就成了一句空话。对装（卸）载点的伪装主要采用各种技术伪装结合天然伪装来完成。

装（卸）载点要选择在靠近区域面积广大的高大建筑群附近，高大建筑群能够较好的隐蔽人员装备的行动。通往站台的机动路线要选择在具有良好天然伪装条件的道路上，如有高大树木遮蔽的道路或高大建筑物阴影遮蔽下的道路。

装（卸）载点的技术伪装主要是对接近站台的暴露地段和停靠站台的平板进行水平、垂直（倾斜）遮障。垂直（倾斜）遮障的设置方法是在水平方向的暴露地段张拉与地面垂直（倾斜）的伪装网或其他材料的挡墙，水平遮障的设置方法是在垂直方向上暴露地段和平板上方架设水平的伪装网。干扰遮障的设置方法是在站台区域设置角反射器或向空中抛撒箔条。通过水平和垂直遮障对付敌人地面和空中的目视、电视及照相侦察，通过干扰遮障对付敌人的雷达侦察。如二次大战期间，德军用迷彩、变形遮障的方法伪装了汉堡火车站，做到了对空隐蔽，该车站长期未遭到英军的袭击，是较好的伪装实例。

对装载装备的技术伪装主要着眼达到两个效果：一是使敌方不产生警觉，二是降低敌方的注意力。第一种效果可通过对装备实施迷彩伪装和在车体上设置防雷达隔绝遮障两种伪装方法来实现。第二种效果可通过对装备实施变形遮障和以化整为零向装载点机动的方式来实现。第一种效果的伪装方法适用于军列整体的变形伪装，第二种效果的伪装方法与对军列实施单元变形伪装相一致。

装（卸）载点或火车站示假伪装是用一部分假目标模拟铁路枢纽来达到欺骗迷惑敌方的目的，法国为了避免德国空军对巴黎的重要目标狂轰滥炸，曾经决定建造假的北车站和东车站，建造的车站能适当地调节明暗；另外还铺设了铁轨，而且调来了火车佯装在线路上行驶。示假非常逼真，迷惑了德国空军，使德军空袭进行了 877 次，其中一半以上袭击了假目标。

在条件允许的情况下，可对具有重要战略意义的火车站进行整体地下掩蔽。在地上火车站被敌摧毁时，可以启用备用火车站。据报道，在 1999 年 3 月的科索沃战争中，南联盟就曾启用了一个地下备用火车站。

②铁路输送机动过程中的伪装

铁路输送机动过程中的特点，一是大量车辆和人员集中在一列火车上，以列车为机动单位，目标非常庞大明显，且无法实施应急疏散，极易被敌方发现并遭受打击；二是列车只能沿固定的线路实施线性机动，无法实施灵活的区域性机动，机动的局限性决定了在输送过程中易被敌方沿铁路跟踪发现并遭受追踪打击；三是铁路作为交通干线，是现代战争打击的首选目标，由于铁路输送对铁路线高度依赖，铁路线一旦被破坏，列车将无法实施机动，被困的过程很可能就是被摧毁的过程。

通过对铁路输送机动过程特点的分析，我们看到，要想把一列火车的机动过程伪装好，使敌方侦察器材看不到，是不可能的。因此，我们在对铁路输送机动实施伪装时，应主要从欺骗、迷惑、保证畅通和应急伪装四个方面来考虑：一是做好列车在机动中的欺骗伪装，通过欺骗伪装，使列车从表面上失去军用价值，从而减小敌方对列车的注意力和警觉性；二是做好装载点、卸载点的隐蔽伪装，使敌方难以发现接近站台和上下平板的人员装备；三是重点做好铁路桥梁的伪装，使敌方难以确定桥梁的具体位置，无法实施精确打击；四是鉴于铁路输送的机动局限性和易遭受打击的缺限，在对铁路输送机动做好旨在欺骗敌方的各种伪装的同时，还要充分做好目标已暴露或将要遭受敌人攻击等紧急情况下的应急伪装准备。

铁路输送机动实施伪装的具体措施如下：

1）对军列在机动途中的伪装。实施伪装旨在减小敌人对目标的警觉性和注意力，不把发现到的军列作为军事目标来对待。最基本的方法就是对军列实施整体变形伪装或对军列实施单元变形伪装。对军列实施整体变形伪装的方法是把军列伪装成客车或货车：伪装成客车的具体做法是用去掉两端挡壁和内部座椅设施的客车车厢代替平板，并在各车厢内安排部分人员伪装成旅客，在途经的车站点表演上下车动作；伪装成货车的具体做法是用去掉前后挡壁的货车车厢代替平板，并在车厢上面张拉伪装网实施遮障伪装或在车厢内堆积货物对装备实施掩盖伪装。对军列实施单元变形伪装的方法是对每辆装备进行变形遮障，把其仿造成工业用或民用物体外形，使车辆装备从表面上看失去军用价值，从而达到欺骗敌人的效果。

2）应急伪装。可以采取烟幕遮障，其实施方法是根据列车的行进位置，交替向前施放烟幕，在列车的机动路线上形成烟幕走廊，把列车始终隐蔽在烟幕之中，使敌人的各种侦察器材及制导武器找不到列车的具体位置，以免遭受敌人火力的打击。也可在火车机动区域内施放金属箔片，形成防雷达侦察的面状干扰遮障，使敌人的雷达在目标区域内形成一片盲区。实施应急伪装时，上述两种方法应同时实施。

3）控制辐射。通过降低电台发信功率，改变辐射方向、简化工作程序、保持无线电静默等。对敌侦察实施干扰，在通信车上设置网状角反射器，同时还可抛撒金属箔条形成电磁屏障，设法使敌方无法准确截获我机动军列的无线电信号。

（2）公路的伪装

①公路伪装应贯彻“积极主动”的原则

公路的暴露征候是颜色与周围背景反差较大，线状特征明显，终点通常与油库、弹药库等设施相通，暴露征候明显，所以很容易被敌方识别和定位。其位置固定，战时也无法实施机动转移；防护硬度低，遭敌方袭击时容易毁坏，抢修恢复困难，这些问题必须引起我们足够的重视。

要提高公路的生存概率，必须建立统一防护体系，积极防护。首先将公路的伪装与防护纳入战区总体防空作战计划，建立由民兵、预备役防空力量组成的防护体系；同时还要建立“以民为主，军民结合”的防护体系，突出平时伪装防护准备，抓紧战时抢修准备，以保证公路的畅通。

②加强对公路伪装的研究

建议对公路伪装防护方法进行系统的研究。初步分析可知，利用天然地形的伪装性能进行隐蔽，是一项投资少、经济效益和军事效益都相当高的防护措施，建议应及时付诸实施。

制式伪装网或轻便材料编织的遮障面可对公路目标进行遮蔽。种植植物进行隐蔽伪装、改造线路外貌、设置假线路、烟幕遮障措施、综合干扰防护等措施是当前公路伪装防护应采取的主要措施，在组织实施时可根据道路的具体情况进行分析研究，选择适合的方法。

5.5　大型火力发电厂的伪装技术

电力在一个国家里，无论是工业、农业，或者是日常生活等各方面都被广泛地需要。发电厂就是生产电力的工厂，这种工厂在战争中一旦遭到破坏，将严重地影响到各个生产部门，特别是那些耗电量巨大的冶金、化学和核电站等，这些生产部门甚至会因为缺乏电力而陷于瘫痪。所以，在战时做好发电厂的伪装具有重要的意义。

发电厂的种类很多，有火力发电厂、水力发电厂、原子能发电厂、地热发电厂、风力发电厂、潮汐发电厂，以及把成套发电设备设置在特制的火车车厢上和船舶上的移动发电厂——列车电站和船舶电站等。目前以火力发电和水力发电最为普遍，因此，我们将主要研究火力发电厂的暴露征候和识别特征。

5.5.1　大型火力发电厂的暴露征候

火力发电厂是指利用燃料（煤、油或可燃气体等）的燃烧，使锅炉中的水变成高压蒸汽，然后再经管道将其引到汽轮机，从而带动发电机发电的工厂。目前的火力发电厂大多以煤作为燃料，所以这里也主要研究以煤作为燃料的火力发电厂的暴露征候和识别特征。

以煤作为燃料的火力发电厂，主要由燃料场、主厂房（包括锅炉间和汽机间）、变电所和供水设备等几个部分组成，如图 5－12 所示。

图 5－12　火力发电厂示意图

（1）燃料场

燃料场是向锅炉间输送燃料和贮存燃料的地方。位于火力发电厂的边缘靠近主厂房的锅炉间，由铁道线与外面相通。以煤作燃料时，贮煤场占地面积较大，反映在空中照片上呈黑色，有时还能看到门式起重机或其他装卸机械的影像。在靠近锅炉间的一侧设有碎煤间，它是一个独立的多层建筑物，反映在空中照片上呈小方块状，有皮带走廊分别与贮煤场和锅炉间相连。当采用铁路运煤时，在燃料场的中部一般还设有卸煤站，它是一个长约百米的带盖建筑物，有铁道线直接通入，反映在空中照片上呈浅灰色的长方形。

用油作为燃料的火力发电厂，其燃料场的特征则完全不同，它通常由数个油罐组成。

（2）主厂房

在火力发电厂的许多建筑设备中，根据其不同的作用，也有主要和次要的分别，其中主厂房就是火力发电厂的主要建筑物，因为从燃料的燃烧、蒸汽的产生，一直到发出电力等一系列的生产过程都是在主厂房内完成的。为了保证主厂房的生产，火力发电厂的其他组成部分通常都是以主厂房为核心进行配置的。只要在空中照片上判明了主厂房，就有可能依据它们之间的联系，推断出发电厂其他组成部分的位置。

主厂房是火力发电厂中最大的建筑物，反映在空中照片上呈长方形，在其两侧分别配置有燃料场和变电所。主厂房一般由高低不同的两个部分组成（见图 5－13）：高的部分是锅炉间，一侧与燃料场相邻；低的部分是汽机间，一侧与变电所相邻。在主厂房的顶部或一侧设有烟囱，生产时，烟囱向外喷吐着大量的烟尘，暴露征候明显，这是识别主厂房的重要依据之一。

图 5－13　火力发电厂的总体布置

目前有些国家的发电厂将主厂房内的锅炉、汽轮机和发电机等设备直接布置于露天。为了安装和检修机器的方便，在汽机间的上部通常都装有一台门式起重机。这种发电厂反映在空中照片上一般都显得比较杂乱：一座座高大的锅炉呈现为黑色或灰色的方块状；汽轮机和发电机连接在一起；呈排列整齐的点状，门式起重机则主要是依据其阴影的形状判定。

此外，有的把发电厂主要设备建于地下（或坑道内），可根据其他辅助设备加以识别。

（3）变电所

变电所是改变电压和输送电力的场所。发电厂与其他工厂不同，它所生产的电力一般不能贮存，必须立即输送给用户。为了输送大量的电力并减少其在输送途中的损失，需将电压适当升高。同时因为输送的方向不同和用户对电压的要求不一样，又需要装有大小不同的变压器和控制电力的输送、分配的设备。因此，在发电厂中，一般都设有一个改变电压和控制电力的变电所。

变电所的各种设备多采取露天配置，也有的配置在大型建筑物内。它通常位于主厂房的一侧，四周常设有围墙或铁丝网。反映在大比例尺的空中照片上时，可依据成排的变压器和控制设备的影像来识别；如果照片比例尺较小，变压器和控制设备的影像已经难以分辨时，则可根据其位置和四周的轮廓加以判定。

此外，大、中型火力发电厂中，在变电所与主厂房之间通常还设有一座长方形的建筑物，这就是操纵变电、输电的主控制室。主控制室一般都比较低矮，反映在空中照片上呈灰色的长方块状。

(4) 供水设备

在火力发电厂中，汽轮机用过的蒸汽一般都要用水冷却，使其凝结成水，以便在汽轮机的后部造成低压，提高蒸汽的工作效率，并且又能将凝结水重新打入锅炉再次使用。在火力发电厂中，用来凝结蒸汽的冷却水及锅炉的用水，其数量很大。例如，一个发电量为 30 万瓦的发电厂，每小时的用水量可达 7 万多吨。因此，供水设备就成为火力发电厂的重要组成部分之一。火力发电厂所采用的供水设备取决于供水方式。目前火力发电厂的供水方式有直流供水和循环供水两种。

①直流供水

直流供水大多在水源充足的地区使用。它是从水源直接吸取冷却水，用过后的冷却水再排回到水源，因此它的设备比较简单，通常由两条渠道组成：一条为进水渠道，另一条为排水渠道。两者的主要区别是：前者在端部设有泵房，而后者则通常没有泵房。

②循环供水

循环供水大多在缺水地区使用。它是将用过的冷却水，在专设的冷却设备中冷却，然后再次使用。目前常用的冷却设备主要有冷水池、喷水池和冷却塔三种。

冷水池和喷水池都是人工建造的水池，其形状多为方形，占地面积较大，反映在空中照片上呈灰色方形。不同的是，喷水池内设有许多带喷嘴的水管，工作时，被加热的冷却水由喷嘴喷入池内进行冷却。喷水管反映在空中照片上呈细线状，如果喷水池正在工作，则池面呈现为一片白色。

冷却塔一般是在厂区面积较小时使用。它是一个高度可达 50 m 的筒状建筑，上小下大，其平面形状多为圆形或多角形，少数呈方形，通常都是若干个为一组集中配置。由于它形状特殊、阴影显著，工作时还能看到口部冒出的白色蒸汽，因此反映在空中照片上，特征明显、易于识别。

综上所述，火力发电厂是一个复杂的组合目标，它由许多单个目标组成。这些目标各有特点，彼此互相关联，并且随着科学技术的发展，其建筑形式也在不断发展变化。所以，要想在空中照片上识别火力发电厂，就必须掌握上述单个目标的识别特征，了解它们之间的联系。只有这样，才能准确地识别出火力发电厂。

5.5.2 大型火力发电厂的伪装

适用于小型目标的伪装方法，同样适用于大型固定目标和永久性设施的伪装；只是大型固定目标的伪装更加复杂，往往要经过现地勘察、方案论证、伪装工程设计、施工和效果检验等几个阶段。新建工程应把伪装措施作为工程设施的一部分，与主体工程同时进行。大型固定目标往往由许多建筑物组成。对于这些建筑物，可视其具体情况采用大型伪装遮障，将整个目标隐蔽起来，也可采用伪装迷彩和伪装结构物歪曲目标的外形和阴影。

用两三种颜色的大面积不规则迷彩斑点模拟自然地貌，可以用来分割目标的直线轮廓。因为从屋顶反射出去的光线比建筑物其他任何部分都多，所以应在屋顶采用更多的暗色迷彩，并把屋顶表面处理得粗糙一些。屋顶上的暗斑点要向下延伸至墙面，以歪曲目标的轮廓线。可以在周围地面上喷洒沥青乳液来改变建筑物的阴影。使用表面粗糙的材料（如煤碴、矿碴等）在建筑物周围铺成不规则的图案，也可以使阴影变得模糊不清。靠近建筑物的侧面种植树木（特别是灌木）对于消除阴影有很好的作用。

大型火力发电站类目标通常位于城市的平坦地域，整个目标是一个大系统，由若干个部分组成。其中一个或几个部分尺寸不大，背景条件较好，能够对它采取隐蔽或变形的伪装措施。但系统的其他部分（经常是大部分）尺寸较大，温度较高，反射雷达波强，只能采取降低显著性的伪装措施。

火力发电厂伪装最大的难点就在于“大”，如果对大小之间连接的部分进行伪装，将现在浑为一体的厂区割成相对独立的若干部分，就可以增加敌方侦察识别和自动搜寻的难度。

地理特征、外部特征、红外特征是火力发电厂的重要特征，我们现有的伪装手段和能力虽然不能将这些特征从根本上全部消除，但可以通过隐真示假的手段，使这些特征由多变少、由明显变为模糊、由真实变为真假并存，从而大大降低其显著性。

发电厂最关键的是供煤、供水、发电、输变电四个系统。只要采取了严密措施，就有可能使这些重点系统免遭打击；即使是部分遭到破坏，也能减少损失，经过突击抢修，发电厂仍能继续运行。

对主控楼、网控楼、泵站等小型建筑，可采取自然伪装、迷彩和变形遮障等方法实现隐蔽。对发电厂附属油库的油罐，可将其改变成民房．使其从根本上改变外形。对主厂房，可在外墙及顶部分块刷上亮度不同的颜色形成人工斑点，改变其原有的特殊颜色及外形。对厂房顶部暴露的管线采取遮障的方法，降低红外线辐射和雷达反射特征。

泵房由于有管线、道路联系，容易使敌人判明是发电厂的组成部分。对此，可采取绿化、人工遮障等手段，掩盖管道、改变道路走向、消除与主厂房之间联系的外部特征，使泵房成为一个独立的普通目标。

地形地貌是敌方侦察判定目标的重要依据。发电厂的泵房站，一般位于江河边缘，由于引水需要，可能有明渠与之沟通，这是显著的暴露征候。因此，可在明渠上空或水面上设置大面积遮障，恢复河岸自然地物地貌，消除明渠所有的地理特征。

而烟囱、锅炉、大型变压器、运煤栈桥、冷却塔等目标则很难实现隐蔽或变形，只能采取施放烟幕、干扰物、设置假目标等适当措施来降低战时被敌方识别、命中的概率。

烟幕对高新技术侦察器材和精确制导武器影响较大。像发电厂这样难以伪装的大型目标，在得到敌空袭预警后，适时施放烟幕或撒布化学气溶胶，能取得既快又好的隐真效果。

5.6　水力电厂的伪装技术

5.6.1　水力发电厂的暴露征候和识别特征

水力发电厂又叫水电站，它是一种利用水流的力量来转动水轮机带动发电机发电的工厂。

水力发电厂发电量的大小通常与水流力量的大小有关。一般水流力量愈大，发电量也愈大；水流力量愈小，则发电量也愈小。水流力量的大小取决于两个因素：一是河流在单位时间内所流过的水量，一是河流内水流降落的高度。前者叫做流量，后者叫做落差或水头。

在天然河流中，落差最集中的地点是瀑布，因而在有瀑布的地点建设发电厂最为经济。但是，世界上可以用于发电的瀑布毕竟不多，所以大多数水力发电厂都是借助于水工建筑物来集中落差。能集中落差的水工建筑物主要有拦河坝和引水道两种。

水力发电厂根据集中落差的方法不同，一般分为堤坝式、引水式和混合式三种。

(1) 堤坝式水力发电厂

在河道中筑起一座拦河坝，将上游水位抬高，造成一个水库，使坝的上游水面到下游水面之间形成集中的落差，再用输水管或隧道将水引到厂房，转动水轮机，带动发电机发电，这种形式的发电厂就叫做堤坝式水力发电厂。

堤坝式水力发电厂主要由拦河坝、厂房和变电所三个部分组成（见图5-14）。这三个部分有着密切的联系，通常都集中配置在一起，这种配置形式是判定堤坝式水力发电厂的重要依据。

图5-14　堤坝式水力发电厂示意图

①拦河坝

拦河坝是横断江河的建筑物，也是水力发电厂的主要组成部分之一，其长度视江河的宽度而定。坝身的形状一般都是上窄下宽，所以在空中照片上不仅能够看到坝顶的影像，而且可以看到坝身的侧面。

拦河坝的形状取决于坝身的结构形式。拦河坝按其坝身的结构形式一般可分为重力坝、拱坝和支墩坝三种。重力坝也叫大体积坝（参见图5-15），它有很大的体积和质量，能够依靠坝身来承受水流的压力，所以通常都建筑在平原地区较

图5-15　重力坝

大的江河中，反映在空中照片上呈浅灰色的长条形。拱坝是一种弧形坝（见图 5－16），它可以借助于拱的作用将水流的压力分向两侧，所以多建筑在两岸岩层坚硬的山谷中，反映在空中照片上呈浅灰色的弧形。支墩坝是利用坝身后面的支墩来均匀承受水流压力，它的形式较多，反映在空中照片上的形状也不一样：有的呈波浪形，如连拱坝（图 5－17）、大头坝（图 5－18）；有的则呈直线形，如平板坝（图 5－19）。

图 5－16　拱坝

图 5－17　连拱坝

图 5－18　大头坝

图 5－19　平板坝

对拦河坝的判读还可以根据附近水域的情况来判断。利用拦河坝集中落差，在其上游就会形成水库。这反映在空中照片上：坝的上游水面异常宽阔，色调较深；而下游的水面较窄，色调一般较浅。这也是识别拦河坝的依据之一。

②厂房

厂房是水力发电厂的主要建筑之一。在厂房内安装着水轮机、发电机和各种电气设备。堤坝式水力发电厂的厂房一般都位于拦河坝的下水脚或端部，有时也可能设置在靠近拦河坝下游的岸边，或者直接将其设置在拦河坝内。

堤坝式水力发电厂的厂房通常可分为户内式、露天式和坝里式三种。户内式厂房是一个高大的建筑物，这种厂房目前使用最多，反映在空中照片上呈浅灰色的长方形。露天式厂房是将发电机直接装置在坝顶，并用钢壳笼罩，为了安装和检修机器，在坝顶装有门式起重机；反映在空中照片上，发电机呈排列整齐的点状，门式起重机则可依其钢架的阴影判定。坝里式厂房则完全不同，由于这种形式的厂房完全修在坝内，因此在空中照片上就看不到厂房的影像。在这种情况下，只能根据水力发电厂各个组成部分的相互关系进行判断。例如，变电所与厂房就是紧密联系着的两个组成部分，在一般情况下，只要发现了变电所，就能在其附近找到厂房。当厂房设置在坝里时，虽然空中照片上没有厂房的影像，但是只要在拦河坝附近发现了变电所，即可判断出这一发电厂的厂房乃是坝里式厂房。

③变电所

变电所的位置通常在厂房附近，有时也直接设于厂房顶部。其特征与火力发电厂的变电所基本相同。

(2) 引水式水力发电厂

利用引水道来集中落差的发电厂叫做引水式水力发电厂。这种发电厂通常是在河道上建筑一个低坝，将水引入一个坡度很小的引水道。由于引水道的坡度比天然河流的坡度小，因此，当引水道到达一定长度之后，就会形成较大的落差，该落差即可用来发电（见图 5－20）。

图 5－20　引水式水力发电厂示意图

引水式水力发电厂一般都建筑在河道较陡的山地或峡谷地区，以便能在较短的距离内利用引水道取得较大的落差。这种发电厂的组成与堤坝式水力发电厂基本相同，只是因集中落差的方法不一样而增加了引水设备。此外，这种发电厂的厂房和变电所一般与拦河坝分开设置、相距较远，这也是区别于堤坝式水力发电厂的重要特征之一。下面分别研究引水式水力发电厂各个组成部分的识别特征。

①引水道

引水道主要有明渠、水管和隧洞三种。它们既可单独使用，也可以结合使用，其长度有几千米至数十千米。不同形式的引水道反映在空中照片上有其不同的识别特征。

明渠是暴露在地面上的水渠，反映在空中照片上呈弯曲的线状或带状，两端分别与拦河坝和厂房连接。当其跨越沟谷、河道或穿过土质松软等地区时，常利用渡槽和水管引水，反映在空中照片上呈宽度相等的线状或带状；悬空架设时，在地面有投落的阴影。

水管多使用在地势陡峻、起伏很大的山区。其直径一般不超过 5 m，通常都是几根并列在一起架设在固定的支座上。当其跨越沟谷时，常架设成单拱或连拱形，反映在空中照片上，水管成平行的线状、支座呈浅灰色的长方形。如果水管用泥土加以覆盖，则覆盖地段微微凸出地面。

隧洞通常使用在山峦起伏、河道弯曲的地区。由于它穿山过岭、深藏地下，因此在空中照片上只能根据进水口和厂房的位置来概略判断其位置。

此外，为了调节水量和平稳水压，在靠近厂房的引水线路上还修有压力池或调压室。压力池是明渠靠近厂房一端的扩大部分，反映在空中照片上呈长方形，并有水管与厂房连接。调压室是水管和隧洞所特有的调压设备，通常为圆柱形，高度可达几十米，阳光照射时阴影比较明显。如果将调压室设置在厂房附近的岩石层中，则可依据其位置和呈圆形的顶盖进行识别。

②拦河坝

引水式水力发电厂的拦河坝又叫截水堰。其主要是用于拦截河水、改变水流的方向，所以坝身较低，上游蓄水量也较小。为了将上游的河水导入引水道，在拦河坝的附近一般筑有呈“八”字形的进水口。

③厂房和变电所

引水式水力发电厂的厂房和变电所一般位于拦河坝下游的岸边，与拦河坝相距较远，中间由引水道连接，这是引水式水力发电厂的一个重要特征。其特征与堤坝式水力发电厂的厂房和变电所基本相同，但有时因受地形限制或者为了防空的需要，可能将厂房设置在地下。此时，对厂房的识别，必须根据与其发生密切联系的地面设备加以判定。例如，依据设置在地面的变电所和调压室等设备来概略地推断出厂房的位置。

此外，从水轮机内排出的水（叫做尾水）流速很大，当其直接排入河道时会激起白色的浪花，在空中照片上浪花的影像也是判定厂房位置的依据之一。为了减小尾水的流速，就要在厂房下游附近修筑一个尾水池，使尾水经过尾水池以后再排入河道。尾水池通常用水泥筑成、无固定形状，反映在空中照片上其边沿色调很浅。

（3）混合式水力发电厂

混合式水力发电厂是在同一发电厂中既用拦河坝抬高水位，又用引水道集中落差。

在混合式水力发电厂中，拦河坝的作用与堤坝式水力发电厂基本相同，只是由于它还担负着引导河水的任务，因此在拦河坝附近通常还修有引水口。发电厂的其他组成部分，则与引水式水力发电厂相同。

综上所述，不同形式的水力发电厂都存在着相同的组成部分，如拦河坝、厂房和变电所等，反映在空中照片上其特征也基本相同，掌握了这些组成部分的特征就能在空中照片上识别水力发电厂。但是不同形式的水力发电厂又各有其不同的特点：有的筑坝蓄水，造成水库；有的则改变河流的流向，引水发电；有的将拦河坝与厂房集中配置；有的则将其分设两处等。因此，要在空中照片上区别水力发电厂的形式，还必须掌握每一种水力发电厂的特点。

5.6.2　水力发电厂的伪装

水力发电厂伪装的主要目标有拦河坝、引水渠、主厂房、变电所等。根据水力发电样式的不同，主要目标的结构样式、尺寸大小、空间布局等都不同。

（1）拦河坝的伪装

拦河坝是水力发电厂的主要组成部分之一，其长度取决于江河的宽度，通常尺寸大、形状规则，容易被发现识别。有效的伪装方法有水雾（帘）遮蔽结合雷达吸波材料遮障等。这种方法主要针对战时精确打击时的跟踪、瞄准，对平时的侦察监视也有较好的效果。首先在拦河坝坝体上架设（固定）防雷达侦察用吸收型伪装遮障。这层伪装遮障主要降低拦河坝的雷达波反射性能，使得拦河坝的雷达波反射性能与江河道的反射接近。伪装遮障架设（固定）好之后，再在坝体上部设水雾发生装置，水雾发生装置的密度应保证所发生的水雾能有效遮挡坝体。

当坝体不是特别大时，可以用水帘喷射装置产生水帘，从而遮蔽整个拦河坝，取得更好的隐真效果。

（2）引水道的伪装

引水道的结构形式有明渠、水管、隧洞三种，其暴露特征也各不相同。明渠和水管可以采用大型遮障的办法实施伪装，也就是在明渠和管道上方架设骨架，然后再架设伪装遮障，这种遮障通常采用宽波段伪装遮障。隧洞式引水道可以在洞口实施伪装遮障，实际操作起来工程量更小一些，但应注意遮障面的衔接，以确保整体伪装效果。

（3）主厂房的伪装

主厂房是水力发电厂的主要建筑物，采用的伪装方法有大型人工遮障、仿造型迷彩等。可选用合适图案的伪装网掩盖在厂房上，或者设计仿造型迷彩斑点涂布到建筑物上。不论遮障还是迷彩，都必须在不同季节变化不同的斑点图案，以适应季节的变化，取得好的伪装效果。

（4）变电所的伪装

变电所主要由成排的变压器、控制设备等组成。变压器伪装通常采用隐真的方法，如人工遮障、仿造迷彩等。输电设备可以采用高大树木实施伪装，也就是植被伪装的方法。在变电所内穿插种植高大树冠的树木，通过植物遮障来实现伪装的目的。

5.7　核电站的伪装技术

5.7.1　核电站的主要暴露征候

随着科学技术的发展，核能发电得到突飞猛进的发展。核电站成为电力工业发展的一个重要方面，所以我们必须了解核电站的一些特点。

核能发电厂是利用原子核在分裂过程中所产生的巨大热量来发电的工厂。它的主要优点是只需消耗极少的核燃料（铀等），即可获得巨大的电力。图 5－21 所示是某核电站整体布局。铀棒在原子反应堆内分裂时，可产生巨大的热量，这些热量即被用来加热第一回路中的液体或气体。这些被加热了的液体或气体含有放射性物质，不能直接引人汽轮机内工作，需要在通过热交换器时把热量传导给其中的水，使其变成高压蒸汽，然后再将这部分蒸汽引入汽轮机，带动发电机发出电力。核能发电厂一般设在远离居民点、靠近水源的地方，其组成主要包括有：核动力设备（反应堆）、主厂房、变电所、水循环系统、放射性废物处理设施、检修车间及办公楼等。在距厂区周围 2～3 km 处设有放射性监视器和监视站。

图 5－21　某核电站整体布局

在核能发电厂中，可能有几个原子反应堆同时存在。每一个反应堆是一座高大的建筑物，其外形有半球体、圆柱体和立方体等几种，反映在空中照片上呈浅灰色的圈形或方形，有明显的阴影。主厂房是生产电能的主要设施，整个厂房呈长方形，位于核动力设备的一侧。

主厂房的个数与核动力设备的数量是一致的。其与火力发电厂的主要区别是：没有锅炉间，只有汽机间，所以厂房比较整齐，顶部呈现高低不平的两部分。为了排出放射性气体，在反应堆附近还设有一个很高的排气筒，反映在空中照片上，其影像与烟囱相似。如果在核能发电厂中反应堆与汽机间合并，则其厂房高出部分为反应堆，平整低下面积较大部分为汽机间。所有这些都是核能发电厂的基本特点，了解了这些特点有助于对核能发电厂的判读。

5.7.2　核电站的伪装

核电站的伪装主要包括了反应堆的伪装、主厂房的伪装、冷凝塔的伪装、汽机房的伪装和变电所的伪装等。核电站的伪装难度大，主要由于核电站目标尺寸大、目标种类多、结构复杂。伪装这种类型的目标，最常用的方法就是改变介质传播特性，如采用大面积烟幕伪装、大面积水雾掩盖目标等。除此还有一些常用的方法，下面结合具体目标进行阐述。

（1）主动防护系统用于反应堆的伪装

反应堆适合采用烟幕伪装及水雾伪装技术，战时应采用主动防护系统。当攻击威胁信息被探测到时，能及时施放烟幕或水雾，还应施放防雷达箔条，以有效对抗雷达侦察。

（2）大型掩盖遮障用于主厂房的伪装

主厂房的数量与核动力设备的数量是一致的。核电站的主厂房只有汽机间，所以厂房比较整齐。为了排出放射性气体，在反应堆附近还设有一个很高的排气筒，反映在空中照片上，其影像与烟囱相似。主厂房的伪装除采用上述烟幕伪装、水雾伪装外，还可以采用大型遮障伪装方法。建筑物的顶部采用水平遮障掩盖目标，周围采用大面积倾斜遮障掩盖目标。根据相邻厂房的具体间距大小，可选择独立遮障，也可以采用整体连结的大型遮障。遮障面应选择防护波段较宽的伪装网或其他面状材料，支撑骨架应适合高大目标使用，应牢固、可靠。

（3）彩色水泥用于冷凝塔的伪装

彩色水泥是在普通水泥和白水泥的基础上发展起来的一种新型装饰水泥，色彩鲜艳、光泽性好、强度高。近年来，彩色水泥在军事伪装工程中得到了广泛应用。对彩色水泥的光学伪装研究重点在于调配的颜色应尽可能与背景中对应的颜色具有相同的光谱反射特性曲线，以尽量消除同色异谱现象。

在冷凝塔的伪装工程中，对于近红外波段隐身伪装材料，不但要求在可见光波段具有与背景相融合的颜色和亮度分布，而且要求在近红外波段与背景在光谱特性上具有很好的一致性。一般背景可分为植被和非植被背景。非植被背景包括土壤、岩石、混凝土等，采用二氧化钛、碳黑、氧化铁等颜料构成的颜料体系就能实现对其光谱反射特性模拟。植被背景包括绿色植物、森林、农田作物等，伪装的关键是模拟绿色植物光谱反射特性的颜料体系研究。植被背景的特点是在可见光谱中绿波段（540～470 nm）吸收和透射值最大，在蓝、紫（400～470 nm）和红（680～690 nm）波段最小。在近红外光谱部分，绿色叶子反射辐射的能力比在可见光部分大得多；从波长 690 nm 开始，植被的反射能力明显地增加，在 740 nm 达到最大值。

采用特种硅酸盐灰水泥，添加一定量的氧化铬绿、铬黄、铁黑及一些特殊颜料，或采用干混法制备黄绿、中绿、深绿等多色彩色水泥，能够有效地控制彩色水泥的光谱数据分布，消除同色异谱现象，有效降低材料的反射率。该水泥红外伪装性能优良，可作为迷彩水泥应用于冷凝塔伪装工程中，具有十分广阔的推广前景。

(4) 汽机间的伪装

①迷彩伪装

采用迷彩伪装时，所选择的伪装涂料要首先能对付可见光和近红外空中侦察。图案设计宜采用以仿造迷彩为主，变形迷彩和仿造迷彩相结合的方法。迷彩伪装的伪装施工方法简单，成本相对较低，一般采用空气喷涂作业法，根据环境要求适当调节涂料的粘度；在大面积作业时可采用高压无气喷涂设备施工。普通光学伪装涂料不防雷达波和热红外波段侦察，在条件允许时也可选用雷达波吸收涂料和热红外伪装涂料，使其具有多波段伪装效果。

在汽机间上方设计几条简易道路，以分割建筑物明显的规则外形；汽机间上方可采用具有反雷达性能的伪装网，架设隐蔽式水平、倾斜遮障进行伪装；结合天然伪装，在其周围不规则种植树木、成群落分布，并在汽机间顶架设人造植被以分割其外形；汽机间局部进行地形仿真，用快速膨胀发泡材料构筑假的地形，栽种天然植被和人造植被，使其与周围背景融合一致。

②伪装遮障

采用人工遮障技术进行伪装。根据汽机间尺寸设计专用的支撑骨架，用伪装网作面层，以遮蔽、掩盖汽机间进行伪装。人工遮障的造型应平坦、自然，与地面的夹角小，不能形成角反射器效应。另外，人工遮障对目标防热辐射也较有利。该方法缺点是遮障施工较复杂，春秋两季需进行正反面交换架设，遮障面需经常维护，平时维护管理工作量相对较大。

③变形伪装

利用目标变形原理，将汽机间仿造成一般的民用建筑、仓库等形式，达到降低目标的价值的目的。这类伪装方式是一种工程伪装方法，伪装工作量大、成本较高，最好在汽机间建设期间同时进行，伪装后管理、维护方便，具有较好的伪装防护性能和战略欺骗作用。

(5) 变电所的植被伪装

对变电所实施植被伪装的重点区域是变电所所处场地、输变电铁塔、外场区域围界等，其植被伪装的要求较高。

①变电所所处场地的植被伪装

目前，变电所区域内或是野生杂草、没有统一实施植被伪装，或是做成混凝土场坪。变电所区域内应种植树木或草皮。草皮的品种要适合当地生长，高度和植株大小以遮挡住地面为准，可采用一些有根茎蔓延特征的品种。树木以高大、大树冠品种为佳。

②输变电铁塔的植物伪装

变电所区域实施植被伪装后，输变电铁塔就成为处在植被背景上的目标。对此，应当移植成年树，特别是成年长绿树；有条件的可大面积植树，在满足工作要求的情况下扩大植被种植的面积。

③外场区域围界的植物伪装

外场区域的伪装应该与院区的绿化结合起来，外场伪装与绿化要体现以人为本，充分考虑人们的工作生活需要，为他们提供住用舒适、方便、健康向上的工作生活环境，坚持绿化与伪装的有机结合。

5.8　电视塔和通信塔台的伪装

5.8.1　电视塔和通信塔台的主要暴露征候

电视塔的暴露征候主要由电视信号发射塔和地面建（构）筑物的暴露征候构成。电视信号发射塔是电视塔的主要暴露征候，应作为重点目标实施伪装防护。

通信塔台虽然在尺寸上没有电视信号发射塔大，但数量多、分布范围广，战时会成为敌人侦察攻击的重要目标，也必须做好伪装防护。

电视台和通信部门的建（构）筑物与周围其他民用目标的外表特征相同或者相似，通常很自然地融入背景之中，一般情况下不需要实施伪装。

（1）电视信号发射塔的主要暴露征候

①电视信号发射塔的光学暴露征候

通常电视信号发射塔具有高度大、体积大、阴影长的特点，通常其颜色与周围环境对比明显，不论目视侦察还是照相侦察，其都容易被发现识别。

②电视信号发射塔的红外暴露征候

电视信号发射塔大多数采用钢结构。金属材料在太阳照射下，其表面温度会比背景温度高，没有光照时则相反，这是由金属材料的热特性决定的。在红外热像仪图像中，阳光照射下（特别是夏季）的电视信号发射塔会呈现出亮色的轮廓；相反，没有光照时，如冬季的夜晚，电视信号发射塔的轮廓会变成暗的轮廓。

③电视信号发射塔的雷达暴露征候

金属材料对雷达波的反射很强，钢材的雷达波反射能力比钢筋混凝土、混凝土、砖石、木材等建筑材料明显高出很多。在雷达侦察条件下，电视信号发射塔会反射强的反射信号，很容易被发现识别。

（2）通信塔台的主要暴露征候

通信塔台通常较高，具有特征明显的外表形状、统一的颜色，数量多、分布广。通信塔台的材料、结构、形状等与电视塔类似，所以其光学、红外、雷达暴露特征与电视塔相同或相似。通信塔台的高度比电视塔小，这有利于伪装。

5.8.2 电视塔和通信塔台的伪装

（1）电视塔的伪装

①用3D示假技术对电视塔实施伪装

3D示假技术是新近研究的伪装技术之一。选择合适的地点，用3D图像对电视塔实施综合示假，是行之有效的伪装方法。在采用3D示假技术时，应注意把电视塔的阴影设计成活动的，使不同时机阴影的角度不同，这一点要格外注意。为了增强示假的雷达效果，在3D图像附近设置角反射器增强雷达信号回波。用单个角反射器或角反射器组模拟所显示的真目标的雷达回波，使雷达荧光屏上出现真目标所特有的光标信号。

②采用水雾技术实施伪装

因为电视塔尺寸大，对其实施隐真是比较困难的。采用水雾伪装技术是一种可行的方法。这种方法就是在电视塔表面分布一定数量的水雾喷射器，向外喷射水雾以遮蔽电视塔，有效降低电视塔的可见距离。这种方法可靠性高、操作性好，但需要解决水源问题。

③对抗精确制导武器打击的伪装

对抗精确制导武器打击的伪装主要采用能隐蔽或改变电视塔真实特性的各种材料、器材、涂料等来对抗侦察攻击，其中辐射抑制技术实质上是一种光电隐身技术。

光电隐身技术包括光隐身技术、红外隐身技术和激光技术。

光隐身技术又称视频隐身技术，就是降低电视塔的目标特征，使可见光相机、电视摄像机等光学探测、跟踪、瞄准系统不易发现目标的可见光信号。其手段主要用涂迷彩、伪装网和遮障伪装技术，通过减少目标与背景之间的亮度、色度和运动的对比特征，达到对目标视觉信息的控制，以降低可见光探测系统发现目标的概率。

红外隐身技术是利用屏蔽、低发射涂料、热抑制等措施，降低或改变目标的红外辐射特性（包括红外辐射强度与特性），以实现目标的红外低可探测性。其具体技术措施主要包括：采用吸波和绝热材料，或利用改变表面辐射和反射特性的低红外发射率目标涂层；采用弱红外辐射发动机、降温隔热材料，使用燃料特种添加剂，改变红外辐射波频带等；采用红外发烟剂、红外烟幕、红外诱饵等掩护目标；采用红外低发射率、高漫反射率和低比重的复合涂层；采用红外隐身材料进行屏蔽；采用光谱转换技术改变红外辐射的传播途径等。

激光隐身技术是通过尽可能减弱目标激光回波信号，达到降低被探测发现的概率、缩短被探测发现的距离的目的。目前，激光隐身主要是针对激光测距机、激光目标指示器、激光跟踪器和激光雷达等。所采取的重要技术措施有：1）尽可能减小目标外形尺寸和设计减少散射源数量的外形；2）利用吸波材料吸收照射在目标上的激光；3）采用光致变色材料；4）改变反射激光回波的偏振度；5）利用激光的散斑应用等。

（2）通信塔台的伪装

和电视塔比较，通信塔台尺寸小，目标暴露征候较少，有利于伪装。

①采用多波段伪装遮障实施隐真伪装

对通信塔台实施隐身变形，就是运用制式伪装器材和就便材料，采取有效技术手段，来减少目标各种暴露征候或改变目标的外形特征。

1）搞好迷彩变形。根据通信塔台周围的地形和植被特点，用具有防光学、红外和雷达侦察性能的涂料，对指挥所的伪装覆盖层实施仿造迷彩。将通信塔台仿造成树木、民用建筑等，使通信塔台的表面亮度与背景一致。达到隐身的目的。

2）注重遮障隐身。可使用甲式反雷达伪装网、具有防多波段侦察能力的乙式或丙式新型伪装网，对通信塔台等实施变形遮障和凸面掩盖遮障，使敌方红外侦察和雷达侦察显示出残缺不全、不连续的影像和轮廓，迷盲敌侦察系统，使之无法做出正确的判断。对通信塔台的接近路可采取架设道路对空水平遮障的方法，来遮蔽道路及运动目标。

3）实施抑热隐身。对通信塔台供电系统，可利用冷却水和冷空气对排气管进行降温，或者在其发热表面涂刷隔热涂层、覆盖石棉布等隔热材料，使目标显现的热成像模糊不清。对供电系统产生的声响，可采取安装消声器、设置消声室或消声土窖的办法来消除音响征候。

②采用红外诱饵等方法实施示假伪装

1）利用诱偏装置扰敌攻击。如预先设置红外诱饵弹、激光诱饵弹发射装置，在必要时来诱偏敌方精确制导武器，保护通信塔台的安全。预设一些就便热诱源，当敌人空袭时施放，造成敌方热红外制导武器攻击失误。在周围有利地点设置GPS干扰机，用来干扰敌GPS制导导弹，使之偏离攻击目标。在其他方向和位置，利用气球等空飘器材设置空中龙伯透镜、角反射器等被动干扰物，诱偏敌方雷达制导导弹攻击，保护真目标安全。在通信塔台周围部署反辐射导弹诱饵系统，扰乱反辐射导弹对雷达天线的追踪，诱偏敌方反辐射导弹的弹着点。

2）施放烟幕快速扰敌。烟幕伪装具有形成时间快、伪装效果好的特点，新型烟幕的作用范围已扩展到红外、雷达波段。当通信塔台遇到威胁时，可紧急利用制式及就便发烟器材发烟，遮蔽目标，干扰敌方侦察和制导武器，以降低其命中概率。

5.9　国家储备仓库的伪装

从北约对南联盟进行空袭的作战行动中可以发现，美军对南联盟空袭的主要目标是各种战备力量，并通过切断、摧毁南联盟的军事物流运动让南联盟军队缺乏军事补给，从而不战自败。这种以掌握制空权为前提、以空中武装力量为打击工具的作法一直为美军沿用，从20世纪50年代的朝鲜战争到海湾战争、伊拉克战争、科索沃战争均是如此。而在北约对南联盟的空袭中有一个突出特点：空袭频率高、范围大，打击力度强，尤其是对国家储备仓库更是进行了重点打击。

5.9.1　国家储备仓库的暴露征候

（1）国家储备仓库主要特征目标的配置暴露征候，研究主要特征目标配置的技术要求和目标位置之间的相互关系，确定其规律性，为国家储备仓库区域伪装设计提供基础依据。

（2）国家储备仓库主要特征目标的多光谱暴露征候

主要研究主要特征目标的颜色、温度、雷达波后向散射、目标外形、大小、阴影等特征，为国家储备仓库多波段伪装设计提供技术依据。

（3）国家储备仓库主要特征目标的活动暴露征候

主要研究主要特征目标的平时及战时活动要求，获得目标作业、人员活动和目标在建设和使用过程中产生的痕迹，如扬起的尘土、加油时留下的油斑和丢弃的垃圾等，以确定国家储备仓库伪装后的维护及战时的快速伪装实施方法。

（4）国家储备仓库主要特征目标的性质等级

主要研究国家储备仓库主要特性目标性质暴露征候，如建筑物、生活设施、地面库区、半地下库区、地下库区、铁路专用线、各种管线及进出道路等的性质等级，据此确定整个区域的伪装优先等级。

5.9.2　国家储备仓库的伪装

（1）高度重视国家储备仓库的伪装

在联盟行动当中，以美国为首的北约国家发挥它们在卫星技术和遥感遥控技术方面的优势，使大量军事间谍卫星和无人驾驶飞机进行远距离、超远距离侦察，并且掌握了很多准确的情报，摧毁了南联盟包括很多武器仓库、弹药仓库、飞机贮藏区和燃料仓库的储备仓库。关于国家储备仓库，一直非常重视其生存能力问题，并沿用在以往战争年代进行的伪装反侦察工作中积累的大量经验，如植被伪装和迷彩伪装等。但这已不适应现代化战争的要求。为了提高储备仓库系统的反侦察能力，可以采取的措施有：

1）制造大量的假目标，并为其加装热源、辐射源等新伪装措施，让敌人对目标真假难辨。

2）在沿用植被伪装和迷彩伪装等传统反侦察方法的同时，采取具有反雷达侦察功能的铁氧体伪装涂料涂刷物体表面、抑制热辐射和散射雷达波的伪装网作为遮障的方法，将真实目标伪装起来，以对抗侦察。

3）仓库的选址不仅要考虑技术要求，更要根据伪装可能性选择一些特殊的地形地势。如密林可以大量吸收各种机动车辆的辐射，其本身就是一个天然防护屏障；利用山系特点挖掘出纵深仓库，并注意巷道开口方向，这样不仅让敌人难以侦察，而且即使被发现，敌方再强的穿甲弹对此“厚装甲”也无计可施。

把大型仓库设置于坑道内，是提高隐蔽性和防护能力的重要方法。但坑道口部有明显的暴露征候，故必须对坑道口进行伪装。坑道口的位置，除需满足技术要求外，还要尽量选在隐蔽条件较好的地形背景中，如山体较陡的地方及深谷、阴坡面等。施工时，切口要小，尽量少破坏原有地貌。坑道口伪装作业的任务就是尽量恢复原有的地貌特征，以消除与坑口有关的暴露征候。若坑道口位于树林背景的山坡上，则可以架设伪装遮障或移植各种植物，来恢复原植被的地貌特征，消除坑道口特有的阴影。若坑道口处于裸露岩石的背景上，则可以模拟山体岩石。薄壳结构表面要实施迷彩，以便与周围岩石融合。当坑道位于城镇、村庄附近时，可在坑道口构筑小型建筑物，以模拟农舍或其他具有地方特色的民用房屋。坑道口的排碴是明显的暴露征候。施工时，应考虑将石碴有计划地排在低洼处或树林内；或者根据周围的背景，将石碴场伪装成采石场，处理成梯田、林地、草坡，并适时种草、植树或种植农作物。

（2）灵活多变，增强国家储备仓库的伪装效果

伪装是欺骗迷惑敌人较好的隐蔽措施。要善于采取天然伪装、迷彩伪装、植

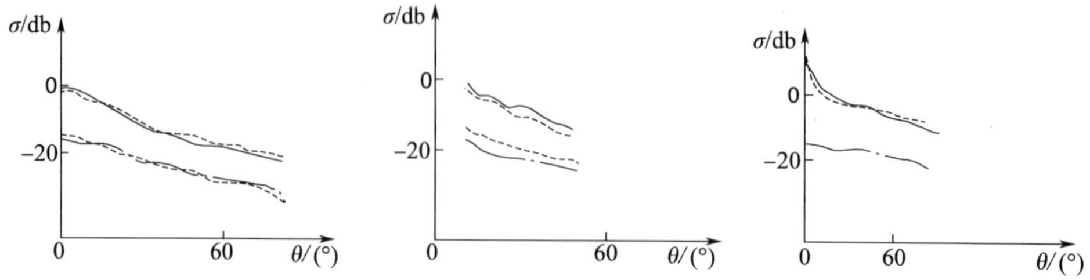

(a) 红土壤微波散射特性　(b) 砂页岩微波散射特性　(c) 石灰岩微波散射特性

图 5-22　坑道口部周围不同地物微波散射特性

物伪装、人工遮障伪装、烟幕伪装、假目标伪装、灯火与音响伪装等方法，降低敌方侦察器材或侦察人员的侦察效果，提高目标生存能力。根据国家储备仓库的特点，宜重点采取以下三种伪装方法。

1）植物伪装。在洞库口等目标上方及其周围植树种草，或利用新鲜树技和杂草对人员、汽车、洞库口、站台等实施临时性伪装，改变目标外形和阴影，缩小目标与背景的反差。这种伪装技术简单、方法灵活，可有效对付可见光照相侦察，从而提高目标生存概率。

2）迷彩伪装。采用专用涂料在目标上涂刷与目标背景相似的各种图案，以缩小目标与背景的反差，实现目标与背景的融合、隐匿目标显著特征。这种伪装方法在库房、站台及各种作业场的应用都具有显著效果。目前应用的迷彩涂料主要有保护色迷彩、变形迷彩、伪造迷彩、光变色迷彩、多功能迷彩等。其中多功能迷彩还具有吸收雷达波的功能，能够有效地对付可见光、红外、雷达等多种探测器，使伪装目标得到很好的防护。

3）人工遮障伪装。利用各种制式伪装器材设置目标遮蔽屏障。这种伪装方法对洞库口、地面库、半地下库等相对较小的仓库设施均适用。目前我国装备的人工遮障制式器材有成套遮障、各种伪装网、角反射器等。新型的多频伪装遮障技术在可见光、近红外、中红外和微波范围内均有遮蔽作用。随着科学技术的不断发展，将出现一些性能更优的伪装器材，如超级植物地毯、高技术迷彩、新型气溶胶发生剂、智能蒙皮等，使人工遮障伪装效果得到进一步提高。

(3) 国家储备仓库伪装的主要方式

①天然隐匿

种草种树，天然保护，把后方储备仓库隐藏于自然生态之中，使目标信号销声匿迹。

这种伪装方式有以下几个重点。

1）注重地形整理。后方储备仓库大都在山区，最初施工时不但使原来的地形遭到了不同程度的破坏，而且留下一些明显的痕迹。例如，洞库口处与周围地形截然不同、大量的石渣与背景光谱反差很大等，这些使后方储备仓库极易被非接触性的侦察探测设备发现。阿富汗山区的生态环境虽然很差，但其天然山洞地形自然，使美军的非接触性侦察和打击奏效不大，只有寄希望于地面部队。因此，后方储备仓库应将被毁地形进行复原整理，达到与周围环境浑然一体、自然协调。特别是生态环境恶劣、自然条件较差的山区仓库，利用地形隐蔽尤为重要。

2）注重地貌植被。生态植被不但从外观上覆盖了目标，而更重要的是能减弱甚至遮断目标所产生的光、热、电、磁辐射，能吸收甚至阻断来自外界的非接触性探测信号。因此，后方储备仓库的植树造林，不仅是绿化美化的环境改善问题，也不仅是“绿色银行”的经济效益问题，还是在未来非接触性侦查探测下如何有效地保存自己、消灭敌人的首要问题。后方储备仓库应根据库区的自然条件，依山就势、因地制宜地进行生态隐蔽。在洞库口、石渣、道路、护坡墙等明显部位种树植草栽藤，使库区及周围山峦形成乔、灌、草、藤自然结合的生态植被网，将目标隐匿其中。

3）注重整体效果。首先，目标与背景是一个整体。后方仓库的库区应与周围的自然环境协调一致。其次，目标本身是一个整体，不能藏万漏一。另外，目标对来自外界非接触性的光、热、电、磁等侦察探测手段的综合防护是一个整体，应统筹考虑总体效果，统一隐蔽防范，不能顾此失彼。

②重点隐蔽

后方储备仓库技术区内的大型目标，因其光、热、电、磁辐射量较大，既易暴露本体，又会殃及整体，且又属于无以取代的专用设施、设备。如配电线路、变压器等电气设备，铁路专用线及站台，油料栈桥、泵房及管线，圈定军事禁区的铁丝网和库区道路等，其隐蔽伪装方案均应结合实际制订规划，着重组织实施。对其中的重点部位应采用制式的屏蔽器材进行技术处理，进一步使目标的光、热、电、磁辐射源与外界彻底遮断，使非接触性的侦察探测信号无馈可反。例如，研制能预防光、热、电、磁信号探测的多功能伪装网，增设洞库隔热门，开发迷彩涂料新技术及新材料，以适应目标在非接触性侦察探测条件下的隐蔽需要。随着电子监视系统、遥感监测系统等科技含量较高的设备在后方储备仓库的陆续配备，其安装使用应与屏蔽伪装同等重要、同步进行。在移动通信工具日渐普及的今天，后方储备仓库应像管理火种一样严禁将移动通信工具带入技术区，必要时还应在库区周围一定区域内保持关机。

③释放干扰

在临战状态下，除战役方组织的电子、网络、网电一体对抗及干扰以外，后方储备仓库接到空袭通报后，也可根据情况在目标周围施放烟雾，或撒布黄磷、六氯乙烷等化学气溶胶，使采用激光技术的巡航导弹和侦察设备无法辨认、锁定，以至失去地面目标。

④假目标伪装

为对付敌人非接触性的侦察和打击，根据损失代价的非对称性，后方储备仓库及重点目标应有一套或几套假目标伪装。选择恰当的位置制造假目标，示假隐真、以假乱真。造假应逼真，不但外观形象仿真，而且应具有一定的光、电、热、磁辐射量。同时还应为假目标提供必要的辅助设备，可使旧的无线电设备佯动，将待报废的汽车、机械发动等。用这些方法来迷惑敌人，不但能使敌人的侦察、监视系统错判目标，而且能引诱敌人的精确制导武器击中假目标。

除了抓好隐蔽伪装之外，国家储备仓库还应坚持与未来战争的要求相适应，把战区防空的掩护网、电子对抗的庇护、隐蔽伪装的防护、军民联防的保护有机地结合起来，建立起立体性、多维性的安全防御体系，确保后方储备仓库安全可靠、供应源源不断。

第 6 章　人防目标伪装的施工组织与设计

人防目标伪装设计包括了伪装方案设计和伪装技术设计。在设计中，应明确各类设施的伪装使用期限，是临时性伪装还是永久性伪装，这对于伪装设施的选择有较大的影响。而且，随着季节的变化，设施周围的环境如植被、积雪等也发生变化，这就要求伪装设施应适应季节的变化。对于大型和集群人防目标，通常呈面式设置，其中包括关键性设施和辅助性设施。其重要程度不尽相同，伪装要求也就不能完全一致，因此需要规定伪装任务，包括伪装的重点、各设施的伪装等级和要求等。根据人防目标附近明显的方位物（如大型建筑物、河流的拐弯部位、交通枢纽站等）与人防目标具有固定的空间关系，敌人可以确定目标的位置，从而实施攻击（如辅助瞄准、地形匹配等）。因此，隐蔽这些明显方位物，对确保人防目标的战场生存具有重要意义。

6.1　伪装方案设计

根据人防目标伪装的基本程序，人防目标伪装方案是在确定伪装决心后和拟制伪装计划过程中对人防目标伪装任务和措施的基本设想，可以有一个或数个，经过严格论证和审慎权衡最终选定正式方案。因此，伪装方案既包括应完成的伪装任务，又包括应该采取的基本伪装措施，以及伪装计划的基本内容。

伪装方案是用来表达如何采用工程伪装技术措施和组织措施以实现伪装决心和完成伪装任务的。它主要涉及隐蔽自己、欺骗敌人的现场景观设计问题。伪装方案设计是指，无论敌人的侦察和目标捕获系统采用什么物理原理，在电磁频谱中成像采用什么波段，伪装方案的现场景观设计都只考虑在敌人的视场内、照片上或荧屏中的情况，就如何针对现场景观画面进行构思和安排，以隐蔽真相和显示假象。同时还要进一步考虑为了伪装成功如何在时间、地点、时机等各方面加以安排和协调，以达到预定的伪装目的。

伪装决心体现伪装方案的指导思想，也是伪装方案的核心，有什么样的伪装决心就会有什么样的伪装方案。它涉及到如何采取隐真和示假措施欺骗敌人，把敌人迷惑住，使敌人感到模糊难辨；或者涉及到把敌人注意力和行动引入歧途的伪装谋略设计问题。其原理涉及到视觉心理学、信息论、系统论、控制论和谋略论等多学科领域。下面我们主要讨论人防目标伪装设计的原则和方法。

6.1.1 人防目标伪装设计的原则

视觉心理学在图形和背景关系中指出：在一个复杂图形中，只有一种知觉组织结构是主导的，并且这种主导的组织结构必然要呈现出来，这就是图形；其余的部分就成了图形的背景。人们总会把视野中具有图形特性的部分选出来作为知觉的对象，而把其他部分看成为背景。在一定的条件下，知觉的图形和背景是可以变动的，那些曾经是知觉的图形可以由于没有价值或者完成任务而变为背景，背景中的某些东西在一定条件下也可以知觉为图形。

（1）正确处理目标和背景的关系，根据任务要求正确选择隐真和示假措施

根据视觉心理学关于图形和背景关系的原理，在伪装方案设计中应当提出的第一条原则就是正确处理目标和背景的关系，根据任务要求恰当地解决隐真和示假选择问题。它包括如下两个方面的内容。

①正确区分与确定实际景观中的目标和背景，并确定它们之间的相互关系

这就要求在着手研究伪装方案时，必须对目标及其背景条件做详尽周密的调查和研究，并根据伪装任务的要求确定它们之间的相互关系和伪装处理要求。还要确定影响目标、背景及其相互关系的各种战术和技术的环境因素，以明确当这些影响因素变化时伪装处理会有什么变化。

伪装中，无论隐蔽目标（包括降低显著性和变形）或是显示假目标都是以背景和地形为依据的，而敌方观察员发现或识别目标也是借助目标与背景的差别实现的。观察目标时，无论是在视场、照片或屏幕上，人们都不能不受图形知觉规律的约束。因此，伪装的首要步骤是把成为观察员知觉对象的主导结构，即图形部分，与背景加以正确的区分或确定。后续的任务就是消除它们的差别或显示某种差别。

应该说，一般条件下，特别是简单条件下正确区分目标与背景是容易的，因而这种区分或确定的意义往往被忽略。实际上，任何简单目标都与外界有联系，这些联系往往在图形上有所表现，观察工事、射击工事都通过堑壕、交通壕或小路与外界互通，通过线路保持联络；通往指挥所的坑口、道路、线路与管道，也体现了这种联系；此外，目标施工构筑时未处理或处理不彻底所遗留下的一切痕迹也属这一类。这类除目标本身外的图形部分，既可作为目标处理，也可作为背景处理。按前者，则要求在伪装目标本身时，应连同它们一道加以处理；按后者，则要求将道路、小路、线路或管道延伸到某一合理的终点。因为，阵地上的堑壕、交通壕或战区道路网一般不做全部隐蔽处理，应当清除各种痕迹。

然而，伪装方案设计常常用于人防工程这类大型固定目标或大面积的战场复杂目标（如防御阵地或地带）。对于这类目标，由于种种原因常常不能对它们实施整体隐蔽或全部隐蔽，只提出局部隐蔽的任务，即隐蔽其中的关键部分。这时，关键部分基本上由目标性质确定，但在伪装处理上，关键部分却要依托背景、地形和目标的非关键部分来实施隐蔽，而非关键部分往往范围较大。当然，非关键部分在某些特殊情况下也可能不得不进行某种伪装处理。那么，这种条件下敌方判读员在视野内怎样感知图形呢？这种情况下，判读员对图形的知觉仍以客观刺激物（一种假象形成的客观图形刺激）的相互关系为基础，同时更多地涉及主体的能动状态甚至是高级的认知心理过程。他们必须在初步发现和识别的基础上，进一步寻找目标中的目标。因此，伪装设计既要符合图形知觉的原理，又应经得住人们认知活动更高级过程的分析。

伪装的任务之一就是使目标经过伪装以后变得模糊难辨。判读员常常面对模糊的景象不知其下面有无目标或是什么目标。伪装设计希望使目标经伪装变成背景的一部分，从而使这种背景在一定时间内与其他背景一起成为知觉的对象。相应途径是创造条件把人们的注意从目标转移到其他背景上。这时，除了示假以外，就是制造人工地形斑点。例如，阵地工程覆土后不盖草皮，经爆破、机械施工破坏后，形成另外制造的人工地形斑点群中的一个斑点，从而得到某种程度的隐蔽。这就是详细分析了目标、背景的状况及特定施工方法对目标与背景及其相互关系造成影响后，提出的一种伪装方法。其处理特点是：不以原有的未扰动背景为背景，而是以经过爆破、机械施工破坏以后大量添加的人工地形斑点为背景，从而大大地减轻了伪装的难度。它不仅具有一定的效果，也同时节省了大量的兵力、器材和经费。这种伪装方案的效果是：处处是背景，处处背景下都可能隐藏目标。

目标群体在背景上形成以前，例如在大型固定目标设计选点时，就开始考虑和构思伪装方案，伪装设计人员就有较大的选择余地考虑目标、背景及其相互关系的问题。这时，可以在满足目标使用的战术技术条件下，选择地形伪装性能较好的区域，对目标进行合理的配置。不仅如此，甚至在选择目标的外形、使用的材料、隐蔽的施工方案中也考虑和构思伪装方案，使施工中的临时伪装与竣工后永久伪装的衔接等问题得到较好的解决。这些条件都是目标取得良好的内装式伪装性能的基础，较好的考虑使竣工后的伪装也具有良好的条件。即使在这种条件下，伪装方案设计对预想目标、背景和地形条件及其相互关系的周密研究，仍是不可缺少的。它应成为完善的伪装方案设计的一个先决条件。

②根据伪装任务要求，提出有效的隐真、示假途径

在根据伪装任务考虑和构思人防工程伪装方案的隐真、示假途径时，首先应当根据一系列的伪装原则、方法和要求使用各波段的伪装原理和伪装技术。

这里包括两大部分内容：一部分是伪装的物理学和心理学原理，它是伪装工程技术措施的基础，也是借以实现伪装方案的技术基础；另一部分是伪装的学术理论部分，它根据伪装目的和作用给出伪装的原则、方法和要求。上述两部分内容都是提出伪装方案隐真和示假途径的重要依据。

其次，伪装方案的隐真和示假从视觉心理学角度看，其本质就是在背景上隐蔽目标图形或显示假目标图形的问题。因此，伪装方案必须符合图形视觉的规律。这实际上是对付敌方观察员的知觉过程基本上是从正反两个方向来应用图形知觉的诸多原则。隐蔽目标就要求通过各种方法将目标图形处理成背景或背景的一部分，即变良好图形为非良好图形；显示假目标就是在原有无目标的背景上显示假目标的图形，即在非良好图形上显示良好图形。

考虑、构思隐真和示假途径，不能仅仅使方案图形符合观察员知觉这种图形的组织结构特性，即与伪装和欺骗相适应的接近、相同或相似、连续、封闭和对称的特性。同时必须考虑到，敌方观察员的主观态度、过去的经验都在知觉中起作用。这时，人在知觉活动中不仅是被动地接受外界刺激，而且会主动地去认识外界事物，心理活动的高级过程在图形知觉的基础上逐步上升到主导作用的地位。人们不仅能把瞬间看到的外界映像加以整合、组织起来，形成稳定清晰的完整映像；而且根据期望从积极调动头脑中贮存的各种关于军事目标的图式或模式，进行比较和分析。因而具有根据某种征候、标志或破绽发现隐蔽目标的能力及识别真假目标的能力。因此，伪装方案的景观设计，不仅要对付观察员被动的知觉过程，从而处理好显示图形的各种组织结构特性；而且还要对付观察员在图形知觉基础上的分析和判断过程，为观察员相信“图形”所提供的情报信息设置各种依据。

（2）有利于伪装目标配置和目标外形选择原则

视觉心理学在提出图形与背景关系的基础上，指出了区分图形与背景的某些原则：图形有形状，有一定的物体特征，更动人、更好记、更倾向于有一定的意义，并在背景的前面出现；而背景则相对没有形状，位于图形后面并连续伸展。经过研究，能确定形成图形和背景的决定因素有：接近、相同或相似、良好图形。而良好图形的具体因素主要有封闭、连续、对称等。

轮廓是物体的外形线。在知觉一个形状前，一定先看到其轮廓，轮廓为形状知觉提供最重要的信息。形状知觉首先要求在明度（或色调）不同的区域之间具有一个线条分明的轮廓。一般说来，能引起轮廓的刺激是视野中的明度（或色

调）的突然变化，而稳定的级差在任何地方都不构成轮廓。

根据上述区别图形和背景的原则、因素及图形的形成过程，可以引申出伪装方案景观设计中应该遵循的第二条原则：有利于伪装目标配置和目标外形选择原则。为了有利于隐蔽，目标的配置应疏散，外形应多样，配置和外形都应力图降低目标与背景的差别，在隐真时尽量避免良好的图形的出现。其内容主要包括以下四个方面。

1）为了有利于隐蔽集群目标，其组成单元或单个目标配置应分散，避免规则和对称；外形应多样，力图从配置和外形上避免出现集群目标本身特有的征候。

例如，担任间瞄射击任务的地面炮兵连阵地，原来由于技术装备和水平的限制，均按一定的规律配置（多为一线配置），火炮间距较小，因此容易被发现和识别，不利于伪装和隐蔽。后来由于装备和技术水平的提高，打乱了规律配置的格局；且各门火炮之间的间距加大，既满足了火炮战斗使用时的战术技术要求，又大大有利于阵地的伪装和隐蔽。

又如永备仓库的配置，由于其本身的使用要求，往往有道路、铁路支线或其他线路与其相连接，且道路和房屋的联系多呈一串一串的对称配置等，因此不仅从观察和判读的经验上容易被识别出，即使仅从图形知觉的规律看，它们也更容易组成图形。所以，在配置目标或设施时，在既满足目标本身的战术技术要求，又兼顾到目标本身的生存能力方面的研究与权衡具有重要的意义。

2）无论集群目标或是单个目标的配置及外形都应该利用背景原有的遮蔽与外表特性（即地形的伪装性能），力图掩盖及缩小目标与背景的差别。

在复杂背景上，背景与图形都具有自己的组织结构，为了避免从背景中把目标很容易地区别出来，应该利用背景的组织结构来配置目标和选取目标外形。从这个意义上考虑，上面举例中提到的永备仓库，配置在城乡交界处的合适地点，比配置到远离城市的郊外田野上可能更容易伪装。

3）配置目标时应力图避开能形成明显地标的地形特征点或地物。

在现地景观中，除了目标以外，目标所在地形或背景也会构成视觉图形的组织结构。地形和背景上的非目标地物常常被用于寻找或攻击目标的方位物，是配置目标时应当回避或加以消除的对象。而地形或背景中的许多特征点也具有方位物的功能，它们常常比地物更难以消除或避开。

轮廓是信息的承载者。心理学家曾进行了一个试验：让 80 名被试者对 16 个不规则图形中的每一个只用 10 个点表示，要尽可能地定出与原图形相同的图形，如图 6－1 所示。图 6－1 中的放射线表示被试者所选的点，线的长度表示相对的频率。实验结果是，大多数被试者都把点定在轮廓变化最陡之处，可见曲率最大的地方是信息最集中的地方；而轮廓方向一致、没有变化的地方就是信息多余性最大或信息小肯定性最少的地方。因此，轮廓中变化急骤的点容易被选中作为寻找或攻击的目标参考点，因为它们不仅容易确定图形，而且容易传递坐标。

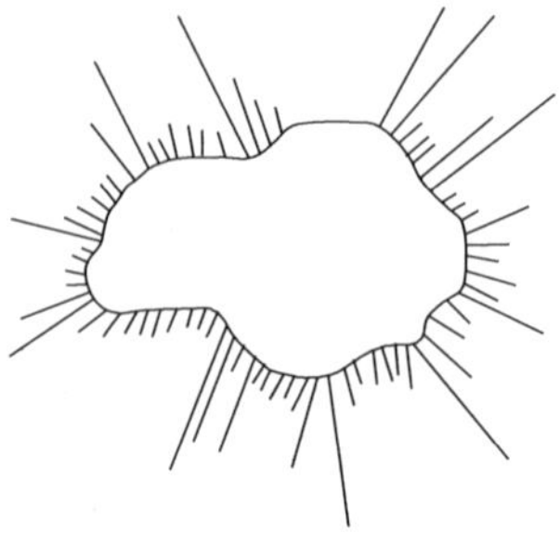

图 6－1　试验中的十点图形

图 6－2 和图 6－3 分别显示了湖泊和河流附近目标配置的画面，并指出了正确和错误的配置地点。

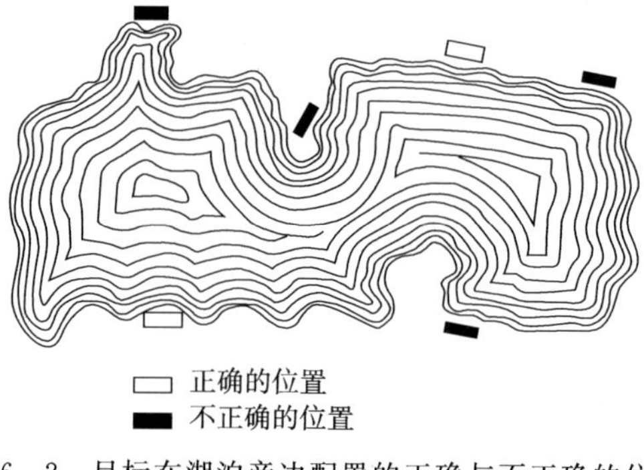

图 6－2　目标在湖泊旁边配置的正确与不正确的位置

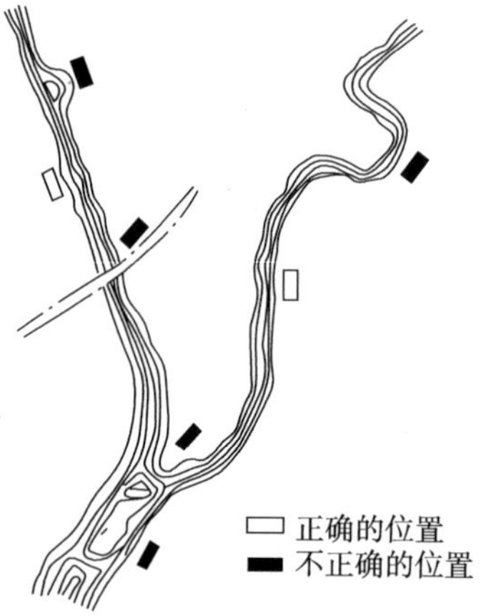

图 6－3　目标在河流旁边配置的正确与不正确的位置

3）配置单个目标，在目标定点及定位高度选取上应考虑给目标进一步伪装创造条件，使目标在实施伪装时有利于选择合适的外形。

如果能够在配置目标、目标定点和定位高度选择时，在满足目标战术技术要求前提下，充分考虑目标形成后的外形隐蔽性，则在进一步采取伪装措施方面就具有良好的基础。

因此，目标形成的外形，例如工事的覆土厚度、坡度及斜面掩盖遮障的坡度、其与工事顶部覆土层的衔接等，都应当顺应背景地形的变化，和原有地形轮廓方向保持一致，这样就可避免人为地加大伪装面的曲率。这不仅从上述图形知觉的轮廓考虑上是必要的，而且从避免阴影突变的观点上看也是必要的。为保持有利的伪装外形，工程的定点和定位高度的选择就应当在满足工程战术技术要求前提下，进行审慎的研究和权衡。

（3）伪装方案景观设计要着眼于消除一切暴露征候

在图形知觉的研究中发现，在没有明度和颜色差别的情况下，甚至在完全没有物理基础的情况下，出于某些原因，有时也可以看到轮廓，这种轮廓称为主观轮廓（图 6－4）。即对于部分遮盖的目标轮廓，在提供足够的线索时，将仍然会暴露出目标的形状。这一点在伪装中也应予以重视。通过以上的讨论，我们可以得出以下的结论。

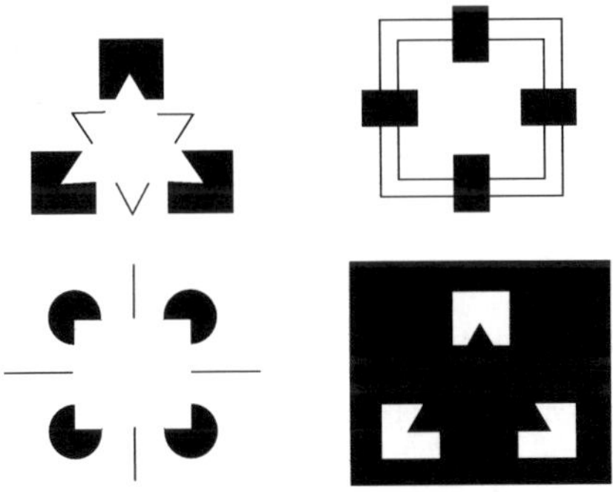

图 6－4　主观轮廓图形

1）主观轮廓的出现，是在一定感觉信息基础上进行知觉假设的结果。视野中某些不完整因素的出现，正是主观轮廓形成的必要条件。这些不完整因素有一种完整起来变成简单且稳定的正规图形的倾向，从而使人们做出某种假设，产生了主观轮廓的知觉。

2）在主观轮廓形成过程中，图形本身的内隐深度线索起着十分重要的作用，是引起主观轮廓的直接决定条件；而视觉系统使不完整图形具有完整化的倾向，故也有重要影响。可以说，主观轮廓是一系列主观因素相互作用的结果。在主观轮廓中，图形所包括的点、线段和角度等，提供了客观存在的感觉信息，而人们通过对这些感觉信息的加工做出深度判断，其中就已经有过去的经验介入了。

3）对复杂情景的知觉来说，心理活动的高级过程起主导作用。人在知觉中的主要任务就是要把瞬间看到的外界映像整合、组织起来，形成稳定、清晰的完整映像。这就要求人们在知觉的时候先要有一个主观期望或图式，以便检查和补充瞬间得到的信息。也就是说，在知觉中要以主观期望或图式作为参照系统，把情景的各个部分组织起来，使它成为完整而清晰的知觉映像。

实际上，这种根据视野中某些不完整因素，即组成图形的点、线段或角度等感觉信息甚至逐次出现的片段信息，以主观期望或图式为参考系统，把情景的各个部分组织起来，形成完整而清晰的知觉映像的过程，正是进行侦察或判读任务情报人员感知目标存在的过程。视野中的不完整因素，那些构成图形的点、线段或角度，以及逐次出现的片段信息都是目标本身伪装以后遗留下来的各种暴露征候。因此可以推断，遗留下来的各种暴露征候或信息愈多，人们愈容易根据主观期望或图式形成完整的知觉映像；而伪装愈严密、遗留下来各种暴露征候或信息愈少，形成完整知觉映像就愈难。这是仅仅从图形知觉的阶段或观点看问题。

还应当想到的问题是，观察员或判读员的侦察或判读既要经过图形知觉，又不仅限于图形知觉。他们的知觉是在严格的军事冲突环境下进行的，其性质是一种社会知觉。它不仅受自然、物理特性的影响，还要受到这种特定活动社会属性的影响。因此，在知觉过程中，战场对抗关系、侦察任务的压力、完成任务的动机、警觉性等都会产生影响。

社会心理学在分析社会知觉整体性时指出，人的大脑有一种特殊功能，它能对感觉事件进行分析和综合，并把综合过程中形成的概念及关于事件的信息图像、模式存贮起来，在必要时又能把概念、图像、模式调出来。社会知觉实际上就是在接受感觉事件的基础上，调动存贮在大脑信息库中的图像，并用以识别感觉事件的过程。在这个过程中，感觉事件是以粗略的轮廓唤起大脑中相应的特定模式，其起唤起、召唤的作用。唤起、召唤作用对于社会知觉的形成必不可缺，却其作用又相当有限，因为一个个感觉在知觉过程中不断被模式化、被整体化。所以说，社会知觉是利用已有概念对来自神经末梢感觉事件进行排列组合的过程。

因此，任何进入负有搜索军事目标图像任务的观察员、判读员视野，且又能够唤起某种主观期望模式或图式的信息都会引起他们的密切注意，并在其大脑中对号入座。例如，一辆伪装成草堆的坦克在许多草堆中不会引起观察员的注意，而草堆前的坦克履带压痕可能引起其的特别兴趣。有经验的观察员可以通过草地的破坏痕迹，或抛弃的生活垃圾而发现隐蔽的军事营地。

所以，完善的伪装方案设计要从消除一切能引起观察员、判读员对军事目标警觉和注意的暴露征候入手。而针对威胁的具体项目，详尽地分析目标在背景上的所有暴露征候又是消除它们的必要环节。

（4）伪装方案设计的合理性原则

伪装方案设计的目的就是通过合理的景观设计，起到欺骗迷惑敌人的作用，从而提高目标的生存能力。

为了保证伪装方案显示的景观在敌方的心目中是合理且可信的，必然应当使这种景观符合敌方有关的先验知识，因为这些先验知识是敌方研究我方情况的重要依据和出发点。伪装方案实地景观设计中，无论综合采用隐真示假方案，还是在某些地区只采用示假方案，其总的设计一方面要达到欺骗敌人的目的，另一方面在表象上应符合敌人的识别模式，从而使其具有合理、可信的特征。例如设计假阵地、假目标时，其位置的选择就应符合战术原则，否则难以使敌人相信。

①为了满足合理性原则，在时间、地点和情节设置上应符合逻辑

人们都是按照事物的一般发展逻辑来认识事物的，敌我双方都是如此。例如，著名的马陵道之战中孙滨所用的减灶计，第一天显示十万灶，第二天显示五万灶，第三天显示三万灶；用灶的减少来显示军队人数的减少，以便吸引庞涓的追兵，这是十分符合一般事物逻辑的。同样，阿拉曼战役中，蒙哥马利用显示假输油管构筑的进度来暗示可能发动进攻的日期，也符合一般事物的逻辑，这是两个成功的伪装战例。又例如，1944 年苏军第一乌克兰方面军的索卡利方向，通过空中侦察一连几天都观察到一些规模不大的敌军坦克纵队（每队 7～8 辆坦克）开抵前线，并在某一地域进行集结和伪装，后来又得到了无线电侦察的证实。但不清楚的是，德军是怎样把这么多坦克弄到前线这一地区来的，因为早先实施的纵深侦察并未在任何地方发现坦克部队或兵团。后来通过潜入侦察员观察发现，那里有大量的木制坦克模型，稍后上级司令部又查明在附近的一座城市内有制造坦克模型的木器厂，因此德军这次的伪装行动失败了。究其失败的原因：首先是坦克纵队的来源缺乏交代，伪装缺乏连续性，因而不合逻辑；其次是，伪装措施不严密出现了重大的漏洞。

②为了满足合理性原则，应使敌方能对显示的景观情况进行证实

我们知道，在情报处理中有一项重要要求就是情报的真实性或可靠性，情报的真实性或可靠性要求该情报可被不同可靠来源的情报所证实。由伪装景观所形成的情报若能从几个可靠来源得到证实，那么就具有更大的合理性。

为使伪装方案中设计的景观得到其他来源侦察的证实或部分证实，就要求在威胁估计时进行全面考虑。如在卫星、航空、地面、海上甚至敌人间谍等许多侦察方式中，利用多种物理原理和多个电磁谱段的侦察器材，会有几种方式和几种器材同时针对于同一种伪装场合取得相同或相近结论的情报。当然，对付多种方式、多种原理或多个谱段的侦察会增加伪装的难度，然而这正是对付现代侦察的现代伪装所必须具备的能力。一般说来，敌方对其本身的侦察系统所获取的情报，从来源上说，均认为是可靠的。

伪装和欺骗措施与真实情况结合起来，也可以让伪装设计的景观在敌方得到部分证实，一般来说这种方法适于示假。例如，设置假前沿阵地迫使进攻的敌人过早展开，此时后面的阵地是真的；显示假阵地、假地域时要求有少量的真装备和真的兵力活跃现场，以增加真实感等。此外，假阵地的设置或显示也不应是突然出现的，它的出现在时间上应与当时的构工水平相适应。

③为了满足合理性要求，伪装方案设计应具有适应性

所谓适应性是指伪装方案应具有适应情况变化的性能。因为与伪装方案设计的景观对应的环境是变化的，所以伪装要随时适应这种变化才能是合理的。

对于人防工程这一类固定目标的伪装方案来说，这种适应主要表现在季节、气候、敌方攻击、使用条件等方面。例如，伪装面应能适应季节变化，随着季节变化可以调整伪装面反射或辐射各波段电磁波的能力，从而保持伪装效果；伪装结构应具有抗御一定级别自然载荷（风、雪荷等）能力和相对的抗爆能力；在假目标遭到攻击后还应具备仿造破坏的能力等。

④为了满足合理性原则，从指挥与组织上要强调保密、精心组织与协调一致

为了保证伪装方案的合理性，要强调伪装方案制订与实施中的严格保密要求。真实态势及企图的保密是保证伪装有效性的必要条件。为此，甚至在伪装的组织与实施过程中都应控制己方参与人员的范围，必要时要集中指挥与控制。还要强调精心组织与协调一致，即使一些细微之处也不可忽略。如果设计本身没有问题，而在其他相互联系的某些环节泄露情况或者缺乏配合导致不协调，就会严重影响伪装方案的有效性。

6.1.2 伪装方案的基本类型

按照伪装所应完成的任务，伪装方案很自然地可以分成以下几种类型：隐蔽型（完全隐蔽或局部隐蔽）、降低显著性型、改变外形型、干扰型和示假型。从不同角度看，这几种类型又对应于几种基本的伪装方法。一种伪装方案又常常根据需要灵活而综合地采用一种或多种伪装方法。因此，较大型目标的伪装方案常

常属于混合型，人防工程就是如此。

对于大型固定目标，特别是具有一定战略或战役意义的人防工程这类大型固定目标或永久性目标，一方面难以找到范围和性质都能满足要求的天然遮障加以利用；另一方面，即使具备这种条件，根据各类大型固定目标的战术技术使用条件也不会不对天然遮障产生扰动，从而留下许多特征痕迹，且这种特征痕迹随着目标的部署和使用将不可避免地遍及整个目标地区。因此，隐蔽是十分不容易的事情。

根据图形知觉的规律和现代伪装技术，将目标图形掩蔽于某些背景内，或将目标图形通过各种方法转化成背景的一部分，并且与背景融合起来，这原则上看来并不十分困难。但是应当充分估计到，现代侦察威胁，特别是卫星侦察的威胁十分严重，军事大国的侦察卫星近几年来一直以日益提高的地面分辨力和互相补充的波段对各类大型目标进行系统的监视，是敌人有可能建立重要固定设施及其周围环境的潜在高精度情报数据库。目标档案中可能存有随时可以取出加以对照、比较的原始资料和照片。这对广泛的伪装方案实施之前已经完工和投入使用的那些目标来说，要对其实施完全隐蔽的方案无疑是难以实现的。

对新建的人防工程这类大型固定目标实施完全隐蔽，如果按照理想的步骤也不是绝对不可能的，问题是对所谓融合的概念要进一步精确化。对于隐蔽目标来说，“使目标融合在背景中”的概念往往显得相当模糊。没有具体指明时，其是在针对各类传感器探测条件下，以足够的精度恢复原有的地形、地貌，或是与当地背景一般地匹配或吻合。

如果融合指后一种情况，它显然经不住光学、热红外和成像雷达等手段、以相当高的地面分辨力对目标伪装进行的经常性或系统性的对照和检查。

如果融合是指以足够的精度恢复原有的地形、地貌，则以完全隐蔽的要求伪装大型固定目标就十分困难，但当然不是绝对做不到。对于新建目标的伪装，可能存在以下方案：一种方案是将目标隐藏在地下，根本不扰动表面的地形或背景，施工在严格的技术保障和严密的组织方式下进行，并以十分充足的理由加以掩护，这只适用于本身容积和使用条件有限的目标；另一种方案是在和背景足够相似的遮障下施工，完工后恢复地形、地貌。但如果不慎在伪装和施工过程中被敌方察觉，则成功的可能性会大大下降。因此，在伪装与施工中，技术固然重要，而组织工作的严密性显得更重要。鉴于大型固定目标施工和安装均需有一个相当长的时间，大量的暴露征候使得这种旨在隐蔽的伪装方案的实施变得十分困难。

因此，西方国家在部署像洲际导弹一类的战略目标时都颇费踌躇，不得不慎重选择方案。例如，美国的一种名为侏儒的小型洲际弹道导弹，在研究时的基本指导思想就是通过机动性提高导弹发射前的生存能力。设计中考虑过各种部署方案，如地下井、空中机动、阵地蜂箱式机动、隐蔽的超掩体和公路机动方案等，但最后主要部署在加固的机动发射车内，以提高在核攻击下的生存能力，可在美国西部军事基地12个区域203 800 km^2 的范围内进行公路机动。而另一种比侏儒威力大10倍的大型固体洲际弹道导弹MGM－118A（即MX），在研究其部署方案时提出了几十种方案，但一直不能最后定下来，隐蔽及生存能力是影响决定的重要因素。其中待选方案之一是机动/地下井结合方案，平时使导弹穿上铠甲放在发射架上，定期用一般运输车机动，并在机动的沿线上分散部署数百个简易的地下井或地洞，每枚导弹可配备10～20个空的地下井，以便迷惑敌方，从而提高生存能力。

可见，敏感程度很高的目标在现代卫星侦察加上打击能力水平很高的条件下，要做到完全隐蔽是十分困难的，但也不是说在花费大气力条件下是绝对不可能的。根据传统的看法，大型固定目标应分散配置到森林、山区或荒漠背景中，这样似乎容易伪装。但是，由于现代人类开发速度的提高、城市化进程的加快，伪装观念也开始发生变化。特别是在现用伪装系统还很不成熟、很粗糙的情况下，其远不能与变色龙或其他类似动物巧妙伪装相比拟，借助人工环境为背景，可能具有更好的伪装效果。因为人工环境形成的图形似乎更容易模拟，一旦模拟成功其效果更稳定。因此，在英国皇家军事科技学院研究部部长杰弗里·李所主编的《战场武器系统与技术丛书》中有这样一段话："蓝方的装备，尤其是重型车辆，对植被与地面的破坏痕迹很明显，而且不易隐蔽。"利用正常的例行交通流来隐蔽重要战斗部队的调动，可能是最有成效的解决办法。当然，这在硬面路和建筑区更易实现。反侦察手段中，特别令人感兴趣的事例是美国提出的新型MX导弹发射场的伪装隐蔽，它完全以人工环境进行伪装，即使导弹出现也使人看不出变化。

由于完全隐蔽目标是现代高水平的系统侦察或监视条件下十分困难且成功机会较小的方案，因此西方大国采取了结合机动和大量示假的做法。当然这并不能完全否定全部隐蔽的可能性。当情况需要提出这种任务而完成任务的条件又有可靠保证时，这种方案还是可行的。

在现代侦察技术条件下，对大型固定目标实施局部隐蔽的方案，一般都是建立在对付攻击的基础上的。这时，提出问题的前提是，一般认为目标已被侦察和定位。隐蔽关键部分的目的是，使目标在受到袭击时，目标的功能不至于整个遭到破坏。也可以说，这时伪装方案的目的是对付二次探测，即攻击前的搜索、发现、识别、瞄准或制导。但是如果敌方以侦察定位的精确坐标为基础，则难以对付以自主式制导的导弹攻击目标。不过，单纯的自主式制导目前的精度往往不算很高。

例如，机场的跑道由于多种原因不能完全隐蔽起来，其即使受到损坏对敌人来说也不是全部目的；而机场中更重要的目标则是停机坪上或机库中的飞机，这样的目标通过伪装是可能隐蔽的。

除了完全隐蔽、局部隐蔽方案外，在隐蔽型中还可以利用烟幕、金属箔条等构成目标的临时性隐蔽方案，这也是一种对抗攻击的有效方法。

降低显著性方案一般只适用于低威胁水平、实在力不从心的临时场合，或者作为整个伪装方案中的补充手段使用。这时，它能在某种程度上造成发现或识别目标的困难，从而有利于提高生存率。

改变外形的方案，实质上也是一种隐蔽性方案，其传统的含义是使被伪装目标的外形改变得不再反映原有目标的性质和状态。典型的应用是仿造破坏或废弃的外形。实际上，变外形已在伪装实践中得到了广泛的应用。固定目标上模型遮障的应用，有利于固定目标的隐蔽。除了单纯利用天然遮障隐蔽目标外，目标的隐蔽均在变形范畴之中。

除了目标本身的变形处理外，目标在配置上的变形也可以取得必要的伪装效果。附属于目标的断头路、连接交通壕应与目标一同隐蔽。当处理得好时，它们也可成为背景一部分，只需进行合理的安排连接，而不必采取任何隐蔽措施也可取得必要的伪装效果。实际应用中，许多人员或兵器掩体常常镶嵌在堑壕、交通壕中，真目标也可镶嵌在假目标之中，可用的桥梁可镶嵌在仿造破坏或已破坏的桥梁中等，它们的原理模式示意见图 6－5。在图 6－5 中，“上”、“下”两个字在(a)、(c) 中镶嵌适当，因而得到掩蔽；在 (b)、(d) 中未进行镶嵌，因而可以明显地看出。

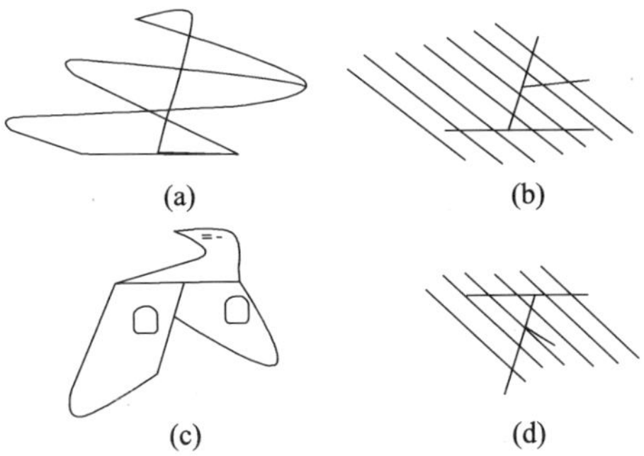

图 6－5　(a)、(c) 中隐蔽的图形在 (b)、(d) 中得到显示

实际上，配置上不大的变形或移动往往带来相当好的伪装效果。实验心理学指出，提高背景的组织程度有利于目标图形的掩蔽。当背景的组织程度与图形的组织程度大致相同时，就会促成更好的伪装。从战术上的效果分析，就是敌方知道目标配置在某些人工斑点中，但难以查明到底是配置在哪些斑点中，在逐一查明过程中耗费了攻击的时间。由于干扰型的伪装方案既在一定的程度上干扰了探测，但也具有标志目标区域范围的作用，因此它一般用于对付攻击的场合。

伪装方案中的示假型一般应与隐蔽或降低显著性的方案结合设计和实施，目的是吸引对真目标区域的侦察兵力或攻击火力。不过，有时根据作战上需要或出于某些战术上的目的也可以单独实施。

6.1.3 伪装方案设计的内容

要对人防工程实施有效的伪装，必须要了解工程及其周围背景的情况，而伪装勘察能够提供目标和背景的有关信息。人防工程伪装的战术技术要求，要根据敌方侦察威胁、工程暴露征候及伪装的实际条件进行论证，且必须通过具体的伪装方案来实现。伪装方案设计是保证工程获得预定伪装效果的重要环节。

伪装方案设计按照方案设计的基本原则，根据目标性质、所处地理位置、使用要求及背景条件等具体情况开展设计。其主要包括现地勘察获得情报资料的整理与分析，工程暴露征候分析，敌方可能采取的侦察与攻击的方式及技术手段对工程造成的威胁程度的分析，伪装任务及要求，总体伪装设想及可行性分析，对抗侦察与攻击的伪装方法措施及分析、论证、选优，工程伪装概（预）算等内容。

（1）情报资料的收集

工程伪装设计所需情报资料的收集有两个途径：一是从情报部门及工程设计部门获取；二是通过伪装勘察，对工程所在地域进行全面的调查研究，收集伪装设计所需的各种资料。

情报资料主要包括：工程可能遭受的敌方侦察和攻击威胁方式，以及相应侦察器材的性能和攻击武器的攻击能力等；工程的性质、平面配置（配置图）、使用状况，以及相关设施的外形、尺寸、颜色等；工程所处的背景资料，包括工程周围背景的空中照片；现场可获得的工程伪装所需的材料条件；可供使用的兵力、作业机具和伪装施工工期。

现地伪装勘察就是根据情报获得的敌方侦察方式和侦察器材的性能，实地勘测目标与背景的波谱特性（光谱反射特性、红外辐射特性、微波散射特性等）及斑点分布特征，掌握与伪装设计有关的数据资料及可利用的自然条件和资源等。

其主要包括目标的暴露征候，当地的气候条件及背景随季节变换时的变化规律，雨雪量、温度、风力等气象条件，当地民用建筑特点，以及交通运输等情状等，为伪装设计提供依据。

（2）目标工程的暴露征候及可能遭受的威胁

根据获得的资料，详细分析工程各部位的主要暴露特征。各种侦察都是利用目标与背景的光谱反射和辐射特性的差别来发现和识别目标的，因此，工程伪装设计时必须掌握目标和背景的这些暴露特征，包括可见光、近红外、热红外及雷达侦察条件下的各种暴露特征，以明确工程重点部位。

敌方侦察发现和识别目标的能力与其使用的侦察器材的性能有关，主要包括侦察器材的作用距离、倍率、分辨能力、照相器材焦距、照相比例尺等。如不可能确切了解以上数据，应以敌方较高水平的侦察器材性能为依据进行威胁分析。

对于敌方攻击威胁，根据制导武器的工作原理、制导方式、杀伤能力及敌方作战原则和战术，可以确定哪些目标或目标重点部位是敌方侦察和打击的重点，敌方将不遗余力地对这些重点目标或重点部位进行侦察和打击。因此，对这些重点目标或重点部位及其所处背景，要按敌方所拥有的最先进的侦察器材和制导武器进行威胁分析；而对其他目标或其他部位，则只需考虑敌方普查所采用的侦察器材进行分析。依此划分各部位可能遭受的威胁等级，确定目标被识别和定位的因素及毁伤的可能性，从而确定伪装设计的重点。

（3）明确伪装任务及要求

工程伪装的任务要能体现并满足上级的作战意图。一般来说，在现代高新技术条件下，要想对较大面积的人防工程目标全部隐蔽是十分困难的，通常根据目标的重要程度、在未来战争中作用与地位及其所担负的战斗任务，明确各目标所要采取的伪装技术措施及伪装等级，确定哪些目标需要严密隐蔽、哪些可以采用降低显著性或改变目标外形的方式实施伪装、哪些需要设置假目标等。

地面大型固定目标的伪装要求包括：伪装效果要求、伪装时效要求、伪装目标使用性能要求、伪装保密要求，以及伪装设置合理性要求等战术技术要求。伪装的目的在于消除或降低目标与背景间的特征差别。根据实际情况，伪装设置应突出重点，区分等级实施。

（4）总体伪装方案及可行性分析

在拟定人防工程伪装方案时，应充分发挥积极主动的伪装原则，使伪装方案成为作战方案的组成部分。只有确保人防工程安全性和稳定性，才能发挥其在未来战争中的重要作用。因此在确保作战使用前提下，伪装方案应为确保作战使用创造方便条件，同时作战使用也应尽可能地满足伪装需要。

在拟定人防工程的伪装方案时，应充分利用地形的隐蔽性能和背景的景观特性，减少对自然地物和植被的破坏。目标外形的设计要便于实施人工伪装，所选择的伪装方法、器材和材料应适应目标所处的地形背景和季节变化，避免千篇一律，力求形式多样化，使所有的伪装措施协调一致。要处理好工程重点部位伪装与附属设施伪装的关系，忽视某一局部的伪装往往会造成工程整体的暴露。伪装方案着重解决全局中重点部分伪装的同时，也不能忽视那些间接暴露目标性质部位的伪装。例如，导弹部队特种车辆具有特殊的外形特点，虽导弹已进入库房坑道，发射场也已经被伪装起来，但敌方若在某车站发现装载导弹的列车，就会在附近寻找发射点，从而发现导弹阵地的部署。因此，在工程伪装中，除隐蔽目标主要部分外，还应全面研究局部组成部分，并加以适当的伪装。

同时，还要处理好永久性与临时性的关系。在建工程主要考虑临时性伪装，工程建好后主要考虑永久性伪装。因此，在拟定在建工程临时性伪装方案时，就要考虑到向永久性伪装的过渡方案。特别是在建工程施工后期，尽可能做到永久性伪装实施之后再拆除临时性伪装设施。

总体伪装方案确定后还应进行可行性分析。通常根据侦察器材及攻击武器的弱点、可利用的背景条件、现有伪装技术和器材、材料的性能及相关的技术装备条件等几个方面，分析论证伪装方案实施的可行性，以保证伪装方案具有可操作性和有效性。

(5) 具体伪装措施及工程概（预）算

总体伪装方案是通观全局的设想，根据伪装任务和总体方案确定目标各个部位的伪装等级；还应对各具体目标或重点部位如何伪装进行详细描述，例如，采取什么具体的伪装方法、如何实施、伪装结构的形式、出入口的形式、伪装面的处理方法、达到什么样的伪装效果等，必要时绘制方案图。

在详细描述的基础上，编制伪装施工概（预）算，包括伪装施工工程量、器材及材料的使用量、经费概（预）算等。

6.2 伪装技术设计

工程伪装要达到战术技术指标的要求，就需要按照伪装方案进行伪装技术设计。在总体设计中应对工程伪装战术技术指标进行分解计算，确定出子系统的指标要求，以满足所对抗电磁波要求。伪装技术设计是以最终的伪装方案为依据的，应优先考虑天然伪装措施，当利用天然伪装措施达不到伪装要求时，则需要通过伪装技术设计实现人工伪装方案。例如，工程口部要求隐蔽并保证正常出入，对应的伪装方案是用伪装网设置人工遮障恢复原来地貌措施或采用其他永久性覆盖伪装措施恢复地貌。方案具体如何实现，就要靠伪装技术设计来解决，具体设计内容的多少由伪装方案决定，伪装方案必须经过伪装技术设计才能得以实现。

伪装技术设计可与工程设计同步进行，在工程定点及配置时，应充分利用天然条件隐蔽。在满足战术技术要求的前提下，应尽量减小工程的幅员和降低工程的高度。根据目标地域的地形和背景特性，使其外露部分具有某种与背景特征相似的伪装外形。

6.2.1　伪装性能设计计算

伪装性能设计计算包括目标光学性能、目标红外性能及目标雷达散射性能的有关设计参数的计算。

伪装目标能见度（包括光学能见度和红外能见度）、目标雷达后向散射系数和目标雷达后向散射截面是伪装技术设计的基本理论依据，伪装技术设计参数的选取和伪装图案设计的原理和规则均与之密切相关。

6.2.2　伪装外形结构设计

在伪装技术设计中，伪装目标外形是设计的重点核心。任何伪装方案措施都要求仿造的地形、地物必须适合背景特点，并且存在合理、形态逼真，而伪装外形结构设计是实现这一目的的主要手段。为满足伪装效果，伪装外形结构设计应满足以下几点要求：

1）伪装外形设计应存在合理、形态逼真，便于实施人工伪装；

2）伪装结构应具有一定的稳定性及一定承载能力，能够承受伪装面荷载、雨雪荷载和方案要求的风荷载，且应具有良好的耐久性；

3）结构造型应与目标所处背景地形、地物相匹配，能够与背景自然衔接；

4）在保证具有良好伪装效果的前提下，伪装面出入口应开启方便，不影响工程的正常使用。

伪装结构设计根据方案中的结构形式进行设计，设计应符合国家颁布的有关设计规范。通常伪装面材料较轻，伪装结构承受的荷载相对较小，其通常为轻型钢结构，并设计成简易屋架形式，结构相对简单。为满足结构强度要求，钢结构设计应满足以下设计原则。

1）承重结构应按下列承载能力极限状态和正常使用极限状态进行设计：

a）承载能力极限状态包括：构件和连接的强度破坏，疲劳破坏和因过度变形而不适于继续承载，结构和构件丧失稳定，结构转变为机动体系，以及结构倾覆；

b）正常使用极限状态包括：影响结构、构件和非结构构件正常使用或外观的变形，影响正常使用的振动，影响正常使用或耐久性的局部损坏（包括混凝土裂缝）。

2）设计钢结构时，应根据结构破坏可能产生的后果，采用不同的安全等级。

3）按承载能力极限状态设计钢结构时，应考虑荷载效应的基本组合，必要时应考虑荷载效应的偶然组合；按正常使用极限状态设计钢结构时，应考虑荷载效应的标准组合，对于钢与混凝土组合梁，应考虑准永久组合。

4）计算结构或构件的强度、稳定性及连接的强度时，应采用荷载设计值（荷载标准值乘以荷载分项系数）；计算疲劳时，应采用荷载标准值。

5）为保证结构的承载能力，防止在一定条件下出现脆性破坏，应根据钢结构的重要性、荷载特征、结构形式、应力状态、连接方法、钢材厚度和工作环境等因素进行综合考虑，选用合适的钢材型号。

6）对处于外露环境且对耐腐蚀有特殊要求，或在腐蚀性气态和固态介质作用下的承重结构，宜采用耐候钢，其质量要求应符合现行国家相关标准。

耐候钢是介于不锈钢和普碳钢之间的特殊钢种。其特性是抗大气腐蚀，涂装性优于普碳钢，价格相对于不锈钢来说比较经济适用。

耐候钢，即耐大气腐蚀钢，是介于普通钢和不锈钢之间的低合金钢系列，耐候钢由普碳钢添加少量铜、镍等耐腐蚀元素而成，具有优质钢的强韧、塑延、成型、焊割、腐蚀、高温、抗疲劳等特性；耐候性为普碳钢的 2 ~ 8 倍，涂装性为普碳钢的 1.5 ~ 10 倍。同时，它具有耐锈，使构件抗腐蚀延寿、减薄降耗，省工节能等特点。

耐候钢主要用于铁道、车辆、桥梁、塔架等长期暴露在大气中使用的钢结构。用于制造集装箱、铁道车辆、石油井架、海港建筑、采油平台及化工石油设备中含硫化氢腐蚀介质的容器等结构件。

7）钢结构的连接材料应符合下列要求：

a）手工焊接采用的焊条，应符合现行国家标准的规定。选择的焊条型号应与主体金属力学性能相适应，对直接承受动力荷载或振动荷载且需要验算疲劳的结构，宜采用低氢型焊条。

b）自动焊接或半自动焊接采用的焊丝和相应的焊剂应与主体金属力学性能相适应，并应符合现行国家标准的规定。

c）普通螺栓、高强度螺栓应符合现行国家标准的规定。

伪装结构设计时首先应确定整体结构的荷载，包括固定荷载（恒荷载）和可变荷载（活荷载）。固定荷载是指结构物上方所承载的伪装材料及其他构造物的单位质量（如覆盖伪装中伪装发泡覆盖材料、土工布、土工格栅、泡沫内吸收的水分、土壤、植被等），以及钢结构自身单位质量；可变荷载主要包括雪载、雨载、风载等，这些参数可通过查《国家自然资源手册》获得，设计时分别考虑取最大值。

根据计算出的荷载及其分布情况，结合檩条、梁和柱的形式及其跨度、高度进行受力分析，依照有关设计规范分别进行设计，并进行强度、刚度、稳定性验算，确定结构各部件的截面，最后完成设计图纸及结构说明。

6.2.3　伪装面设计

根据伪装方案提出的伪装方法措施，不同的场合和时机的伪装面设计有所不同，例如用于工程施工临时性伪装的伪装面通常采用专用伪装网，而永久伪装的伪装面通常使用的是植物覆盖或发泡覆盖材料。无论是临时性伪装措施还是永久性伪装措施，都应满足以下技术要求：

1）表面的伪装处理应符合现地景观性能，力求自然逼真，仿造的地物、地貌应适合当地背景特点。

2）伪装面应按等级要求进行设计，伪装面的斑点的颜色、图案、尺寸必须符合现地背景，斑点设计符合仿造迷彩的设计原则；伪装面的红外辐射特性及雷达散射特性应与背景中地物的相应波谱特性相似，并自然地融合在周围背景之中。

3）伪装面设计或选用器材、材料，除特殊材料外，应尽可能地就地取材，或采用就便器材与材料。

4）伪装面设计应具有高的强度和耐久性，并具有防火、防爆、抗风性能。

（1）伪装网作为伪装面的设计

人防工程在利用伪装网设置临时伪装遮障时，对网面有特殊的要求，应根据具体使用情况和背景状况专门设计。

1）伪装网面所仿造的斑点、图案、表面状态及波谱特征（如颜色、亮度、雷达散射系数和中远红外辐射特性）应按伪装等级要求进行设计，与背景特性相匹配。

2）伪装网用布具有一定的强度。其中，断裂强度不小于 490 N/（5 cm×20 cm），撕破强度不小于 49 N。

3）伪装网用绳强度要求架网绳断裂强度骨不小于 150 N，连接环绳不小于

440 N，控制绳不小于 930 N，绑扎绳不小于 50 N。

4）遮障面斑点的颜色、亮度或热辐射温度，应符合目标活动地域内主要背景斑点的颜色、亮度或热辐射温度分布要求。斑点颜色的种类，应根据背景颜色的复杂程度而定，通常采用多色仿造迷彩。

5）遮障面边缘应与周围背景斑点相融合。遮障面边缘斑点与背景相连斑点间的可见光和近红外亮度对比应控制在 0.1～0.15 范围内，热辐射温度对比控制在 2℃范围以内。必要时，可采取适当措施对遮障边缘的背景进行改造，使其与遮障面斑点相融合。

6）斑点平均亮度系数或热辐射温度用各斑点颜色或辐射温度与其面积加权计算。

7）斑点的尺寸应根据判读经验和测定数据而定，决定斑点尺寸前应分析计算敌方空间、空中侦察的地面分辨力。

8）网面斑点最小尺寸应大于敌方空间、空中侦察地面分辨力 5～7 倍。设计斑点时，应避免迷彩斑点形状、大小相同。对同一颜色的斑点应采用不同的形状和尺寸，而且在整个迷彩图案应由不同的斑点组成。

9）斑点应为不规则的图形，其凸出和凹进部分的尺寸应各不相等。斑点边缘可设计为平滑曲线，也可设计成折线，且两折线夹角不宜小于 45°。

10）斑点应不对称布置。对大型遮障，应增设模仿典型背景的迷彩图案，增加遮障面斑点图案的丰富性。模仿典型背景的斑点不少于遮障总面积的 30%，遮障面斑点对空显示效果应合理自然。

（2）用伪装发泡覆盖材料作为伪装面的设计

用伪装发泡覆盖材料作为伪装面的方法通常用于工程建成后的永久性伪装。

1）发泡覆盖材料表面光谱反射率应与实际背景接近一致：热红外波段的最低发射率达 0.75，在有效吸收频带 8～16 GHz 吸收衰减率为 75%以上，断裂伸长率为 5%～10%，撕裂强度为 2.4～4.0 N/cm。

2）伪装面应采用多层设计，分衬布、土工格栅、伪装结构层、伪装仿造造型层和植被覆盖层，伪装结构层平均厚度为 5 cm，仿造造型层平均厚度不小于 12 cm。

3）泡孔设计，伪装结构层为质密闭孔型，自由发泡密度约 60 kg/m^3；伪装仿造造型层为开孔型，自由发泡密度约 20 kg/m^3，可吸水。

4）发泡材料表面植被覆盖率与背景匹配，空中观察植被覆盖率通常为 30%～70%，植被以草本和低矮灌木植物为主。

5）岩石造型采用低密度开孔型网络泡沫，岩石造型大小及数量应与背景匹配。

6）发泡材料配方中应添加阻燃剂，且要求离火瞬间自熄。

（3）用植物覆盖层作为伪装面的设计

植物覆盖分种植、移植、爬藤、铺设草皮、播种草种、机械喷播等。

1）种植、移植的乔木、灌木及高草应是背景中常见的植物品种，高矮搭配种植，高度和种植密度与周围背景的植被相匹配，同时能有效遮蔽目标。

2）铺设草皮与播种草种的品种要多，不能只采用单一的品种。

3）机械喷播的伪装面结构，根据自然条件和边坡状况基本构造，由锚杆、复合材料网、基材混合物、植物组成。

4）机械喷播的混合材料中绿化基材为 2 kg/m^3，秸秆为2 kg/m^3。

5）机械喷播混合材料喷涂厚度约为 10 cm。

6.2.4　假目标设计

假目标设计应包含假口部、假阵地、假道路、假排气口和假天线引入堡等，以及假目标配置数量、与真目标防护间距、模拟特性、制作方法和加工工艺等内容。对于假口部和假阵地，在其设计时应注意以下问题：

1）已建工程的改造应根据地形增设新口部，并将已暴露的原口部作为假口部。

2）假口部与真口部之间的距离应满足防护间距的要求。

3）假口部应实施不完善伪装，该伪装应具有长期性。

4）工程口部施工时使用的房屋，如场区暂时不布置建筑物或构筑物时，不宜拆除。

5）假阵地及其配置的假目标必须符合战术技术要求。

6）假阵地的主要特征（颜色、形状辐射的红外线和雷达波等特性）应与真阵地相似，大于空中侦察可分辨率尺寸的细部都应逼真仿造。

7）对假阵地应实施不完善伪装。

6.2.5　烟幕伪装设计

烟幕伪装是通过施放烟幕来遮蔽目标或迷盲、诱惑敌方观察和对付精确制导炸弹的攻击。为了正确实施烟幕伪装，达到良好的伪装效果，必须对影响烟幕施放的各种因素进行详细的调查，并根据实际情况进行设计。在设计时应注意以下问题：

1）烟幕伪装的遮蔽面积不应小于目标面积的 5～10 倍。

2）目标不得位于烟幕遮蔽面积的中央。

3）烟幕遮蔽面积的轮廓不应与目标的轮廓重复或相似。

4）目标与方位物相毗连时，应将目标附近的方位物也遮蔽在烟幕中。

5）幕器材在光学（0.30～1.2 μm）、激光（10.6 μm）、中远红外（3～5 μm、8～14 μm）各波段应均具有遮蔽作用。

6）在施放真烟幕的同时应考虑实施假烟幕，实施假烟幕应与假目标、假行动相配合。假烟幕的浓度（每分钟内发烟器材消耗量）可以相应减少。

7）烟幕材料应安全、低毒，便于保存。

8）烟幕发烟点的配置方式，应根据目标的类型及风向、风速等因素确定。施放烟幕的最有利风速应为 3～5 m/s。长为 150 m、宽为 100 m、高度不小于 5 m的遮蔽屏障，形成时间不应大于 30 s，持续时间不应小于 2 min。

6.3 人防目标伪装的组织与实施

人防目标伪装的组织与实施应该贯彻工程建设的整个过程，即从工程选点勘察、设计、工程施工及维护管理的全过程。在工程设计时应当考虑伪装工程设计，从开始建设到整个工程建设完成的过程，都要进行伪装的组织和实施目标建设结束，伪装工程也随之完成。

6.3.1 目标选点勘察

人防目标工程建设选址时，应该充分考虑工程区域要满足天然伪装的要求，尽可能地合理利用自然的地形、地貌的遮蔽性能，使人防目标具有天然遮蔽。

对于新建设的大型人防目标，企图在建成后再实施伪装是困难的，一是技术难度大，二是伪装费用高。最优的方案就是在设计阶段就考虑大型人防目标的伪装，这样还避免了大型人防目标工程在建设过程中被发现、识别。总的来讲，在选点勘察时就要考虑大型人防目标的伪装，如在选点勘察、设计时就要考虑目标所处的位置、目标的部署、外形的选择、阴影的消除、地形地物的利用和地物阴影的利用等问题。只有这样，新建大型人防目标才有可能在敌方高性能侦察器材的侦察监视下保持隐蔽，不至于暴露目标的性质及用途等。

对于现有的人防目标，在实施伪装勘察时，应该注意以下几个问题。

1）根据人防的性质分析人防目标伪装所要达到的程度。其主要包括：人防目标的重要性，人防目标的易损性，敌人对人防目标可能达到的了解程度和估计，敌人对人防目标进行观察或袭击可能采取的高度、接近方式和时间，敌人对人防目标观察可能采用的器材（器材性能和数量）和角度，以及平均能见度（雨、雾及其他大气条件）。

2）影响伪装方案设计的因素，其主要包括：有没有可供敌人侦察和攻击时作为方位物的突出地标，有无可能使这些地标变得模糊难辨，需要伪装的地域范围和允许的时间，目标的预期使用期限，有无构筑假目标的合适地域，能够得到的伪装器材、装备的数量及种类，人力数量及伪装训练水平，全年的天气条件（雨量、温度变化范围、雪载和风载等），明确的季节性变化和需要的维护工作等。

3）人防目标选点勘察时还应考虑安全保密问题。人防目标选点勘察时的主要暴露特征是人防目标地区及附近施工人员的大规模勘察和活动。应该加强施工人员的保密教育，明确伪装保密纪律，分散施工人员的住宿及行动，建筑材料的采购及存放需分散进行。

4）散布假情报。其可使人防目标不引起敌人的注意。假情报内容应与地方一般建设项目相结合，如一般旅游项目、矿产资源项目、小型企业建设等，以尽量降低敌人的关注度。安全保密和散布假情报应贯穿人防目标建设全过程。

6.3.2　人防目标工程设计

进行人防目标工程设计时，应当包括伪装工程设计，也就是伪装贯穿于人防目标工程设计中，结合人防目标工程设计进行人防目标伪装设计和规划。

在人防目标工程设计时，有些人防目标，如民航机场等，即使在其选点勘察、设计时就要考虑民航机场所处的位置、民航机场各组成单元的部署、建筑物外形的选择、建筑物阴影的消除、地形地物的利用和地物阴影的利用等问题，但由于停机坪、跑道等机场组成单元形状、配置的特殊性，要完全地隐蔽这些单元无论是在经济上还是在技术上的难度都是相当大的。在这种情况下，进行人防目标工程设计时考虑采取措施隐蔽目标的关键部分（如飞机库及通信指挥设施等），这样就有可能应对敌方对目标攻击时的观察、瞄准，使人防目标总体上的功能不受损害或使这种损害减弱到最小，从而提高人防目标的生存能力。

人防目标工程设计中的伪装主要应考虑以下几个问题：

1）伪装设计前进行伪装背景调查。对工程所在区域的地形地貌特征、季节变换特征、植物分布特征、光学红外微波波谱特征等进行充分调查，为人防目标的伪装设计、工程建设竣工后的背景恢复提供基础数据。

2）在人防目标建设施工中，在设计坑道口部、场坪、建筑材料、道路、房屋等建筑设施在配置、形状、颜色等方面时，应遵循伪装原则。

3）从人防目标伪装需要出发，把辅助工作区域、临时工作道路等设计成假坑口、假道路。也可以根据需要设计一定数量的假目标。

6.3.3 施工组织

人防目标伪装工程的施工组织管理应纳入工程建设计划或工程改造计划当中，有步骤、按计划逐步实施。

人防目标伪装工程施工前，按照伪装工程设计，明确伪装任务和伪装要求，制订详细的施工组织计划，设立由使用单位、工程技术人员和施工单位组成的领导小组。该小组负责协调工作，拟定施工计划，调整部署进度，深入现场督促检查，及时发现解决施工过程中的技术问题；负责器材材料的选购、调运、贮存保管；负责施工人员的生活保障、车辆的派遣、机械设备的维修等工作，保证工程的顺利进行。

施工组织是根据具体项目的伪装措施、工程进度、要求完成的时间等决定使用的兵力，配备必要的机械设备，组织施工人员进场。施工作业顺序应根据工程建设进度而定，如坑道开挖前大面积人工遮障的架设，通常是先放线定点，确定遮障范围，然后设置骨架、地锚固定，架设遮障面，消除作业痕迹，伪装效果检查等；又如实施大面积仿造迷彩，通常是在工程临时设施搭建同时、背景破坏面形成后实施，首先清除表面的灰尘、油污，然后经始斑点（变形或仿造迷彩）调配涂料、喷涂，进行伪装效果检测等。

工程施工人员进场施工时，应尽量避免大规模集中机动。工程施工人员进场应该做到：

1）工程施工人员进场和施工作业要充分利用卫星规避和夜暗等不良天气条件。现在卫星侦察的能力已经很高，但卫星是按照一定的轨道运行的，相邻两次临空要隔很长时间，而每次临空一个目标区的侦察时间只能持续几分钟。如果知道了卫星运行的轨迹，就可像防空袭一样通过规避机动来躲过卫星的侦察。我们可利用情报部门提供的卫星临空状况，对大型机动、运输，大的作业开采、爆破等进行规避，以减小被敌方探测到的概率。

2）施工人员进场机动应分散进行，且不要统一着装，不要过于整齐，不要设置岗哨，不设置调整哨，也不编队机动等。进场车辆需要伪装，可仿造成地方施工车辆进场的情形。

3）对进场施工人员进行保密教育，施工人员需遵守保密规定，不透露施工人员集结地点和有关工程信息。

4）应严格控制或者取消使用移动通信和使用地方电信，因为施工地域通信量的增大也是会引起广泛注意的。后勤物资和食品采购应分散进行。

6.3.4　施工人员保密要求与伪装纪律

对施工人员进行有效的保密控制，采取分工期、分工区人员隔离制度，防止施工人员了解工程全貌及参与全过程建设，对参与核心部位建设的人员要严格把关，具体措施如下：

1）控制施工人员进出，模仿民工作业，减少与外界的联络。

2）施工机械、车辆实施迷彩伪装，其活动应遵循伪装要求。

3）严禁设置大型宣传标语、召开大型庆祝会议等活动。

6.3.5　维护与管理

人防工程实施伪装后，为贯彻伪装意图和保持伪装效果，必须根据人防目标的性质和目标所处的位置，制定相应的维护管理措施，加强伪装纪律，并落实到全体人员中去。粗心大意、纪律松懈必然会暴露目标位置，破坏整个伪装的努力。为此，必须使全体工作人员熟悉伪装设施的维护管理，定期或不定期地检查伪装工程的实际伪装效果。

由于人防目标使用周期长，因此必须考虑伪装措施的长期性。目前，对人防目标中固定目标，如建（构）筑物等，多采用植物伪装或者植物伪装与其他伪装相结合的方法。因此，加强对伪装用植物的定期浇水、施肥、修剪等维护管理显得十分重要。

在采用其他人工伪装措施时，应考虑支撑结构的稳定性和伪装设施的耐久性，对易损部件定期检查更换，以保证结构的稳定性；伪装面应定期检查更新，并根据季节变化及时补充或更换原来的伪装材料。

由于伪装结构和伪装材料可能经历作战的考验，因此除了长期性要求以外，还必须有耐火性和一定的耐爆炸性。即使如此，也要做好防火、防雷等安全措施，加强监督检查，消除潜在的安全隐患。在人防目标（工程）受到毒剂或放射性沾染的侵害时，应对伪装设施进行消毒和消除沾染，必要时迅速更换。

普通伪装材料的抗老化和结构的抗锈蚀等是人防目标伪装中一个突出的问题，也是人防目标伪装维护的重点，应制订相应的维护和保养计划，对这些部位做定期维护和保养。

人防目标在建设时，就要注意保守秘密。在人防勘察、施工时要注意加强伪装措施；人防目标建设完毕至投入使用期间，还要进行一段时间的维护管理和配套设施建设，这期间需要强化伪装意识，增强伪装措施。因此，在人防目标伪装设计时，应把施工、维护及交付使用后的伪装结合起来，统一考虑。

第7章　人防目标伪装的勘察与检测

人防工程伪装勘察就是根据敌方战场侦察方式和侦察器材的性能，实地勘察地物（目标与背景）的波谱特性（如光谱反射、红外辐射、雷达散射），以掌握与伪装有关的数据资料及可利用的天气、气候、地形、地物和资源等，为伪装方案设计提供依据，为伪装技术设计提供基础数据。

伪装检测即伪装效果检测，其目的是检测在一定条件下，伪装所达到的可隐蔽自己、欺骗敌人的程度，其主要任务是测试目标和背景的可见光、近红外反射、中远红外辐射率、温度、雷达散射等特性参数，确定目标在背景中的暴露程度，为人防工程伪装效果评估提供技术参数。

7.1　人防目标伪装勘察与检测的主要内容

人防工程伪装勘察与检测主要分三个步骤进行：

1）在制定人防工程伪装方案之前，对人防工程进行目标与背景勘察。其主要包括目标的性质、用途、存在时间，背景特性，地理和自然条件等；

2）伪装施工完成后，对人防工程伪装效果进行检测。主要检测伪装施工是否符合设计要求，是否达到规范要求，是否符合伪装要求；

3）伪装性能稳定后（一般一年以后），针对伪装长期效果进行检测。

勘察的内容包括目标与背景的一般特性，光学波段的亮度、颜色特性，红外波段的温度、发射率特性及微波波段的雷达截面、雷达散射系数等。

7.1.1　伪装勘察检测的依据

（1）伪装勘察的依据

伪装勘察的依据主要是战场侦察原理、敌方侦察方式和侦察器材性能、敌方制导武器的制导原理、制导方式，以及敌方作战原则和作战方式等。

①侦察原理

包括可见光、近红外、中远红外、雷达及激光侦察的原理，各种侦察都是利用目标与背景的光谱反射、辐射、散射特性差别来发现和识别目标的，因此实施伪装必须掌握目标和背景的这些特性。

②侦察方式和侦察器材的性能

侦察方式是指敌方采用的是空中侦察还是地面侦察，是目视侦察、照相侦察还是电视侦察等。侦察器材的性能包括作用距离、光学器材的倍率及分辨力、红外器材的分辨力、雷达的分辨力、照相器材的焦距、照相比例尺等。如不能确切了解以上数据，应以敌方较高水平的侦察器材性能为依据。

③制导武器的制导原理和制导方式

根据制导武器的工作原理和制导方式，确定使目标被识别和定位的因素，从而确定伪装勘察的内容。

④作战原则和作战方式

根据作战原则和作战方式，可以确定哪些目标是敌方重点侦察和打击的目标（详查目标），它们所受到的侦察和打击威胁也就最大，因此对目标及其所处背景要按敌方所拥有的最先进的侦察器材和制导武器进行详细的勘察。而对其他目标，则只需考虑敌方普查所采用的侦察器材，有针对性地实施勘察。

（2）伪装检测的依据

伪装检测的依据主要是敌方侦察器材的性能、敌方火力袭击的高度和距离、我方火力有效射程、目标和背景特性等。根据工程伪装设计的要求，提供所需的目标和背景的技术参数；根据目标的伪装要求及等级，提供供伪装效果评价所需的伪装技术参数。

①敌方侦察器材的性能

主要包括可进行侦察的平台，侦察器材的种类，侦察器材的作用距离，侦察器材的分辨能力等。如不可能确切了解以上数据，则应以敌方较高水平的侦察器材为依据。

②敌方火力袭击的距离和高度

主要包括根据目标性质，战时目标可能受到的火力威胁及被摧毁的能力。

③我方火力有效射程

主要包括根据目标性质，战时可能得到的我方火力保护、以限制敌方的侦察与打击的能力。

④目标和背景特性

其对目标的发现概率有直接的影响，主要指目标和背景的光学反射特性、红外辐射特性和雷达散射特性。

7.1.2　伪装检测的标准

目前，人防工程伪装检测规范还没有统一的标准，人防工程相关规范中有部分涉及到伪装效果检测与评估问题，以及对目标的伪装进行分级时方法。工程伪装分级是对不同精良程度伪装措施的技术规定，它具体体现了目标伪装的战术技术要求和检验指标。上述几个规范确定的技术指标基本相同，其对各等级的光学、红外和雷达伪装技术指标都有明确规定。

光学伪装和热红外伪装等级各分为四级：一级为严密隐蔽，二级为隐蔽，三级为部分隐蔽，四级为降低显著性。反雷达伪装等级分为两级：一级为隐蔽，二级为部分隐蔽。

（1）光学伪装技术要求

伪装等级反映其对抗侦察的能力，可以用不同侦察条件下的能见距离表示。就光学伪装的四个等级而言，随着能见距离的增大，伪装精良程度下降；反之，则伪装精良程度提高，伪装效果越好。

（2）热红外伪装技术要求

通过原理分析和实验数据研究可得到在温度灵敏度为 0.1 K、空间分辨率为 0.1 mrad、红外行扫在最佳速高比条件下设施热图像的能见距离，以此划分防热红外伪装的四个等级。同样，随着能见距离的增大，伪装精良程度会降低。

（3）反雷达伪装技术要求

在景象雷达的荧光屏下，由于设施散射雷达波能力的不同，会呈现不同亮度的斑点：散射能力强，斑点的亮度就高。设施体积大，斑点的区域也随之大。对于成像雷达，情况也基本如此，只是成像雷达所反映的设施图像分辨能力更高。由于人防工程设施类型多、涉及的范围广，加上相关器材设备的缺乏，检测评估比较困难，难以用个别典型情况来描述整个工程设施反雷达伪装的精良程度。

在实际运用中，根据实际情况和战役、战术原则进行设施伪装等级级配的选择。例如，对常温设施（在无热源时），热红外伪装的要求可以低一些；周围有高大建筑物或浓密茂盛的植物遮挡，则反雷达伪装的要求也可以低一些；在大雨等不良天候条件下，热红外、反雷达伪装的要求也可降低。在和平时期，设施的伪装应以防敌方侦察监视为目的，考虑长久性和可维护性；在战时，设施的伪装应以防敌方攻击为目的。因此，上述分级标准在实际使用中应根据不同的情况、针对不同的设施，酌情级配。

7.1.3 伪装检测的器材

（1）光学检测器材

光学检测器材有观察器材、照相器材和测量器材。

观察器材主要有望远镜、近红外观察仪、微光夜视仪、伪装白色检验镜、伪装绿色检验镜、双目偏光能见度测定仪等。

伪装绿色检验镜，用于观察目标及背景在红色光谱段的反射情况，检查人工绿色的近红外伪装效果。近红外观察仪、微光夜视仪也可以检验人工绿色的近红外伪装性能。伪装白色检验镜，用于观察目标及背景在紫外光谱段的反射情况，检查雪地背景上人工白色材料的紫外伪装效果。双目偏光能见度测定仪，用于测量目标的光学能见度、目标发现概率和气象能见度。

照相器材主要有地面及空中摄影机，各种全色、彩色、彩红外、近红外、近紫外胶卷，各种窄波段滤光片，数码摄影机和数码相机等。

用来测量物体光学特性的器材主要有野外分光光度计、亮度计、照度计、色差计、野外光谱辐射计、比色板等。

(2) 红外检测器材

红外检测器材包括发射率测量仪、辐射测温仪、点温计、热像仪等。

(3) 雷达检测器材

雷达检测器材包括微波散射计、雷达截面积测量仪。

(4) 伪装勘察检测车

伪装勘察检测车主要用于获取实施伪装技术措施所需目标和背景的光学、红外和雷达特征数据，并用于检测目标实施伪装作业的综合伪装效果。

伪装勘察车主要装备有激光测距仪、微光夜视仪、光学摄像头、红外成像仪、比色板、伪装绿色检验镜、伪装白色检验镜等各种检测器材。

7.1.4　伪装检测的内容

(1) 一般特性检测

一般特性检测主要包括目标的外形、尺寸、组成、表面粗糙程度、相对位置，背景的种类、分布、地形起伏、地貌特征、气象条件和现地可用的就便材料伪装波谱性能等。一般特性检测常在伪装勘察时实施，可在地面和空中进行。

(2) 光学特性检测

光学特性是指目标和背景的近紫外、可见光和近红外的反射特性，可采用照相、光谱反射特性和积分反射特性测量方法获取。

目标和背景的光谱反射特性常用野外分光光度计测量，其测试光谱范围为 350～800 μm，光谱分辨率小于 1 nm，可给出光学波段的光谱反射率或光谱亮度系数、颜色三刺激值和色度坐标。

积分反射特性常用亮度计测量，通过比较被测表面的亮度与标准白板的亮度，得出测试表面的亮度系数值。

野外条件下，为快速检测目标与背景的光学特性，可用比色板比色的方法测量。

光学检测特性也可通过对照相获得的图片进行图像处理，得到各背景斑点的颜色三刺激值、色度坐标和面积百分比。

近红外和近紫外波段的光学特性检测，除用光谱反射特性检测外，还可以用伪装绿色检验镜和伪装白色检验镜进行检测。

（3）热红外特性检测

热红外特性是指目标和背景在热红外波段的反射和辐射特性，可采用红外热像仪、辐射测温仪和发射率测量仪等测量方法获取相应的参数。

不同于光学特性，目标和背景的红外特性随昼夜的变化较快，所以红外特性检测应该在昼夜的多个时段进行。

（4）雷达散射性能检测

野外条件下，利用微波散射计对伪装前后的目标进行检测，比对伪装前后目标的雷达散射系数是否满足伪装分级技术指标的要求。

7.2 人防目标伪装检测的主要方法

伪装检测是目标工程伪装实施的一个重要环节，是衡量伪装措施是否完善、伪装效果是否良好的重要手段，一般按照以下步骤进行：

1）制订伪装检测计划。伪装检测计划的内容包括：检测的项目、时限、位置、数量、方法和要求，各组任务区分及完成任务的顺序、时限，检测器材的保障等。

2）选择检测器材。根据敌方可能使用侦察器材的种类及性能，选择相应的检测器材。

3）检测作业编组。根据伪装所要对付的侦察种类、任务量进行检测作业编组，通常设观察组和测量组。

7.2.1 光学特性检测

光学伪装的目的就是降低或模仿目标与背景的颜色差别，主要包括目标与背景的亮度对比和光谱反射性能差别。而颜色的光谱反射差别集中体现在白色人工材料与雪地背景紫外波段的差别，以及绿色人工材料与植被背景在近红外波段上的差别。近红外照相和近紫外照相的目的就是揭露目标与背景的异谱同色程度。所以光学伪装性能检测的内容主要是目标与背景的亮度对比、光谱反射值检测及光学照相检测等。

对于隐真目标，往往要求目标的颜色与背景相融合，如果伪装后的目标和背景在颜色上存在不同程度的异谱同色，则能通过近红外照相（或伪装绿色检验镜观察）、近紫外照相（或伪装白色检验镜观察）、多光谱照相等手段，来检测人工绿色材料或白色材料与背景的融合程度，直观地检验伪装效果的好坏。所以，目标在伪装条件下，颜色的融合程度就归结为伪装后目标的颜色与背景的颜色的异谱同色的程度，这也是检验光学伪装效果的主要方面。通常还可以对复制的相应颜色光谱曲线进行测试，通过曲线的比对，判断异谱同色程度及颜色复制是否符合伪装要求。

对于示假目标，同样也必须考虑真假目标的颜色复制水平，可用上述类似的方法检验。

（1）亮度对比检测

目标与背景亮度对比的检测是通过检测出目标与背景的亮度或亮度系数，计算出它们之间的亮度对比。

①亮度检测

目标和背景的亮度可用比色板、亮度计、色度计、光谱仪等四种仪器或工具进行测量。

1）比色板：比色板分彩色和消色两种，彩色比色板用来测定背景和材料的颜色特性，消色比色板用来测定消色表面的亮度特征。测色时，可将彩色（消色）比色板直接放置于被测表面，通过板上的矩形空隙比色；也可将比色板拿在手中通过矩形空隙观察一定距离上的被测表面，以确定被测表面的色样号数，每一色样对应一个亮度系数值。测色时要保持比色板空间位置与被测表面平行，以保证比色板与被测表面具有相同的照度。特别是当野外背景由各色小斑点构成时，为测定其混色后的结果常采用比色板测色。

比色板测量颜色，方法简单，比较容易实施；但精度不高，只能用于要求不高的伪装场合。

2）亮度计：亮度计一般分两种，一种是为测量各种荧光屏和透射屏的亮度而专门设计的，它在电视、医用 X 射线、CRT 及场致发光、荧光物质等测量方面有广泛的应用；另一种是为照明工程、光源和发光器件、电影电视、交通信号、建筑、大气光度学等领域常用的测试仪器。伪装上一般使用后一种亮度计进行目标与背景的亮度值测量。这种亮度计选用稳定的硅光电探测器、匹配严格的滤光器、精密集成放大器和低功耗液晶显示器。因此，整机具有轻便、稳定、准确和使用方便等突出的特点。

常用的 L88 型亮度计既可在实验室内使用，也可用于野外现场观测。

使用 L88 亮度计时，将仪器架在三脚架上，取下镜头盖，瞄准待测目标并调整焦距至清晰；按下电源键，稍后显示窗口上出现读数，该读数乘以 100 即为测量值。例如：显示值为 12.34，则仪器的测量值是 1234 cd/m^2。仪器设有保持键，当操作者瞄准目标完成测量后按下保持键，可将测量值保持下来。记录数据后，请再按一下该键取消保持状态，从而恢复仪器测量功能。如果不需保持测量数据，则不要按下保持键以免误操作。测量完毕需再按一下电源键以关闭电源。

3）色度计：色度计的型号多种多样，功能也各有不同，有的只具备测量色度的功能，有的兼具测量照度的功能。

C2001 型色度计是一种测量色度、色温、光亮度、光照度的高精度智能化仪器。仪器的探头严格地符合国际规定的标准光谱函数，数据的采集、分析、处理及显示等功能由单片机及相关电路实现。单片机技术与测色方法的有机结合使仪器具有操作简单、测量准确可靠等特点。测量时进行一次采样即可。根据需要分别显示出样品的色度（x，y）和（u，y）、色温 T_c及亮度值 Y。一般情况使用这种色度计在室内对采集的样品进行测量。

4）光谱仪：光谱仪是进行光谱研究和物质光谱分析的装置。它的基本作用是测定被研究的光（所研究的物质发射的、吸收的、散射的或受刺激发射的）的光谱性质，包括它的波长、强度。为此，光谱仪具有的功能是：把被研究的光按波长或波数分解开来；测定各波长的光所具有的能量，得到能量按波长的分布；记录分解开的光波及其强度按波长或波数的分布，得到光谱图。

光谱仪的种类很多，分类方法也很多，它与分类者的出发点有关。伪装上一般使用两种光谱仪，一种用于室内测量光谱反射率的，一种用于野外测量光谱反射率的。其中 C1－700 便携式光纤光谱仪是一种紫外－可见光－短波近红外光纤光谱仪，具有极高的灵敏度和很高的分辨率，有一个由 2 048 个元件构成的 CCD（电荷藕合传感器）通过线性阵列组成的探测器。通过单根光导纤维传导过来的光能，经过一个固定的光栅进行色散后，覆盖到 CCD 阵列上。该阵列的响应范围为 200～1 100 nm。使用一个 SMA905 连接器就可将光纤光源、探头及其他光谱附件很方便地耦合在一起，其最大特点是内置一个奔腾微型笔记本电脑，由该微型笔记本电脑实现对光谱的实时扫描和数据处理。将带有内置光源的叶片探头或积分球（均为可选附件）接到 C1－700 上，用叶片探头或积分球夹住类似叶片的物体后，便可获得该物体的透射、反射和吸收光谱的图形输出或数据输出。

该光谱仪也具备一般的光谱仪的特点：光谱响应范围宽（200～1 100 nm），分辨率高（1 nm），可实时高速扫描，灵敏度高；带有连接器的光纤光缆，可以适应各种不同探头的应用，真正的轻便便携，室内室外使用都很方便。

通过野外光谱仪测量被测物的光谱反射曲线，可以计算出该物体的亮度。

②亮度检测需注意的问题

亮度对比是光学伪装效果检测的一个重要指标，亮度对比影响到目标的伪装效果。由于光学波段目标和背景的亮度对比有一定的稳定性，一般随天气的变化影响较小，因此对目标和背景进行的亮度对比测试应选择其反差比较大的时候进行。

在野外，一般选择天气晴朗，大气能见度大于 10 km，中午太阳光垂直照射时进行测试。被测目标和背景表面从垂直到水平取不少于 5 个角度、重复测试 10 次以上，并在同等条件下进行对比测试，取最大亮度对比值作为目标和背景的最终亮度对比值。

在室内，通过收集目标和背景的样品进行测试，应该选择比较典型的样品，并且样本数不少于 10 组，取平均亮度对比值作为目标和背景的最终亮度对比值。

（2）光谱反射曲线测试

地面目标的光学技术指标包括目标的尺寸、目标的颜色（亮度、色调、纯度）。目标的尺寸或者斑点的尺寸可用丈量工具获得。目标的颜色或斑点的颜色可用其三刺激值来描述，颜色三刺激值可用色度计测量。为检验异谱同色程度，需要得到颜色的光谱反射率分布。为此，地面光学技术指标的检测选用野外便携式瞬态分光光度计对目标进行近距离检测。

对光谱检测的要求如下：

1）波段范围：350～900 μm；

2）波长间隔：10 μm；

3）测量精度：＜5%；

4）重复误差：＜2%。

目标与背景的光谱曲线也可通过采集样本在室内进行检测。

目标与背景之间的光谱反射差别可以用近红外反射差、近紫外反射差、颜色差别和颜色异谱同色指数来描述。

①近红外反射差别

对于绿色材料，普通人工绿色材料在近红外反射较低，而植物绿色在近红外波段的反射很高。在 800 nm 波段，普通的绿色材料光谱反射率只有 0.2～0.3，植物绿色的光谱反射率能达到 0.4 以上。因此，比对 760～900 nm 波段的光谱反射差别，就可以检测人工绿色材料的伪装效果（图 7－1 给出了伪装绿色材料光谱反射率允许范围）。

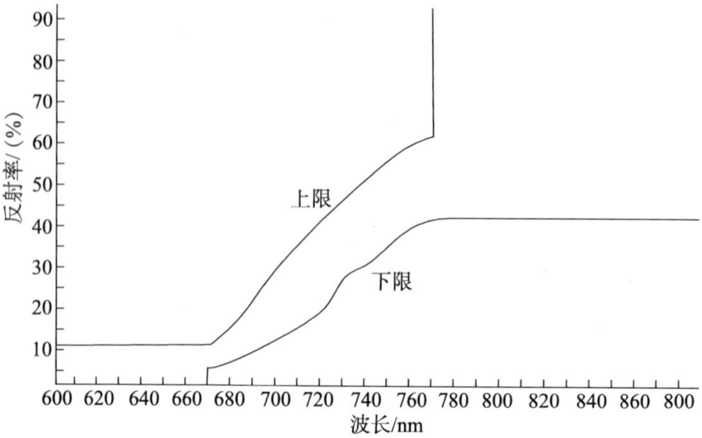

图 7-1　伪装绿色材料光谱反射率允许范围

设两种样品绿色的光谱反射系数为 $r_{\lambda 1}$、$r_{\lambda 2}$，相对反射比定义为

$$k_\lambda=\frac{r_{\lambda 1}-r_{\lambda 2}}{\max(r_{\lambda 1},\ r_{\lambda 2})}k_\lambda=\frac{r_{\lambda 1}-r_{\lambda 2}}{\max(r_{\lambda 1},\ r_{\lambda 2})}$$

则，近红外反射差为（以 10 nm 为间隔）

$$\Delta K=\frac{\sum_{760}^{900}K_\lambda}{15}$$

如果 $\Delta K\leqslant 5\%$，则具有较好的近红外效果；否则，近红外伪装效果不能满足伪装要求。

②近紫外反射差别

对于白色材料，普通白色材料在近紫外反射较低，而雪在近紫外波段的反射很高。在 380 nm 波段，普通白色材料光谱反射率只有 0.2～0.4，雪的光谱反射率能达到 0.7 以上。因此，比对 350～400 nm 波段的光谱反射差别，就可以检测白色材料的伪装效果。设两种样品白色的光谱反射系数为 $r'_{\lambda 1}$、$r'_{\lambda 2}$，相对反射比定义为

$$K'_{\lambda 1}=\frac{|r'_{\lambda 1}-r'_{\lambda 2}|}{\max(r'_{\lambda 1},\ r'_{\lambda 2})}$$

则，近紫外反射差为（以 10 nm 为间隔）

$$\Delta K'=\frac{\sum_{350}^{400}K'_\lambda}{6}$$

如果 $\Delta K\leqslant 5\%$，则具有较好的近紫外效果；否则，近紫外伪装效果不能满

足伪装要求。

③颜色差别

目标与背景的颜色差别可以用色差来描述。

根据测试的光谱反射率曲线，可以计算出样品的颜色三刺激值，公式如下

$$\begin{cases} X = k\sum_{\lambda}\beta(\lambda)S(\lambda)\bar{x}(\lambda)\ \Delta\lambda \\ Y = k\sum_{\lambda}\beta(\lambda)S(\lambda)\bar{y}(\lambda)\ \Delta\lambda \\ Z = k\sum_{\lambda}\beta(\lambda)S(\lambda)\bar{z}(\lambda)\ \Delta\lambda \end{cases}$$

式中　X、Y、Z——颜色的三刺激值；

k——调整因子，将照明体的 Y 值调整为 100 时得出的，即

$$k = \frac{100}{\sum_{\lambda}S(\lambda)\bar{y}(\lambda)\Delta\lambda)}$$

$\beta(\lambda)$——颜色各波长的反射率因素；

$S(\lambda)$——选用的光源的相对光谱功率分布；

$\bar{x}(\lambda)$、$\bar{y}(\lambda)$、$\bar{z}(\lambda)$——CIE 1931 标准色度观察者光谱三刺激值。

计算目标与背景之间的色差时，可采用 CIE－1976 均匀颜色空间计算

$$\begin{cases} L^* = 116\left\{\frac{Y}{Y_0}\right\}^{\frac{1}{3}} - 16 \\ u^* = 13L^*(u' - u'_0) \\ \gamma^* = 13L^*(\gamma' - \gamma'_0) \end{cases}$$

其中

$$\begin{cases} u' = \dfrac{4X}{X + 15Y + 3Z} \\ \gamma' = \dfrac{9Y}{X + 15Y + 3Z} \end{cases}$$

式中　L^*——颜色空间的米制明度；

u^*、γ^*——颜色空间分米制色度；

u'、γ'——颜色的均匀颜色空间中的色度坐标；

u_0、γ_0——光源的色度坐标（一般用 D_{65} 光源作为参考）。

色差可由下式计算

$$\Delta E = [(L_1^* - L_2^*)^2 + (u_1^* - u_2^*)^2 + (\gamma_1^* - \gamma_2^*)^2]^{\frac{1}{2}}$$

色差单位为 NSB，1 个 NSB 相当于最优实验条件下人眼能感知可觉察差的 5 倍。

如果目标与背景之间的色差小于 5 个 NSB，则可以认为颜色匹配较好；否

则，色差明显，不满足伪装颜色复制要求。

④颜色异谱同色指标

色差仅能描述颜色的感官差别，而颜色的光谱曲线不同时，有可能其感官效果是一样的，这就是异谱同色问题。面对目前多光谱和高光谱侦察，颜色的异谱同色差异也是颜色复制要解决的问题。颜色的异谱同色差异可用异谱同色程度指标来描述，颜色的异谱同色程度评价有两种方法，主观评价和客观评价。

1）颜色异谱同色程度的主观评价。通常伪装中所涉及的异谱同色是指，在晴天太阳光下或者阴天天空光下的同色。如果改变光照条件，颜色的异谱同色就会遭到破坏（即在不同光照射下，不再同色）。可以采集野外目标和背景的颜色样品，用标准灯箱来进行检测。

一般标准灯箱含有 5 个光源，分别为 D_{65}、A、F_1、F_2 和 F_3。D_{65} 的相关色温为 6 504 K，相当于昼光时相，光学伪装复制的颜色在 D_{65} 照射下一般同色。A 光源的色温为 2 856 K，相当于充气的钨丝灯泡。F_1、F_2 和 F_3 也代表不同色温的光源。如果异谱同色程度大，则一般在这些光源下能觉察出颜色异谱的差别。

这种检测只能在实验室无室光条件下进行，步骤为：分别取需要检测的目标复制色和背景各一块，裁剪成适合标准灯箱使用的相同大小样本，让 20～30 名观察者在五种不同光照下观察量样品差异，并记录（表 7－1）。

表 7－1　异谱同色检测记录表

观察者	光照条件				
	D_{65}	A	F_1	F_2	F_3
1					
2					
…	…	…	…	…	…
30					

注：表格内，如感觉颜色相同，填√；如感觉颜色有差异填×。

最后统计表格，共 100～150 项。如果有 50 项“×”，表示复制的颜色为异谱同色，易被侦察器材发现；小于 50 项，则表示异谱同色程度小，越小越接近同谱同色。

2）颜色异谱同色程度的客观评价。客观评价可通过色度学计算进行。

CIE（国际照明委员会）在 1971 年规定了特殊异谱同色指数（改变照明体）的计算方法，并以所得指数作为评价颜色样品异谱同色程度的指标。所谓特殊同色异谱指数 M_t 是指，对于特定参照照明体和观察者具有相同的颜色三刺激值（$X_1=X_2$，$Y_1=Y_2$，$Z_1=Z_2$）的两个同色异谱样品，用具有不同相对光谱功率分布的测试照明体所造成的两样品的色差（ΔE）。

下面以实例来描述指数的计算。假设有三个颜色，颜色 0 表示背景色，颜色 1、颜色 2 表示两个复制的目标色。

a）测试三颜色的光谱反射率因素（用野外分光光度计），结果如表 7－2 所示。

表 7－2　三种颜色的光谱反射率因素表

波长/nm	β_0（λ）	β_1（λ）	β_2（λ）	波长/nm	β_0（λ）	β_1（λ）	β_2（λ）
380	10.50	15.92	11.74	580	48.48	52.58	62.26
390	12.00	14.85	13.44	590	57.35	61.00	70.98
400	13.61	9.80	15.48	600	62.59	63.87	70.20
410	14.27	5.0	16.14	610	65.68	65.87	63.10
420	14.28	5.42	16.05	620	67.17	66.90	55.93
430	14.09	6.82	16.60	630	68.18	68.27	51.09
440	13.94	9.32	15.13	640	68.76	69.27	48.46
450	13.86	12.39	14.64	650	69.31	70.28	47.63
460	13.74	15.54	13.90	660	69.80	71.20	47.24
470	13.68	19.07	13.03	670	70.40	72.39	47.41
480	13.67	22.00	11.92	680	71.11	73.37	47.59
490	13.60	23.01	10.37	690	71.86	74.01	47.81
500	13.56	21.96	8.78	700	72.61	75.06	47.82
510	13.77	19.26	7.84	710	73.14	76.15	47.54
520	14.17	15.79	7.84	720	73.69	77.43	47.41
530	14.67	11.99	8.73	730	74.45	79.07	47.71
540	16.06	9.85	11.55	740	74.62	80.09	47.13
550	20.32	13.93	19.18	750	74.82	81.40	46.52
560	27.28	24.47	31.72	760	75.20	83.13	46.37
570	37.47	38.27	46.97				

b）计算不同照明条件下三颜色的三刺激值。三颜色在不同的光照条件下的三刺激值计算结果如表 7－3 所示。

表 7-3 不同照明体下三颜色的色度坐标计算

颜色	三刺激值	D_{65}	A	F_1	F_2	F_3
0	X_0	0.469 1	0.568 0	0.557 7	0.518 4	0.469 1
	Y_0	0.364 3	0.884 7	0.387 6	0.387 0	0.367 7
	Z_0	33.00	40.25	39.72	36.85	33.08
1	X_1	0.469 1	0.568 3	0.562 9	0.523 1	0.474 1
	Y_1	0.364 3	0.381 0	0.384 7	0.380 6	0.369 9
	Z_1	33.00	40.23	39.36	36.55	32.76
2	X_2	0.469 1	0.559 2	0.545 4	0.513 5	0.468 5
	Y_2	0.364 3	0.394 1	0.398 9	0.392 6	0.367 5
	Z_2	33.00	40.36	40.33	37.88	33.28

c）计算三颜色之间的色差。可采用 CIE-1976 均匀颜色空间，色差计算结果如表 7-4 所示。

表 7-4 不同照明体下颜色 0、1 和 2 的色差

色差	D_{65}	A	F_1	F_2	F_3
ΔE_{01}	0	2.5	4.7	3.3	0.2
ΔE_{02}	0	10.9	13.4	5.0	1.9

d）导出异谱同色指数（表 7-5）。

表 7-5 异谱同色指数

	颜色 0 和 1	颜色 0 和 2
M_A	2.5	10.9
M_{F1}	4.7	13.4
M_{F2}	3.3	5.0
M_{F3}	0.2	1.9
指数平均值	2.675	7.8

显然颜色 1 复制得要比颜色 2 好得多。一般指数大于 3 时认为复制的颜色已有一定的失匹配程度，所以仅颜色 1 符合伪装同谱同色要求。

(3) 光学图像的检测

光学图像检测即光学成像检测，可以通过目视、望远镜、摄像机、照相机加上滤光片，在地面或空中进行检测。现在目标的主要威胁来自于空中，有条件时尽量采用空中检测。

①可见光图像检测

可见光图像检测，一般可采用目视观察、全色照相和彩色照相、摄像。目视观察在地面进行，有条件时，照相和摄像可在空中进行。

可以认为，若在最好天气照明条件下目标在背景中不被发现，则其他天气照明条件下也不会被发现。在可见光图像检测时，针对目标可能受光照的情况，可以选择天气晴朗时上午 8～9 点、正午 1～2 点、傍晚 5～6 点这三个时段来进行检测。因为正午时分太阳垂直入射，针对空中侦察来说，此时目标和背景的亮度反差最大；上午和傍晚时分，属于太阳光倾斜照射，目标与背景的阴影特征比较明显；针对目标的所处的地理位置，需要时，可针对夏季、冬季或春秋季进行不同季节的图像检测，从而检测出工程伪装是否符合季节变换伪装要求。

目视观察检测一般采用一组观察者（不少于 20 人），在设计的伪装距离上对目标进行观察，通过概率统计换算出目标的发现概率。当然，这种检测有一定的主观性，而且观察者的经验、对目标的熟悉程度、对目标伪装的知晓程度直接影响到检测的正确性。

照相检测必须在一定距离上进行。近距离照相主要用于获取目标和背景的颜色特征，可以在计算机上通过二次处理获取目标和背景的颜色、亮度、纹理、形状等特征，再利用分析模型进行伪装效果分析，目前这种分析方法还不成熟。

远距离照相检测，对大多数目标来讲难以有条件实施。可能的话，可通过航空照相让专门的图像判读人员对航空照片进行判读。这种伪装效果的检测比较可靠，但成本高。

目前比较有效的办法是，利用空中漂浮物，将照相、摄像器材吊至 1 000 m 高空对地面进行照相和摄像。通过控制成像的比例和精度，来模拟航空、航天侦察的实际效果，进而通过判读的方法检验伪装效果。其成本低、比较实用，是伪装效果检测的必然发展趋势。

②近红外图像检测

绿色伪装材料的伪装效果除通过上面所述的光学图像检测外，还可以通过伪装绿色检验镜观察和近红外照相的方法进行检测。

1）伪装绿色检验镜检验。伪装绿色检验镜用于观察检验目标及背景在近红外光谱段的反射情况，检验材料的近红外伪装效果。其使用性能如表 7－6 所示。

表 7－6　伪装绿色检验镜使用性能

项目	性　　能
用途	观察检验人工绿色材料用于伪装时对付近红外侦察的有效程度
使用范围	日光、天空光和具有连续光谱分布的人工光源，照度≥250 lux
效果	≤500 m 时，能检验我方绿色背景上近红外观察、照相的伪装效果； 在日光、大气能见度好时，能发现≤800 m 敌方植物背景上伪装不良的目标
使用注意事项	防火、防折，防正硬物擦拭镜片，保持镜片干净

伪装绿色检验镜主要原理为：检验镜的镜片具有一定的选择透过率，对红色光谱段透过率大，对绿色光谱段透过率小，对其他颜色光谱段透过率更小。通过检验镜镜片观察，在红光和近红外光谱段具有高反射能力的绿色植物在检验镜中呈不同程度的品红色，而普通人工绿色不具有这种高反射能力仍呈绿色，从而达到分辨人工绿色材料与植物绿色的目的。

在伪装绿色检验镜检测时，应该将伪装的绿色表面和绿色植物放置在同一视场中，如果两种颜色都呈相似的红色，伪装效果好。表 7－7 为伪装绿色检验镜与彩红外照相检验结果对比。

表 7－7　伪装绿色检验镜与彩红外照相检验结果对比

序号	人工绿色材料与绿色植物的光谱反射差异	颜色显示	伪装效果
1	差异大（红光和近红外部分反射弱）	绿色或暗绿色	效果差
2	差异中等（红光和近红外部分反射较强，与绿色植物的反射曲线有一定的差别）	深棕色、淡黄色	有一定效果
3	差异小（反射曲线与绿色植物接近一致）	品红色	效果好

2）近红外照相检验。近红外照相检验可以用三种方法实现：一是用彩红外胶卷，二是用相机加伪装绿色检验镜，三是用相机加透红光滤光片。第一种方法最好；第二种方法其次，但检测还是有效果的；第三种方法最差，一般不主张采用。

三种方法拍摄的近红外照片，可以用“红度”来描述绿色材料的伪装效果。照片一般采用 sRGB 色度空间，其中红色在（1，0，0）坐标点上，绿色在（0，1，0）坐标点上。拍摄时，将没有近红外伪装效果的绿色材料（色样 A）和具有与绿色植物同样伪装效果的绿色材料（色样 B）放置在视场中，与目标一起成像。显然，在 sRGB 色度空间中，色样 A 应该处于（0，1，0）附近，色样 B 应该处于（1，0，0）附近。对于目标上的其他绿色与这两个色样进行比对，接近于色样 B 的颜色近红外效果较好，称红度高；接近于色样 A 的颜色近红外效果差，称红度低，可以通过换算得到 0～100%的红度，从而可以确定相应检测指标。

③近紫外图像检测

伪装白色材料的伪装效果可以通过伪装白色检验镜、近紫外照相检测其伪装效果。

在白昼 1 m 以内的近距离，可以通过明显的色彩对比准确地检验区分各种白色材料与积雪背景的紫外反射差异，从而判定选用的各种白色材料用于雪地伪装防紫外照相侦察的有效程度；在白昼 200 m 以内的距离上，可用来检验我方白色迷彩或遮障防紫外照相侦察的伪装效果、揭露敌方低紫外反射的伪装白色。检验镜片具有紫外滤光功能，与照相机配套使用能对各种白色材料和雪地的白色伪装拍摄紫外照片。

伪装白色检验镜对白色材料的检验方法如下。

1）以打磨平整的白色聚苯乙烯塑料板（仪器包装材料）或纯棉漂白布作为类雪背景板（光谱反射曲线与积雪类似，检验镜观察时呈紫色）。将被检验的白色材料加工成 7～10 cm 见方的样品，平放于背景板上观察检验。其中白色颜料样品的制作应使用市售聚醋酸乙烯乳胶（白胶）作胶结剂（胶水体积比为 1∶2），以白卡纸为底版；白色颜料应尽可能研细，并与胶结剂搅拌调成糊状均匀涂刷于底版上，其涂刷次数以能遮盖住底版色为准，在晾干或烘干后方能作为检验样品。

2）用检验镜对类雪背景板上的白色颜材料样品进行观察比色时，要求人眼至版面的距离不超过 1 m；观察视线与板面垂直，其偏差不大于±5°。检验时按白色颜料样品与类雪背景板呈现的色彩差异区分高、中、低紫外反射白色：与背景板有一定差异呈紫红色，呈暗蓝紫色的为中紫外反射白色。

3）检验镜检验白色材料可在室外阳光（含天空光）、天空光（无直射阳光）、室内北窗光和室内大功率白炽灯下进行。其中以室外天空光和室内北窗光下检验显色的色彩对比最为明显。为了提高检验的准确率和防止出现以劣为优（把低紫外反射白色误作为高紫外反射白色）的错误，检验时应尽可能利用天空光照明，且被检验材料的表面照度至少在 100 lx 以上。

表 7－8 和表 7－9 分别列出了伪装白色检验镜的使用性能和检验结果对比。表 7－8 还列出了各种白色材料的检验显色对比。

表 7－8　伪装白色检验镜使用性能

项目	性能
用途	观察、检验白色材料用于雪地伪装时对付紫外照相侦察的有效程度
使用范围	日光、天空光、白炽灯光、溴钨灯光、照度≥400 lux

续表

项目	性 能
效果	以鲜明的色彩区分白色材料之间的紫外反射差异
作用环境	耐日晒、耐雨淋、防潮、防腐

表 7－9 伪装白色检验镜与紫外照相检验结果对比

序号	人工白色材料与积雪的光谱反射差异	颜色显示	
		伪装白色检验镜观察	紫外照相检验
1	差异小（高紫外反射）	紫色	亮灰色或白色
2	差异大（低紫外反射）	红色、暗红色或浅蓝紫色	黑色或暗灰色
3	差异居中（中紫外反射）	紫红色或暗蓝紫色	中灰色

表 7－10 各种白色材料的检验显色对比

序号	白色材料名称	350～450 μm 的平均反射率	伪装白色检验镜观察的颜色显现	紫外照片上的颜色显现
1	碳酸钙	0.927 6	紫	亮灰（白）
2	硫酸钡	0.889 7	紫	亮灰（白）
3	粉笔灰	0.889 7	紫	亮灰（白）
4	氧化镁	0.884 4	紫	亮灰（白）
5	硫酸钙	0.827 3	紫	亮灰（白）
6	氧化钙	0.751 8	紫	亮灰（白）
7	锌钡白	0.749 3	深蓝色	浅灰
8	碱式碳酸锌	0.710 9	紫微红	浅灰
9	氢氧化铝	0.704 9	紫红	中灰
10	三硅酸镁	0.693 3	紫红	中灰
11	钼酸锌	0.634 6	暗红	暗灰
12	磷锌白	0.595 8	紫红	暗灰
13	广告白	0.549 1	暗红	暗灰
14	钛白（1）	0.518 2	浅蓝紫	暗灰
15	氧化锌	0.324 0	暗红	黑
16	钛白（2）	＞0.2	红	黑

注：1）序号 1～6 为高紫外反射白，7～10 为中紫外反射白，8 以下为低紫外反射白，8 以上均可用作雪地伪装涂料，9 以下则不宜采用；

2）序号 14 钛白（1）为较难区分的低紫外反射白，检测中要特别注意其显色特点。

7.2.2　红外特性检测

红外特性检测包括红外特性参数检测（包括辐射温度、表面发射率、热惯量等）和红外图像检测。

（1）红外特性参数检测

影响热红外伪装效果的因素有目标的辐射温度、表面发射率及热惯量（温度变化规律）。其中，表面发射率可以采用发射率测量仪进行检测，辐射测温可以用辐射测温仪进行检测，热惯量可以通过测昼夜的辐射温度变化规律来定性分析。

红外特性检测一般在室外进行。对于常温目标，选用 8～14 μm 的辐射测温计和发射率测量仪；对于高温目标，选用 3～5 μm 的仪器。

由于目标和背景随昼夜时间变化显著，因此对于辐射温度的检测，应在一个昼夜内的不同时段（一般相隔 2 h）定时检测，找出温差最大的时刻；针对不同的季节也应该进行检测。一般来说，冬季的温差比夏季大，昼夜交替时刻的温差比其他时刻大。

进行一次检测时，应针对目标和背景的不同角度和方向（注意，目标和背景必须在同等的角度和方向进行检测）进行检测，然后取测量值差值的最大值作为检测结果。需重复多次检测。

（2）红外图像的检测

红外图像检测，即利用红外热成像仪对目标进行热成像检测。同光学检测一样，其可以在地面进行也可在空中进行。

由于红外辐射的不稳定性，随着时间、天气、气候的变化及目标的使用情况，热图会产生较大的变化。如在一天内的不同时段，目标与背景热图上的温度分布会产生较大的变化，在某一时段目标与背景热图融合良好，不易暴露；随着时间的变化，由于受到的太阳辐射发生变化，目标与背景的发射率、热惯量的不同变化，造成目标与背景的温差加大或减小，使得热图上目标在背景中显现出来。因此，对目标与背景热图的采集，同样要在一个昼夜的多个时段进行，选择最大的温差作为检测的依据。

对不同时段采集的目标与背景红外热图进行分析：选择目标区域，计算该区域平均辐射温度；在目标 9 倍背景范围内：选择背景区域，分析计算各区域的平均辐射温度；计算目标与背景各区域的温差，判断是否满足热红外伪装分级技术指标。

7.2.3 雷达散射特性检测

表征防雷达伪装材料技术性能的参数主要为伪装材料对入射雷达波的透射率、吸收率和后向散射系数。人防工程防雷达伪装性能检测主要是利用微波散射计现场对目标伪装前后及背景的后向散射系数进行测量，从而计算出目标伪装前后与背景的后向散射系数差。

（1）材料的雷达特性参数测试

透射率、吸收率和后向散射系数是伪装材料实验测试的基本参量。电磁系统能量守恒原理证明，三个被测参量的基本关系为

$$I = d + \alpha + \gamma$$

式中 d、α 和 γ——分别为透射率、吸收率和后向散射系数。

在这里，伪装材料成为1个独立的电磁能量系统，入射到伪装材料的电磁能量分为三部分，其中一部分被透射，一部分被吸收，其他部分形成后向散射（反射）。基本关系如图7－2所示。

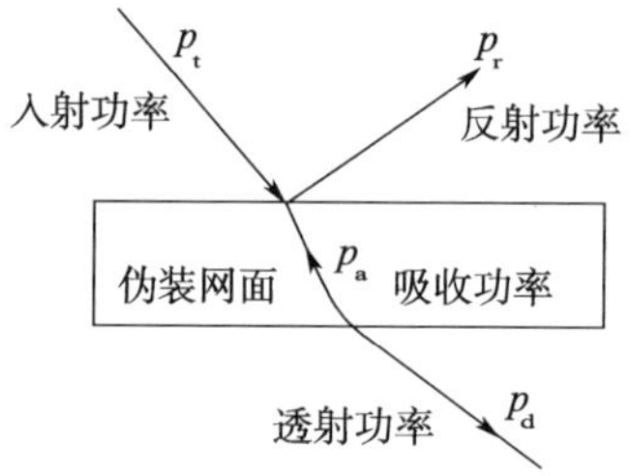

图7－2 伪装网面电磁能量的分配关系

从三者的相互关系可以看出，测出其中的两个参数即可知其三。为此在实测中可根据现实数据测量的易难程度，选择测出其中两个参数再计算出另一参数。

当然，如能同时测出三个参数，则能够检验测试数据是否符合能量守恒关系，判断测试数据的准确性，以便进行重复测量和对数据进行修正。

①透射率测量

在野外场地利用雷达截面测试仪，通过测量伪装器材的反射信号电平，可测取伪装材料单向或双向传输衰减参数。测试系统原理如图7－3所示。

根据测量所得数据，单向传输衰减参数按下式计算

$$D = \frac{A - B}{2}$$

式中 A——无测试样品时，雷达截面测试仪上的反射信号电平分贝数；

B——有测试样品时，雷达截面测试仪上的反射信号电平分贝数；

D——测试样品的单向传输衰减参数，单位为 dB。

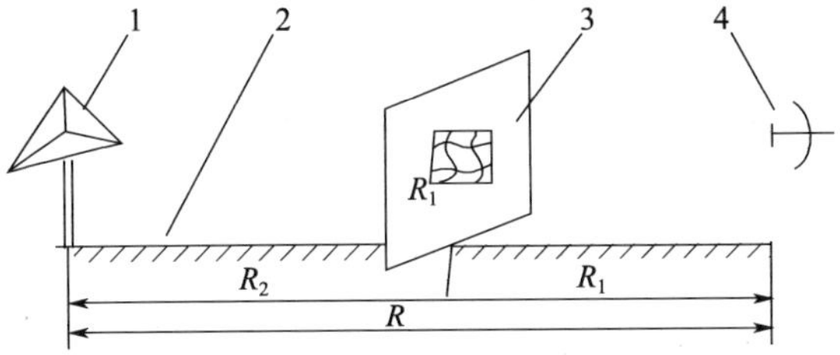

1—反射图；2—地面；3—样品；4—天线

图 7-3　野外场透射率测试系统

事实上透射率的意义是非常明确的。以伪装网为例，透射率是指照射到网面的入射波穿过网眼到达网后面的功率，即入射功率中部分被网面反射、部分被网面吸收，其余为透射功率。显然，透射率相对于入射功率表现为一种衰减，在这种意义上可以认为是传输衰减。当透射率为 0.25 时，说明有 75%的入射功率在传输过程中被网面吸收或散射而衰减，一次透过为单向传输衰减，二次透过为双向衰减。

按照以上所明确的概念，透射率是最容易实现测量的技术参数，无论在室内或室外，利用简单的收发设备即可获得较精确的测量数据。测量框图如图 7-4 所示。

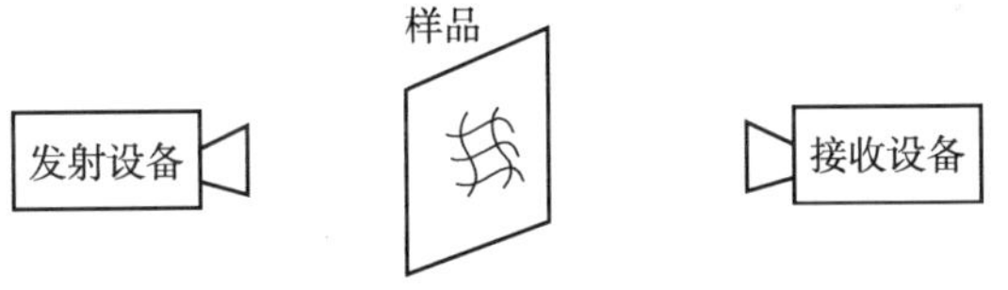

图 7-4　室内场透射率测试系统框图

对应于图 7-4，网面的透射率（百分比）由下式计算

$$D=\frac{B}{A}\times 100\%$$

式中　A——无测试样品时，接收设备测得的入射功率；

B——有测试样品时，接收设备测得的入射功率；

D——测试样品的透射率或称单向传输衰减（百分比）。

不难理解，透射功率等于入射功率减去反射功率和吸收功率。因此在实际应用中，透射率 D 也可看作单向传输衰减参数，如果材料双向同性则双向衰减等于 D^2，否则关系不成立。

②后向散射参数测量

伪装器材的后向散射特性可用器材表面单位面积的雷达截面表示，称之为后向散射参数（或雷达散射系数）。以伪装网为例，网面后向散射参数测量可归结为样品网的雷达截面测量。小面积样品的微波散射特性测量可在微波暗室中进行。

室内单基地测试场如图 7－5 所示。

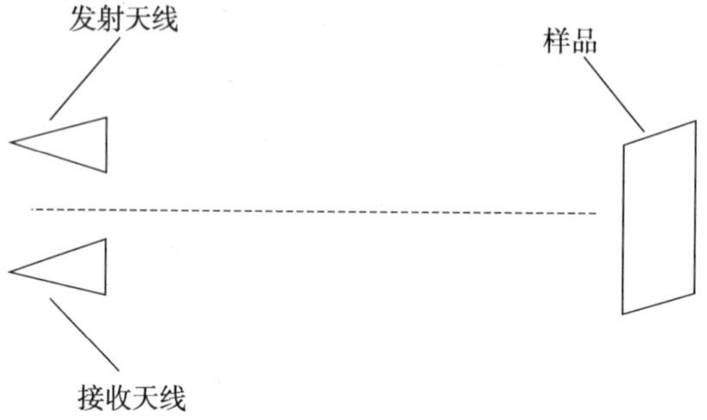

图 7－5　室内单基地测试场

当采用相对标定法测量时，在发收状态保持不变的条件下，将接收到的试样回波功率与已知雷达截面的标准球回波功率相比较，并由下式计算样品的雷达截面

$$\sigma = P_r - P_{rs} + \sigma_s$$

$$\sigma_s = 10\ \lg(\pi a^2)$$

式中　σ——试样的雷达截面，单位为 dBsm；

σ_s——标准球的雷达截面，单位为 dBsm；

a——标准球半径，单位为 m；

P_r——试样的回波功率，单位为 dBsw；

P_{rs}——标准球的回波功率，单位为 dBsw。

按照以上方法，可以方便地测出垂直入射状态下样品的雷达截面，进而计算出试样的后向散射系数。即当被测样品的几何面积为 A 时，其后向散射系数可由下式计算

$$\sigma^0 = \sigma - \lg A$$

式中　σ^0——样品的后向散射系数，单位为 dB；

σ——样品的雷达截面，单位为 dBsm；

A——样品的几何面积，单位为 m^2。

人防工程伪装勘察与检测需要在室外环境下进行，常用测量设备为微波散射

计或雷达截面测试仪。图 7－6 表示窄波束（或笔形波束）天线微波散射计结构框图。

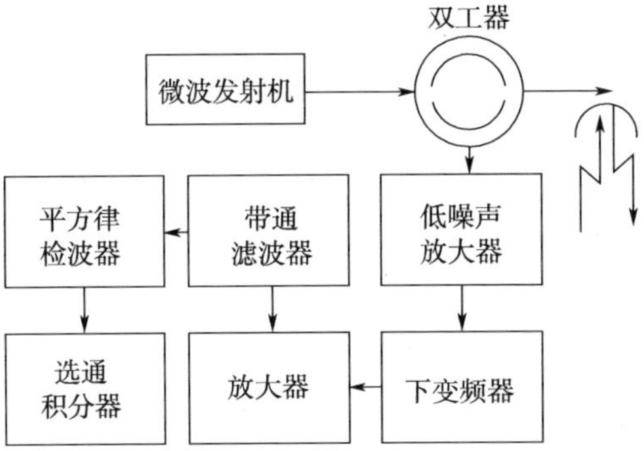

图 7－6　窄波束体制微波散射计

微波散射计主要包括微波发射机、天线、微波接收机、平方律检波器和数据积分器等部分。发射机通过天线向外辐射连续波信号或一串脉冲信号到地物目标，接收被测地物目标后向散射回到天线的一部分电磁波能量 P_r。根据 P_r 及下式计算出σ^0

$$\sigma^0=\frac{P_r(4\pi)^3R^4}{P_tG^2\lambda^2A}$$

式中　P_r——散射计接受功率；

P_t——散射计发射功率；

G——天线增益；

λ——散射计工作波长；

R——散射计到照射背景的距离。

野外环境下，后向散射参数的测试方法为：

1）将某波段微波散射计按说明书的架设高度和要求架设好。

2）选用经有关计量部门标定的适当大小的标准反射体，按要求对仪器进行标定。

3）将散射计对准目标进行测量，记录测试结果。

4）改变入射余角 β，从 90°～10°或从 10°～90°，按所要求的间隔记录一个数据或连续记录。

5）对测试结果进行数据处理，得出目标在不同入射余角 β 下的后向散射参数 σ^0。

③吸收率测量

关于伪装材料吸收率（或反射率）的测量，利用相对比较法分别测出垂直入射时标准板的雷达截面 σ_m，以及垂直入射时被测样品的雷达截面 σ，再依照下式计算样品的反射率

$$R=\sigma-\sigma_m$$

式中 R——样品的雷达波反射率，单位为 dB；

σ——样品的雷达截面，单位为 dBsm；

σ_m——标准板的雷达截面，单位为 dBsm。

按照图 7－2 表达的电磁能量守恒关系，分别测出透射率和后向散射率后便可计算得到该伪装材料的吸收率。对于伪装网而言，后向散射系数的减小关系到网面与背景的融合特性，而透射率的大小关系到网面对网下目标的遮蔽性能。而在网面状态不变的情况下，网面吸收性能的提高，将同时影响到网面后向散射和透射性能，即吸收率越高，网面的后向散射率和透射率越小，则越有利于提高伪装网的融合和遮蔽性能。

由此可见，当不能进行现场实测时，通过测量伪装器材的后向散射和透射数据，也可以分析计算应用该器材可能获得的伪装效果。

（2）雷达图像检测

在人防工程伪装效果检测中，利用成像雷达对目标区域进行空中检测，并依据目标区域伪装前后的雷达图像分析和评估伪装效果，可以获得直观而有说服力的伪装效果评价结论。

雷达图像检测应注意确保载机和雷达处于良好工作状态，并按事先确定的飞行路线和高度对整个目标区域进行伪装前后的空中检测。

取得伪装前后目标区域的雷达图像后，由多个雷达判读员对图像进行判读，根据判读记录的数据，统计伪装前后的发现概率和虚警概率等。

第 8 章　人防目标伪装设计示例

8.1　洞库伪装方案设计

为了做好战备工作准备、提高我方战备物资保障洞库的生存能力，依据上级提出的关于某仓库的伪装决心，在实地伪装勘察的基础上，经过对目标暴露征候、侦察攻击威胁状况、伪装资源条件等情况的综合分析，确定了该库区的总体伪装方案，并对部分洞库实施覆盖伪装施工，以进一步探讨整个库区的伪装方案可行性。

8.1.1　某仓库概况

某仓库位于某省东北部，担负着战时某军区作战物资保障的重任，在未来战争中具有非常重要的战略地位，是敌方侦察、打击的潜在重点对象。

该仓库由甲组洞库乙个洞口、部分营房、哨所等组成。每组洞库至少由 2 个洞口组成，多数洞口外有收发作业场及仓库配套的附属建筑设施等，库区内各目标之间由道路相连，库区主道路长大约为 5 000 m，在主道路 1 000 m 和 2 000 m 处各有一条支路。

库区背景的主要特征为：生长有灌木植被的平缓山坡与条带状断层岩壁相间的某山区地貌，山坡上植被以杂草及小灌木为主，呈斑驳复杂背景。该地区是典型的大陆型气候：冬季有大雪，最大降雪厚度在 20 cm 以上；季风最大风力可达 9 级；气温变化剧烈，日照充足，降水较少；四季变化明显，春夏为植被较为茂密的林地型特征，秋冬季则呈现以枯草、裸石为主的荒漠型特征，夏季酷热，冬季严寒，日温差为 20～25℃，岩石的物理风化作用强烈。表 8－1 是某地区的部分风速情况。

表 8－1　某地区风速情况（m/s）

地区＼月份	1	2	3	4	5	6	7	8	9	10	11	12	平均
石家庄	1.9	1.8	2.1	2.3	2.1	1.8	1.4	1.2	1.3	1.4	1.8	1.8	1.8
太原	2.5	2.7	3.1	3.3	3.0	2.5	1.0	1.9	1.8	2.0	2.4	2.5	2.5

根据表 8－1、表 8－2 可以得出甲仓库所在地区的年平均风速大约为 2.15 m/s，年平均降雨量大约为 505 mL。

表 8－2　某地区平均降雨量（mL）

地区＼月份	1	2	3	4	5	6	7	8	9	10	11	12	全年
石家庄	3.2	7.8	11.4	25.7	33.1	49.3	139	168	58.9	31.7	17.0	4.5	549.9
太原	3.0	6.0	10.3	23.8	30.1	52.6	118	103	64.3	30.8	13.2	3.4	459.5

8.1.2　目标暴露征候

该库区的主要暴露征候包括洞库口部及劈坡、排渣场、道路、附属建筑物、进入洞口的断头路、破坏的植被、进入库区的地面机动设备等。洞库口部的主要暴露征候有喇叭状的出入口劈坡，洞口接近路及洞口前的排渣场，洞口周围的营房、哨所等建筑物。以上带有规律性的目标外形特征、配置特征都将是敌方侦察发现、识别及定位目标的依据。该库区在各个侦察波段上构成了光学暴露征候、热红外暴露征候和雷达暴露征候。

（1）光学暴露征候

洞库口部、营房、接近路等都比植被要高，并且在颜色上也与斑驳的背景存在着较大的差异。此外，由于北方的气候特点，背景存在着季节性变化，这也将是引起目标与背景颜色差别的因素之一。表 8－3 是库区周围几种典型背景斑点的亮度系数。

表 8－3　背景斑点的亮度系数

名称	可见光亮度系数	近红外亮度系数
水泥面	0.52	0.38
裸露地	0.18	0.35
灌木	0.07	0.28
岩石	0.40	0.45
干草地	0.14	0.36
绿叶灌木	0.05	0.28
绿草地	0.06	0.51

根据表 8－3 数据可计算出水泥面与绿草地的可见光亮度对比：$K=0.88\gg 0.4$。这种差别使库区极易被一般光学侦察器材探测与识别。

（2）热红外暴露征候

在太阳照射和气候条件的影响下，植被背景与人工建筑物的表面会产生较大的温度差别，这一差别在物体自身热惯量、表面吸收系数及外部太阳光加热等条件影响下，会呈现出年周期变化和日周期的变化。表 8－4 是该地区在 4 月份几种背景表面温度日变化的测量结果。

表 8－4　4 月份几种背景温度日变化测试结果/℃

背景 时间	水泥地		裸露地		灌木		岩石		干草地		绿叶灌木		绿草地		气温
	T_1	T_2	T_1	T_2	T_1	T_2	T_1	T_2	T_1	T_2	T_1	T_2	T_1	T_2	T
10：07	21.1	23.6	27.1	30.1	20.5	20.2	18.2	14.6	26.8	28.1	19.8	19.8	18.9	17.4	16.1
11：07	24.5	25.7	31.5	32.6	26.8	26.2	24.9	23.3	27.9	26.8	24.8	21.8	24.5	20.6	22.9
13：00	27.8	31.9	30.0	35.7	29.0	26.7	30.9	31.2	26.0	24.2	29.2	25.0	24.8	23.2	30.1
15：00	23.2	26.6	28.3	28.3	24.2	24.8	28.8	30.5	24.4	22.6	22.2	22.3	21.2	20.7	27.0
17：00	21.2	21.9	21.5	21.7	21.6	21.4	22.5	24.4	21.2	20.0	18.9	21.6	18.0	18.1	21.5
21：00	15.9	16.1	15.1	14.3	15.2	15.8	16.2	15.9	14.9	14.7	16.0	15.7	12.7	12.7	17.0
22：30	15.4	16.1	12.0	13.6	14.4	14.2	14.0	14.9	14.0	14.0	11.8	12.6	11.8	11.9	14.0
23：30	12.4	14.6	11.0	11.6	10.2	12.9	12.8	12.6	10.0	10.2	8.8	11.2	8.0	8.9	10.9

注：T_1：目标的真实温度；

T_2：目标的辐射温度。

从表 8－4 可以看出，绿草地与水泥地的最大辐射温差达 8.7 ℃，绝大部分时间的辐射温差大于 5 ℃。日温差在不同的季节变化可能会变化得更大。

除了目标表面的温度差别外，物体表面的发射率差别也是引起热红外暴露征候的主要原因。表 8－5 是一些常见材料和背景的表面发射率。

表 8－5　常见材料的表面发射率

材料和其表面状况	温度/℃	发射率
镀锌的铁片	38	0.23
氧化的铁	125～525	0.78～0.82
磨光的铝	50～500	0.04～0.06
耐火砖	50～100	0.80～0.90
红砖（粗糙表面）	20	0.88～0.93
玻璃	38～85	0.94
木材	20	0.8～0.92

续表

材料和其表面状况	温度/℃	发射率
油毛毡	20	0.93
摸灰的墙	20	0.94
砂石	40～260	0.83～0.90
水泥表面	20～80	0.78～0.86
植被表面	20～50	0.82～0.92

由于不同材料表面发射率存在明显差异，其产生的红外辐射能量也存在较大的差别。洞库口部、防护门、挡土墙及断头路等，都将由于表面温度和发射率的不同构成目标热红外的暴露征候。

（3）雷达暴露征候

该库区的雷达暴露征候，主要是由于目标与背景散射雷达波能量的不同引起的。由于粗糙的植物表面对入射电磁波产生漫反射，在雷达波入射角度为10°～60°时，其后向散射系数在－10～－15 dB之间，雷达图像成灰色调。裸露地面湿度小，地面无明显起伏，电磁波穿透性较强，地面吸收较小，对电磁波的后向散射较弱，其后向散射系数一般在－15～－20 dB之间，雷达图像单调且成暗灰色调。表8－6所示是一些典型地面目标反向散射系数 σ_0 的值。

表8－6　典型地面目标反向散射系数 σ_0

地面目标	反向散射系数/dB
树木	－12
绿草	－10
荒地	－17
耕作地	11
起伏地	12
光滑路面	－30～－37
综合背景	－20
城市	－12

现代高分辨率合成孔径雷达在航空和航天侦察中被广泛使用，其最高分辨率可达0.75 m。由于洞库口部、断头路、附属建筑物等与山体背景存在散射雷达截面差别，且目标尺寸均较大，故均有可能被雷达发现和识别。

8.1.3　威胁分析

该库区所面临的威胁主要有两方面：侦察威胁和攻击威胁。

（1）侦察威胁

对该库区构成威胁的侦察手段主要是空间侦察和空中侦察。目前，侦察卫星和侦察飞机都同时配备了多种侦察设备，如多光谱相机、红外行扫仪、侧视雷达和微光电视等，具有多波段、高分辨率、全天候、不间断侦察能力。

目前美国有 10 颗间谍成像侦察卫星在轨工作，其中 7 颗锁眼 KH 系列光学成像侦察卫星（2 颗 KH－11 和 5 颗 KH－11B，也称 KH－12），3 颗长曲棍球雷达成像卫星。第 6 代 KH－11B 携带大型红外 CCD 红外相机、数字摄像机和电子信号接收机等先进侦察设备，既能详查又能普查，既能进行照相侦察又能进行电子侦察，既可白天照相又能夜间照相，最高分辨率可达 0.1 m，地面温度分辨为 2～3 ℃，空间分辨率可达 0.1 mrad。长曲棍球系列雷达成像侦察卫星载有 X 波段和 L 波段的高分辨率合成孔径雷达，雷达波束可穿透一定厚度的植被和干燥地表，可克服云雾和夜暗条件的限制，实行全天候、不间断侦察，标准模式分辨率为 3 m，在距离地面 692 km 的轨道上雷达图像的地面分辨率为 1 m，并能变换工作模式和工作频率，具有一定识别伪装和运动目标显示的能力。

空中侦察的威胁主要是有人驾驶高空侦察机和无人驾驶侦察机。空中侦察是外军长期以来大量使用的情报获取手段。战略侦察机的飞行高度在 10 000～30 000 m 之间，这些飞机可携带可见光航空相机、红外航空相机、红外前视系统、合成孔径雷达、侧视雷达电子对抗设备、电视摄像机、电子侦察设备等，具有全天候侦察能力，其分辨率与星载系统相仿。AN/UPD－X 合成孔径雷达系统载在 TR－1 飞机上，巡航高度为 22 500 m 时可获取 160 km 远处的战场雷达图像，分辨率可达 0.25 毫弧度；其可降低云幕的影响，大大增加解析度，同时也能测出目标的移动速度，有一定的揭示伪装能力。RF－4C 具有一具小型的 APQ－99前视雷达，并在机舱内安装了一部具有前向倾角、垂直和侧向斜角的相机。

现代高新技术战争已把无人侦察机作为战术侦察的重要手段，典型的代表有全球鹰、RQ－8A 垂直起降无人侦察机。无人侦察机飞行高度可达 20 000 m，巡航时间达 10 余小时。机上携带有可见光航空相机、红外前视系统或红外行扫仪、电视摄相机等。航空侦察的光学照相分辨率可达 0.1 m，红外前视系统温度分辨率可达 0.1 ℃，空间分辨率达 0.1 mrad。机载合成孔径雷达的最高分辨率可达 0.7 m。

由此可见，库区内目标，如洞库口部及断头路，其明显的几何尺寸和与背景存在的较高亮度对比、辐射温差和雷达后向散射差别［如洞库口部尺寸（4 m×4.2 m），亮度对比可达 0.7 以上，辐射温差可达 7 ℃以上］，这些都可能使库区被敌人先进的航空和航天侦察器材发现和识别。

（2）攻击威胁

精确制导武器的广泛使用，已成为现代高新技术战争的突出特点。现代战争集中优势兵力的本质是集中优势火力。随着精确制导武器的迅速发展和纵深武器系统的先进战术运用，未来战场上的纵深精确打击的火力强度将日益提高，对各类军事目标和重要经济目标将构成更严重威胁，特别是对地上目标和地下目标的外部设施具有很强的毁伤作用。因此，该库区目标面临的威胁主要是精确制导武器攻击。

精确制导武器的制导方式有惯性制导、指令制导、电视制导、红外制导、激光制导、厘米波制导、毫米波制导、地形匹配制导、数字景象匹配制导、区域相关制导、全球定位系统（GPS）组成的复合制导系统等。

巡航导弹具有突防能力强、命中精度高，以及效费比高、空袭风险率低的双重优势，是武器装备库中的杀手锏，是执行纵深精确打击的主战武器，在科索沃战争和阿富汗战争中均发挥了重要作用。

空射制导炸弹和导弹具有多种类型。美军装备的联合攻击弹药（JDAM）是一种全天候的精确卫星制导炸弹，采用惯性+GPS 制导，其圆概率误差（CEP）为 9.6 m。美军装备的宝石路系列激光制导炸弹，制导方式为 1.06 μm 激光主动制导，低空投放时精度为 1 m。美军装备的 AGM-130 对地攻击导弹是一种多用途、精确制导防区外武器，具有全天候、全天时作战能力，射程为 28～74 km，可摧毁地下深处加固 6 m 厚的目标。从目前美军侦察技术和精确制导武器的一般情况来看，未经伪装和伪装不完善的目标都将被发现、识别和摧毁。本库区设施建设年代已久，且建设过程中及建设完成后均未采取任何伪装措施，其可能已被敌方卫星侦察发现和定位，因此面临着被精确制导武器打击的威胁。

8.1.4 仓库伪装要求

从该库区的实际情况出发，伪装设置拟突出重点、区分等级实施。一是重点目标的伪装效果达到二级以上伪装标准；二是其余目标伪装效果达到三级伪装标准。

（1）战术指标、技术指标及技术要求

参照洞库的使用要求，具体提出如下战术指标、技术指标及技术要求。

①战术指标

1）地面 800 m 距离处目视观察的发现概率≤50％；

2）空中垂直照相侦察 1/5 000 比例尺侦察照片上的识别概率≤14％；

3）1 200 m 观察距离上目标红外热图判读发现概率≤50％。

②技术指标

1）伪装面各斑点与相应的背景斑点之间颜色的亮度对比≤0.20；

2）伪装面与背景在 24 h 各时段内的辐射温差≤4 ℃，伪装面热图斑点尺寸≤1.4 m；

3）覆盖材料层的雷达波吸收率≤－7 dB。

③技术要求

1）侦察器材的多波段伪装性能。要求所采用的伪装方法及材料具有防光学、防雷达和防热红外探测的多谱伪装性能。

2）伪装措施必须保证目标的安全性能和使用性能。安全性能包括：防火、防爆、防雷电、无毒性；使用性能包括：不影响仓库的正常使用和仓库设施的结构，保证现有机械车辆的作业宽度，不减小场地的使用面积。

3）该军用洞库为永久性设施，要求伪装措施所使用的伪装器材具有较好的耐久性。

4）人员侦察也是揭露伪装的一种方式。敌方特务接近目标时的照相侦察，可能使精心设置的伪装前功尽弃，因此必须制定严格伪装保密措施，严禁无关人员进入库区，对目标暴露方向实施遮蔽。

5）伪装设置应具有合理性。一是尽量提高伪装的效费比，在达到伪装目的、体现伪装手段先进性的同时，尽可能降低伪装的成本费用；二是伪装措施运用得当，避免由于伪装设置的不合理性而产生新的暴露征候。

（2）伪装任务

根据以上分析和具体的伪装战术、技术指标要求，提出的该库区目标伪装任务包括实施可对付敌方光学、红外、雷达侦察的综合伪装措施。鉴于库区范围大、目标种类较多、伪装工作量及耗资巨大等原因，明确了制定分阶段实施、逐步完善的伪装计划。作为第一阶段的工作重点是：

1）提出全库区的总体伪装方案，侧重于提出伪装的设想与建议，在可能的情况下对某些目标提出简要伪装方案。

2）具体列出甲 2＃、3＃、4＃洞口及乙组 4＃洞口的伪装方案。

3）进行一些试验性工作，探讨全区伪装的可行措施，确定最佳伪装方案。

（3）仓库伪装的可行性分析

正如前面章节所述，本库区属大型地面固定目标，由于建设年代已久，且建设过程中及建设完后没有采取任何伪装措施，该目标可能已被敌方侦察发现并定位。因此，目前对该目标实施伪装的目的，主要不是对付敌方侦察，而是对付敌方轰炸和精确制导武器的打击。通过分析认为，目标虽已被定位，但飞机轰炸时搜寻目标主要还是靠人眼和直接观察仪器观察，目标一旦经过伪装，飞行员就无法准确判断目标的具体位置。此外，精确制导武器的末端寻的也会由于被伪装目标的特征变化致使操纵员无法判读目标，使目标受打击的概率大大降低。

因此，对已暴露的目标进行伪装仍然是必要而有效的，具体原因如下。

1）侦察器材发现、识别目标有赖于探测到目标与背景的各种特征差别，这些差别包括目标与背景的颜色差别、亮度差别、雷达反射差别、辐射温度差别等，而这些特征差别都可以通过伪装方法加以消除或减少。此外，侦察效果将受到侦察器材自身分辨能力的限制，如目视观察的能见距离、照相器材的地面分辨率、雷达的方位分辨率、地面几何分辨率、热红外侦察器材的温度分辨率、空间分辨率等。大气透明度也会影响到侦察器材的侦察效果。参考阿富汗战争可知，阿富汗复杂的地形和多雾的天气均使美英两国的侦察器材分辨率大大降低。以上种种客观因素都为实现目标伪装提供了可能性。

2）对于侦察而言，其可以不受观察时间限制，如照相侦察、雷达侦察等可以在后方进行长时间图像判读或信号分析来判明目标类型及性质，而攻击性武器将受到观察时间的限制。国外有关资料表明，飞机或巡航导弹在观察角为30°、斜距为2 000 m的条件下飞掠目标上空的时间一般为几秒至几分钟，并在此时间内发现目标并进行攻击。根据认知学的知识，人的长时记忆和短时记忆对目标的判断所需时间为15～30 s，而判断并完成攻击动作在几十秒内是不可能完成的。因此，利用伪装方法对付敌方攻击性武器的打击是完全有可能的。

3）具有多山的条件。本库区地处某山区，春夏有良好的植被覆盖条件，构成了有利的地形景观性能，只要采用物理性能与背景相类似的伪装材料仿造和模拟背景特征，就可以大大降低目标的暴露特征。秋冬季节山坡上多为裸石和枯草，可以根据季节性变化采用随季节变化的伪装材料，从而实现库区的伪装。

8.1.5 洞库区总体伪装方案

依据库区内各具体目标暴露征候和目标所处的背景情况，按照伪装原则分别采取相应的伪装技术措施。整个库区整体伪装设想如下。

1）对库区内洞库的洞口，采取隐真、示假相结合的伪装方案。首先，运用仿造与模拟技术，利用新型伪装材料及就便材料，设置大面积人工遮障、喷涂迷彩等伪装技术手段与工程措施相结合的伪装方法，恢复目标所处背景的原有地貌，对真洞库口部实施严密伪装；其次，在库区以外远离真目标的地方，利用新型伪装材料或当地可收集到的就便材料，按照真目标的配置原则设置假目标（包括假道路、假洞口等），以吸引敌注意力与火力。

2）库区内断头路设置制造人工斑点、设置人工遮障、利用天然遮障等技术相结合的多重伪装。按照伪装的多样性的原则，各种伪装手段交叉使用。

3）对洞口处开挖形成的劈坡，通常与洞库口部作为一个整体同时考虑，以恢复地貌的伪装设置方法为主。主要是以伪装结构模拟背景地形的起伏，利用新型伪装材料及就便材料，将因劈坡形成的山体破坏尽可能地恢复到破坏前的状态，做到伪装面与背景在光学、红外及微波波段上的特性匹配。

4）对于渣堆（排渣场）拟采用种植植物、喷涂聚氨酯伪装发泡覆盖材料和伪装涂料在整个渣堆上制造人工斑点，改变渣堆的颜色特征，歪曲渣堆特有的形状，复制背景特征的伪装方法。

5）洞库区内建筑物，根据其特点及所处背景情况拟采用制造人工斑点、变形遮障及植物伪装的方法，歪曲目标原有外型特点、降低显著性；也可根据当地建筑的特点仿造成民居点，采用改变其使用性质及军事价值的伪装措施。

8.1.6　甲组 2＃、3＃、4＃及乙组 4＃洞口伪装方案

（1）甲组 2＃、3＃、4＃洞口伪装方案

甲组 2＃、3＃、4＃三个洞口间距较小，其中 2＃、3＃之间轴线间距约为 15 m，3＃、4＃洞口之间轴线间距约为 60 m，3 个洞口在同一个山体劈坡下，劈坡高度在 20 m 以上，3＃洞口外有一高约为 5 m 的房屋，3＃、4＃洞口之间有两间平房，总长约为 30 m。这一区域洞口及建筑物密集，相互之间联系紧密，因此，将这一区域作为一个整体目标进行伪装设计（见图 8－1、图 8－2 和图 8－3）。

图 8－1　甲组 2＃～4＃洞口伪装方案平面图

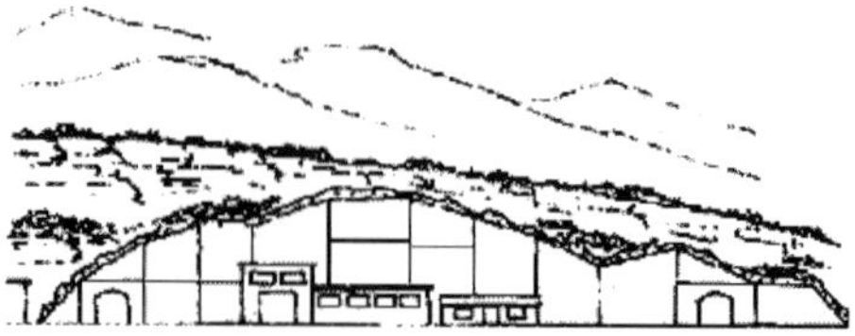

图 8－2　甲组 2＃～4＃洞口伪装方案剖面图

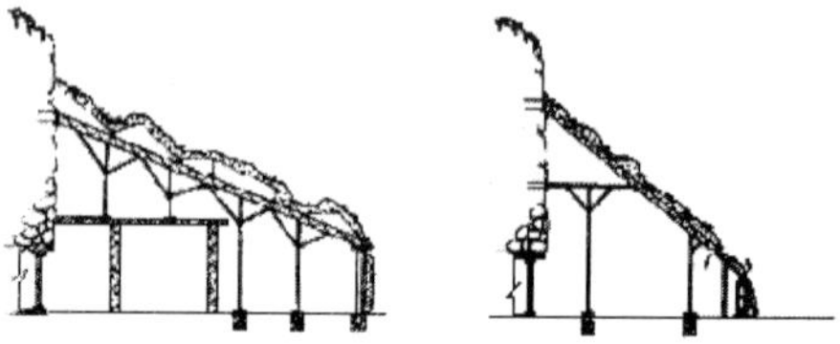

图 8－3　甲组 2＃、3＃、4＃洞口伪装方案剖面图

①伪装面骨架及其支撑结构

伪装面骨架及其支撑结构采用钢结构。

伪装面骨架为钢架结构形式，用于承载面层伪装材料及风、雨、雪形成的荷载。承载伪装面的钢架由 75 cm×75 cm 的正方形钢架单元组成，连接方式为焊接。钢架与山体劈坡相连部分用锚杆锚固于山体岩石上，另一侧顺山体走势与地面相接、锚固于地面，使钢架形成的坡度应与所衔接的山体接近一致。伪装面骨架横跨甲组 2＃、3＃、4＃洞口及洞口附近的建筑物，约 80 m，钢架最大倾斜跨度约为 25 m。为保证人员、车辆及装备的正常进出，在伪装面相应于洞口的位置上预留 2～3 个出入口，出入口的大小应不小于洞库防护门的尺寸。

为模拟周围背景较大的起伏，在伪装面骨架上用竹片、木材和铁丝编扎出隆起的外形框架，隆起的大小、形状、高度应不一致，防止形成均匀配置。

伪装面钢架支撑结构采用桁架结构，桁架间距不小于 6 m，采用角钢焊接制作。伪装面骨架与支撑桁架连接方式可以选用焊接也可用螺丝连接。

②伪装面进出口结构形式

伪装面进出口的形式可以多种多样，主要是根据各坑道口的具体使用情况来确定。总的来说，要做到结构简单轻巧、开启方便灵活、关闭时表面与背景衔接良好等。以下是几种出入口的结构形式。

1）开式：该方式活动门分上下两部分，各部分可独立开启与关闭。开启方式为对开式（如图 8－4），人员进出只需开启下半部分即可。

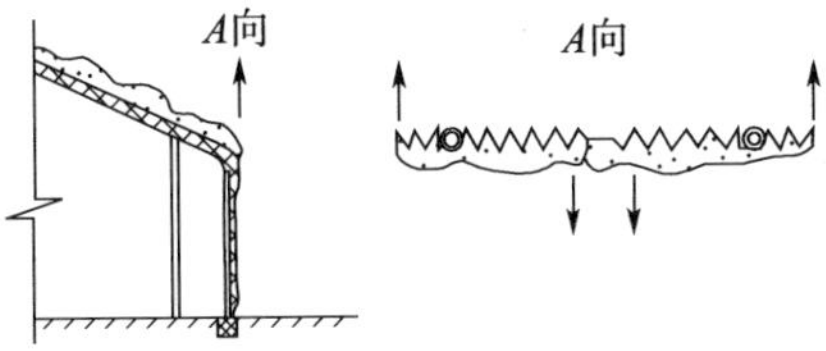

图 8－4　对开式门结构示意图

2）跷板式：在距活动门底边约三分之二的位置处的骨架上安装铰支撑，使整个门能够以铰为轴翻转（如图 8－5 所示），利用钢丝绞盘实现门的翻转。

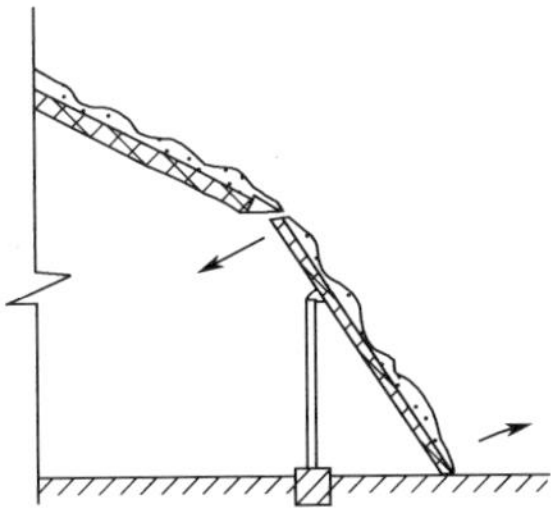

图 8－5　跷板式门结构图

3）上对开下推拉式：该方式也分成能各自独立开启与关闭的上下两个部分，上半部分为转轴对开式或轨道对开式，下半部分为推拉式（图 8－6）。上半部分只有当车辆进出时才开启。

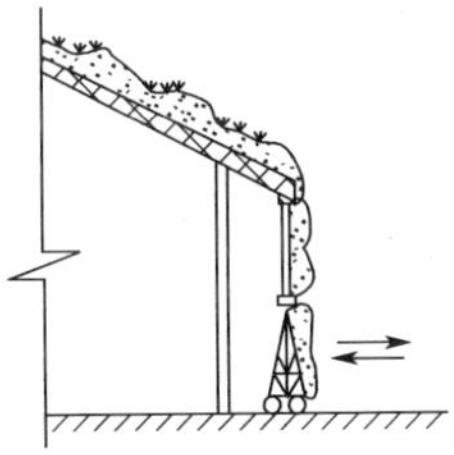

图 8－6　上对开下推拉式门结构图

4）上翻转下对开式：该方式出入口同样分成上下独立开启与关闭的两个部分，上半部分为翻转式，原理与跷板式相同，下半部分为转轴对开式（图 8－7）。

③伪装面处理方法

伪装面采用聚氨酯伪装发泡覆盖材料现场发泡制作。表面喷涂分两次进行，分别为结构层、伪装层与仿造层（图 8－8）。为保证伪装面结构的整体性，结构层应具有一定的强度，发泡密度相对大一些，且泡孔为闭孔形式，可以起到防止

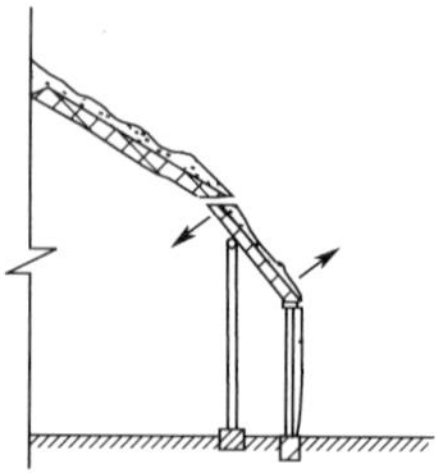

图 8－7 上翻转下对开式门结构图

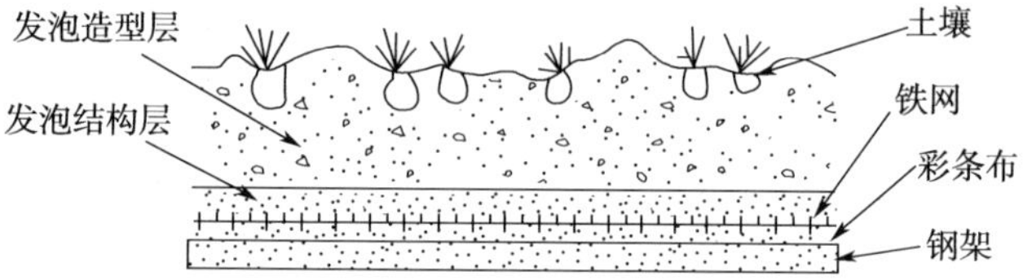

图 8－8 伪装面覆盖示意图

漏水的作用；为保证伪装面的伪装效果，伪装层发泡密度应相对小一些，为开孔形式，要使得伪装层能够吸收水分并能储存水分。在伪装层的表面覆少量的土并移植或种植植被，以保证各个季节都能使伪装面能够与背景保持一致。

具体做法如下：

1）将彩条布（塑料）用铁丝固定于伪装面骨架上并紧贴于骨架，在彩条布上铺上一层铁网，铁网网格不小于 3 cm×3 cm。将发泡材料结构层喷涂于其上，厚度约为 5 cm。

2）在完成了结构层施工后，将伪装层喷涂于结构层表面，平均厚度为 10～15 cm，且伪装层的表面粗糙不平。

3）在表面坑凹处适量覆土，覆土厚度为 1～2 cm，移植与当地背景一致的低矮耐旱植物，与此同时播撒部分草种，在发泡材料喷涂较厚的地方直接在其内种植（移植）植物。

4）在仿造的裸露的岩石部位喷涂岩石色伪装涂料，或用就便材料仿造裸露岩石色。

5）植被种植时间最好选在春季，为保证移植或播撒的草籽发芽成活，最初几个月每天定时间向伪装面撒水，撒水量以使覆盖材料吸水量基本达到饱和为止，待植被成活后定期进行维护即可。

（2）乙组 4＃洞口伪装方案

乙组 4＃洞口周围背景特点如下：植被生长相对较为茂盛，口部外的劈坡形成的山体破坏较小，劈坡高度约为 7 m，形成的山体破坏面积约为 80 m^2，从洞口防护门到主道路边的距离约为 13 m。对这类坑道口，拟采用整体固定骨架加活动门的伪装结构形式进行覆盖伪装。

覆盖伪装面支撑骨架采用钢骨架结构，骨架为整体钢架，在钢架中间位置设置能够开启的活动门，活动门关闭后，表面状态能够与背景基本吻合。

活动门的开启方式考虑两种方案。

第一种方案为分块推拉式，即将推拉门分成四块设计，每块底部均装有万向轮，关闭时四块拼组成一个整体，表面形成的坡度与周围钢架及山体走势一致（图 8－9）。人员进出时，将外围任意一块拉开一部分即可，车辆装备进出时，将四块全部拉出来即可。

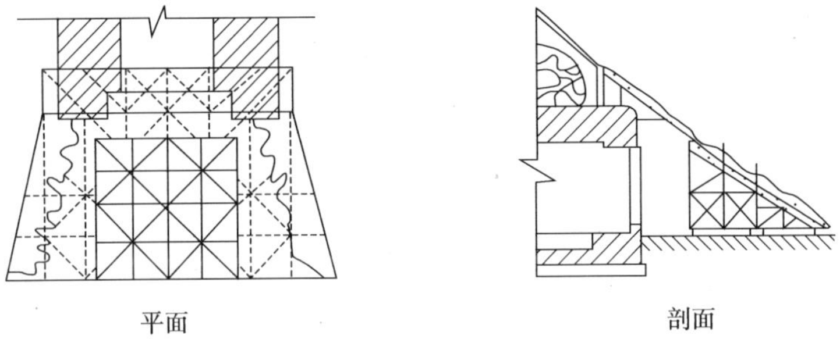

图 8－9　乙组 4＃洞口伪装方案一分块推拉式示意图

第二种方案门的开启方式为顶升式（图 8－10），即门的顶端为一固定转轴，在门的中部两侧的骨架上设置可升降的支撑杆，使整个门随升降杆的升起与落下沿顶部转轴开启与关闭。升降杆的升降可以是手摇式，也可是电动式。

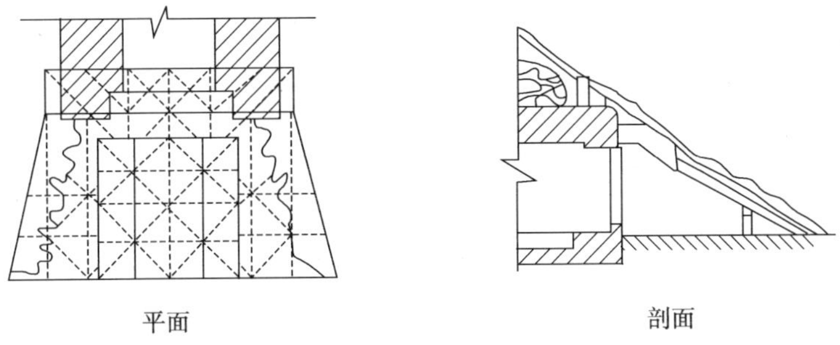

图 8－10　乙组 4＃洞口伪装方案二顶升式示意图

8.2 某油田原油库伪装方案设计

8.2.1 基本情况

为提高某油田原油库战时生存能力，油田管理局根据上级人防部门指示对原油库实施工程伪装，以对抗敌人的航空侦察和打击。

8.2.2 伪装勘察

项目组在明确了伪装任务后，在收集和分析有关资料的基础上，对原油库进行了实地伪装勘测和相关测试，系统地获得了该项目的主要技术资料和照片，并对原油库伪装工程实施了深入分析研究，得出了相应的结论。

8.2.3 威胁分析

某油田原油库地处华东北部，靠近某市市区，是重要的经济目标，长期受到敌方空间、空中侦察监视，也是敌方攻击的重点目标。且原有的部分目标已经暴露。

8.2.4 目标暴露征候

某油田原油库地处某市市区西南近郊，周围为平原地区，多杂草，路边及部分地区有树木。该原油库建有 10 000 m^3 储油罐 8 个，5 000 m^3 储油罐 10 个，各种连接道四通八达，均暴露在地面上，由水泥混凝土或沥青混凝土道路相连，罐体均为钢结构。其在我国国民经济中地位重要，军事上具有重要的战略意义。根据卫星照片、侦察威胁和实地伪装勘察的综合分析，原油库的主要暴露征候如下所述。

（1）光学暴露征候

1）配置暴露征候：原油库中的储油罐成规则排列，呈圆柱体，卫星照片上显示为圆形；在阳光照射下有长长的阴影，目标尺寸大，很容易暴露。连接管道在卫星照片上显现长条状图案，是最容易识别判读的图形。

2）外形暴露征候：圆柱体的储油罐成规则排列，其光照下的阴影有利于判断目标的高度。高出地面的长条状连接管道，本身就是容易被发现识别的形状；有阴影时，甚至可以判定出管道距离地面的高度。

3）颜色、亮度暴露征候：为了区分不同时段的产品，储油罐通常分成多种颜色，道路呈灰色、灰黑色，这与周围自然植被形成明显的颜色差别和亮度差别。

经检测计算，附近背景、目标的亮度系数为：草地、针叶树木、阔叶树木、杂木林、零星庄稼地等植被的亮度系数不超过 0.1；水泥混凝土路面、沥青混凝土路面、储油罐表面、输油管道等的亮度系数分别在 0.24～0.37 这一范围，亮度对比明显超过了 0.4，分别在 0.56～0.70 这一范围内，暴露特征十分明显。

（2）热红外暴露征候

由于周围地面自然植被与储油罐、输油管道等的热辐射特性的差异，以及其热辐射特性随日照变化的而变化，再加上输油管道的温度通常在 50～60℃ 之间，在红外热图上储油罐、输油管道等比周围背景亮，暴露特征十分明显。

（3）雷达暴露征候

由于材料的电磁特性及表面粗糙程度的不同，原油库中的储油罐、输油管道等回波比较强，周围自然植被的回波比较弱，且在雷达图像上轮廓也比较明显。除此之外，目标的配置特征、目标的形状、尺寸及活动痕迹也十分明显。

8.2.5　伪装方案设计

某油田原油库伪装项目组在实地勘察、详细分析研究相关资料的基础上，制定了初步伪装方案，并就总体伪装方案与上级有关部门进行了商讨。取得共识后，编制了某油田原油库伪装方案，上报获得批准。

根据对敌方侦察攻击威胁分析及目标暴露征候的分析研究，结合本目标群的特点，某油田原油库伪装方案设想为：综合应用隐真、示假伪装措施，隐蔽已建设的原油库，模拟显示一个假的原油库迷惑、欺骗敌人的侦察攻击，整体提高原油库的战场生存能力。

（1）某油田原油库伪装方案总体设想

1）在伪装总体思路上，以防战时精确制导武器打击为主，与防敌方侦察、监视相结合。

2）在伪装指导思想上，隐蔽和降低目标显著性为主，隐真和示假相结合。

3）在伪装方法手段上，将人工技术伪装、自然植被伪装、背景的伪装改造相结合。

4）在伪装的具体目标上，以原油库的储油罐为主，兼顾输油管道等配套设施。

5）在伪装措施上，多种伪装器材综合运用，进行防光学、红外、雷达侦察和防精确制导打击通盘考虑。

6）在伪装步骤上，平展结合，根据时间、物力、财力等现状，分平时和战时两步实施。

(2) 原油库伪装的隐真和示假区域

1) 隐真区域：在该区域尽量降低各类目标的暴露征候，达到隐真的目的；注意技术伪装和自然伪装的结合，有条件时多采取植树、种草皮的方法。

2) 示假区域：在原油库东南方向 3.4 km 处的空旷场地上，模拟显示一个假的原油库目标，以迷惑、欺骗敌人的侦察攻击。

(3) 基本要求

1) 平时的伪装：以对付敌方光学侦察监视为主，兼顾其他波段的威胁。

2) 战时的伪装：以对抗敌方精确制导武器打击为主，兼顾光学、红外、雷达等波段的侦察监视。

3) 伪装器材、材料的选择：选择有效期 1 年以上，具有耐高温、耐高湿、耐盐雾、日晒牢度高的器材、材料。

4) 控制对伪装表面的维护保养需求，降低伪装工程的经济成本。

(4) 伪装技术措施

①植物伪装措施

在库区可以植树的地方种植树木、草皮等，保持库区地形、地貌与周围背景相同或相似。

②迷彩伪装措施

使用制式伪装涂料对目标表面实施仿造背景斑点图案的作业，使目标与背景相融合，降低目标的显著性。

③遮障伪装

在实施迷彩伪装的基础上，在目标上方采用伪装网掩盖，并与背景连接起来，以遮蔽目标原有形状。注意，遮障本身不应留下阴影。

④变形伪装

将原油库中的储油罐仿造成大土堆；在输油管道中间仿造出一个土丘，以切断管道的长条状目标；结合植被伪装、假植被的应用等，实施变形伪装。

⑤综合示假

在原油库东南方向 3.4 km 处，设置一个假的原油库区，按照原油库配置情况设置 18 个假的储油罐，连接各种规格的输油管线，仿造出处连接道路等。针对假目标的设置，其在高度上可以降低为真目标尺寸的三分之一以上，水平尺寸按实际尺寸设置。配套设施也需要设置，没有示假或者示假效果不好的部分可用伪装网实施不完善伪装。示假区域也要种植植物、设置假的植物进行伪装。

8.2.6　伪装器材概算及经费预算

（1）作业量及作业器材概算

1）激光告警系统　　6 套；

2）GPS 告警系统　　6 套；

3）中型烟幕发烟罐　　300 箱；

4）迷彩作业　　26 000 m^2；

5）聚氨酯发泡伪装　　30 000 m^3；

6）多波段伪装涂料　　3000 kg；

7）假灌木　　3000 株；

假草皮　　15 000 m^2；

假树木　　30 000 株；

8）假储油罐　　18 座；

9）假管道　　3 000 m；

10）伪装网　　6 000 片；

11）角反射器　　3 000 套；

12）就便器材　　若干。

（2）主要作业机具

1）迷彩作业车　　3 辆；

2）假目标作业车　　5 辆；

3）伪装遮障作业车　　5 辆；

4）伪装效果勘察检测车 1 辆。

8.2.7　作业分工

1）某油田原油库平时伪装作业应在某军区人防办和某省人防办的组织领导下，由某油田管理局负责实施。

2）某油田原油库战时伪装作业由某军区伪装部分队协作某油田管理局负责实施。

8.2.8　伪装工程验收及伪装效果验收

1）为了确保某油田原油库平时伪装作业的顺利实施和进行有效的伪装评估，以便于完成工程验收，在伪装作业过程中，指定 1 名或多名监督员，根据有关规定按伪装设计和作业的有关要求进行检查督促。

2）分别在伪装作业前、后由专业伪装检测部门进行一次有关地面参数的检测，为伪装设计和效果评估提供准确的参数。

3）提请某省人防办，在伪装作业前 15 天内对某油田原油库安排一次空中照相侦察，获取伪装前的空中照片；在伪装作业完成后 15 天内，再安排一次空中照相侦察，获取伪装前后的空中照片。

4）由专业伪装检测部门编制地面伪装检测报告，利用伪装前、后的空中照片进行伪装效果评估。

5）由某省人防办组织进行伪装工程验收和伪装效果验收。

参 考 文 献

[1] 李汉斌．伪装技术[M]．北京:解放军出版社,2001.

[2] 梁洪钧．伪装原理[M]．南京:解放军理工大学,2002.

[3] 吕进．高技术侦察监视与伪装[M]．北京:解放军出版社,2002.

[4] 芮福盛．反雷达伪装[M]．中国人民解放军工程兵工程学院,1990.

[5] 《中国军事大辞海》编写组．中国军事大辞海[M]．线装书局,2010.

[6] 柳庆森．论新时期人民防空创新与发展[M]．北京:解放军出版社,2012.

[7] 宣益民,等．地面目标与背景的红外特征[M]．北京:国防工业出版社, 2004.

[8] 刘戟锋．军事技术论[M]．北京:解放军出版社,2014.

[9] 吴文健,等．地面目标和背景的热红外特性[M]．北京:国防工业出版社,2004.

[10] 王家营,等．战略目标伪装[M]．北京:蓝天出版社,2009.

[11] 郭益民,等．国防工程伪装技术[M]．南京:解放军理工大学,2007.

[12] 薛士强,等．后方基地油库伪装技术研究[J]．中国兵工学会第七届伪装学术年会,2002.

[13] 王家营,等．伪装材料与器材[M]．北京:蓝天出版社,2015.

[14] 王家营,等．论陆基导弹伪装[M]．北京:蓝天出版社,2002.

[15] 陈志龙．我国重要经济目标防护及对策综合研究报告．2004(10):8－9.

[16] 秦有权,杜博,党爱国．远程打击武器发展对防护技术的启示[J]．人防科技,2015(3):2－6.

[17] Г. 科罗列夫．苏军野战迷彩站[J]．王航,译．外军工兵装备,1979(14).

[18] 金盾-2013筹备组．天地轰鸣与回响——百年空防对抗历史回顾与启迪,国家人民防空办公室,2013.8.

[19] 孙顺珍．军事发达国家高能炸药发展思路及启示[J]．军事科技信息快报,2015,348(03):22.

[20] 刘文叶,齐文君．新概念武器[J]．飞航导弹, 2002(10):16－22.